D1697854

Christian Homburg · Ruth Stock-Homburg

Der kundenorientierte Mitarbeiter

Bewerten, begeistern, bewegen

2., überarbeitete Auflage

Prof. Dr. Dr. h.c. mult. Christian Homburg
Universität Mannheim
Deutschland

Prof. Dr. Ruth Stock-Homburg
Technische Universität Darmstadt
Deutschland

ISBN 978-3-8349-1746-1
ISBN 978-3-8349-3680-6 (eBook)
DOI 10.1007/978-3-8349-3680-6

Die Deutsche Nationalbibliothek verzeichnet diese Publikation in der Deutschen Nationalbibliografie; detaillierte bibliografische Daten sind im Internet über http://dnb.d-nb.de abrufbar.

Lektorat: Ulrike M. Vetter
Einbandentwurf: KünkelLopka GmbH, Heidelberg

Gedruckt auf säurefreiem und chlorfrei gebleichtem Papier

Springer Gabler ist eine Marke von Springer DE. Springer DE ist Teil der Fachverlagsgruppe Springer Science+Business Media
www.springer-gabler.de

Stimmen zur zweiten Auflage

„Kundenorientierung ist einer der fünf Werte, die jeden Henkel-Mitarbeiter in seinem Handeln leiten. Der in diesem Buch vorgestellte Ansatz hilft Unternehmen, Kundenorientierung bei den Mitarbeitern zu verankern – denn sie entscheiden über den Erfolg."

Kathrin Menges, Executive Vice President Human Resources,
Henkel AG & Co. KGaA

„Den Spagat zu schaffen zwischen Aktualität, wissenschaftlicher Fundierung und praktischem Nutzen gelingt selten. ‚Der kundenorientierte Mitarbeiter' hingegen ist ein Werk, welches diesen – oft scheinbar widersprüchlichen – Ansprüchen auch in der 2. Auflage immer noch gleichermaßen gerecht wird. Auch rüttelt das Buch wach. Es belegt, dass Kundenorientierung eine Herausforderung für nahezu alle betrieblichen Instanzen ist."

Prof. Dr. Christian Dormann,
Professor für Wirtschaftspsychologie, Ruhr-Universität Bochum

„Die Autoren stellen einen Ansatz dar, der es geradezu leicht macht, die Kundenorientierung der Mitarbeiter auszubauen und zu fördern. Da kundennahe Dienstleistungen und Produkte nur von kundenorientierten Mitarbeitern entwickelt und vertreten werden können, ist dieser Schritt unumgänglich und erfolgskritisch!"

Matthias Malessa, Chief Human Resources Officer,
Adidas AG

„Das Buch ist gleichermaßen wissenschaftlich fundiert und praxisorientiert. Der hier vorgestellte Ansatz liefert Führungskräften ganz konkrete Maßnahmen, die Kundenorientierung ihrer Mitarbeiter zu steigern."

Prof. Dr. Manfred Bruhn,
Professor für Marketing und Unternehmensführung, Universität Basel

„Einer der drei Kern-Werte der IBM ist ‚Engagement für den Erfolg jedes Kunden'. IBM ist heute mehr denn je ein mitarbeiterintensives Service- und Beratungsunternehmen, das heißt unser Erfolg beim Kunden hängt entscheidend von der Kompetenz jeder einzelnen Mitarbeiterin und jedes einzelnen Mitarbeiters ab. Das vorliegende Buch gibt innovative und praxisbezogene Hilfestellungen, worauf es hierbei ankommt."

Dieter Scholz, Director of Human Resources IMT Germany,
IBM Central Holding GmbH

Vorwort zur zweiten Auflage

Die erste Auflage dieses Buches ist vor mehr als zehn Jahren erschienen. Es stellt sich also die Frage, ob unser zentrales Thema – die Kundenorientierung einzelner Mitarbeiter – nicht bereits ein alter Hut ist. Wir sind der Überzeugung, dass dies keinesfalls so ist. Vielmehr haben sich seit Erscheinen der ersten Auflage wichtige Entwicklungen vollzogen, die Kundenorientierung noch bedeutender werden lassen.

Neben einer fortschreitenden Angleichung der Qualität von Produkten ist eine erhöhte Komplexität von Kundenbedürfnissen festzustellen. Virtuelle Vernetzung, z. B. durch soziale Netzwerke, lassen darüber hinaus eine solche Dynamik zwischen Kunden entstehen, dass deren Steuerung eine konsequente Kundenorientierung der Mitarbeiter erfordert.

Wie bereits die erste Auflage wendet sich unser Buch im Wesentlichen an Führungskräfte aller Funktionsbereiche (Vertrieb, Service, Marketing, Personalmanagement, Produktion, Back-Office usw.) in Unternehmen. Der Ansatz liefert eine Systematik, die Kundenorientierung von Mitarbeitern systematisch zu analysieren und auszubauen. Neben der externen Kundenorientierung werden gleichermaßen Ansätze zur Steigerung der internen Kundenorientierung präsentiert.

In der zweiten Auflage führen wir die bewährte Systematik des Ansatzes der ersten Auflage weiter. Wir kombinieren Systematik der Darstellung mit wissenschaftlichen Erkenntnissen und praktischen Anwendungsbeispielen.

Im Rahmen der Erstellung der zweiten Auflage wurden alle Kapitel vollständig aktualisiert und überarbeitet. Zur Steigerung der kundenorientierten Einstellung werden neuere Erkenntnisse der Betriebswirtschaftslehre und der Psychologie aufgegriffen und in konkrete Umsetzungsempfehlungen übertragen. So wird ein neuer Ansatz vorgestellt, wie die Motivation von Mitarbeitern zu Kundenorientierung gesteigert werden kann. Darüber hinaus gehen wir ausführlicher als bisher auf das Ressourcenmanagement von Kundenkontaktmitarbeitern und den Umgang mit negativen Erfahrungen ein. Aufgrund des intensivierten Einsatzes von Informations- und Kommunikationstechnologien werden zusätzliche Instrumente zum Selbstmanagement als Einflussgröße zur Steigerung des kundenorientierten Verhaltens vorgestellt.

An dieser Stelle verbleibt uns die angenehme Pflicht, denjenigen zu danken, die uns bei der Fertigstellung des Buches unterstützt haben: Ausdrücklich danken möchten wir Frau Dipl.-Math. Marei Bednarek, die mit großem Engagement einen wesentlichen Beitrag zur Entstehung dieses Buches geleistet hat. Herr Christoph Planteur bewies sein Talent beim Fotoshooting zu den Darstellungen der Körperhaltung sowie Mimik und Gestik. Vielen Dank dafür. Schließlich sei Frau Ulrike M. Vetter vom Gabler-Verlag für die stets konstruktive und angenehme Zusammenarbeit gedankt.

Mannheim und Darmstadt, im März 2012

Christian Homburg Ruth Stock-Homburg

Vorwort zur ersten Auflage

Viele Unternehmen haben in den letzten Jahren in großem Umfang in die Verbesserung ihrer Kundenorientierung investiert. Hierbei wurden Kundenbedürfnisse analysiert, Produkte, Dienstleistungen und Prozesse optimiert und Organisationsstrukturen auf den Kunden ausgerichtet. Sicherlich haben viele dieser Maßnahmen tatsächlich zur Steigerung der Kundenorientierung beigetragen. Allerdings wurde in vielen Unternehmen ein zentraler Aspekt der Kundenorientierung bislang recht stiefmütterlich behandelt: der Faktor Mensch.

Wie ist dies zu erklären? Ein wesentlicher Grund für die Vernachlässigung des Faktors Mensch in vielen Unternehmen liegt darin, dass man es hier mit so genannten „weichen Faktoren" zu tun hat: Dinge wie Einstellungen von Mitarbeitern und Verhaltensweisen von Mitarbeitern im Kundenkontakt sind schwieriger zu greifen als „harte Faktoren" wie z. B. die Funktionalität von Produkten. Auch fehlt es an systematischen und praxisorientierten Anleitungen für das Management der weichen Faktoren.

Dieses Buch stellt einen systematischen Ansatz zur Bewertung und Steigerung der Kundenorientierung von Mitarbeitern vor. Bei dem Ansatz, der in jahrelanger Praxisanwendung viel Feinschliff erfahren hat, handelt sich um ein Konzept, das mittlerweile in vielen Unternehmen der verschiedensten Branchen mit nachweisbarem Erfolg eingesetzt wird. Darüber hinaus basiert der Ansatz auf wissenschaftlich fundierten Erkenntnissen. Eines der zentralen Prinzipien unseres Ansatzes lautet, die weichen Faktoren einer systematischen Bewertung zu unterziehen. Wir sind davon überzeugt, dass sie erst dadurch einem systematischen Management zugänglich werden: Was man nicht messen kann, kann man auch nicht managen. Nach unserer Erfahrung löst dies ein Kernproblem, an dem die systematische Auseinandersetzung mit der Kundenorientierung der Mitarbeiter in vielen Unternehmen bislang gescheitert ist.

Wir halten ein solches Buch gerade in der heutigen Zeit für ausgesprochen wichtig, denn in vielen Branchen ist eine fortschreitende Angleichung der Qualität der Produkte und Dienstleistungen festzustellen. Vielerorts beobachtet man, dass zahlreiche Wettbewerber Produkte und Dienstleistungen von nahezu identisch hoher Qualität anbieten. In einem solchen Umfeld wird es immer schwieriger, sich von der Konkurrenz positiv abzuheben. Wir sind davon überzeugt, dass die Mitarbeiter für viele Unternehmen heute die einzige Möglichkeit zur Schaffung dauerhafter Wettbewerbsvorteile bieten. In der amerikanischen Wirtschaftsliteratur wird dieser Sachverhalt gelegentlich mit dem Satz: „People make the difference" zum Ausdruck gebracht. Des Weiteren ist zu beobachten, dass die derzeitige Diskussion über Kundenorientierung und -bindung sehr stark von der Informationstechnologie geprägt ist. Unter dem Begriff Customer Relationship Management streben insbesondere IT-Firmen nach der „schnellen Mark". Es ist für den nüchternen Betrachter schon etwas befremdlich, wie dreist hier suggeriert wird, dass Kundenbindung im Wesentlichen eine Frage der richtigen Informationstechnologie sei. Unternehmen, die diesen falschen Propheten auf den Leim gehen, verkennen eine ganz einfache grundlegende Wahrheit: Kundenbindung hat immer mit Menschen zu tun.

Unser Buch wendet sich im Wesentlichen an Führungskräfte aller Funktionsbereiche (Vertrieb, Service, Marketing, Produktion/Back-Office usw.) im Unternehmen. Sie erhalten eine Systematik zur Analyse und zum Ausbau der Kundenorientierung ihrer Mitarbeiter. Hierbei beschränken wir uns nicht auf die externe Kundenorientierung. Vielmehr lassen sich die behandelten Methoden gleichermaßen auf die interne Kundenorientierung anwenden.

An dieser Stelle verbleibt uns die angenehme Pflicht, denjenigen zu danken, die uns bei der Fertigstellung dieses Buches unterstützt haben: Frau Sabine Veit hat in vorbildlicher Weise einen Teil der Graphiken erstellt. Herr Jochen Benkö hat sehr sorgfältig die Abschlussdurchsicht des Manuskripts vorgenommen. Frau Christiane Blauth und Herrn Klaus Schumacher danken wir für interessante konzeptionelle Gespräche. Schließlich sei Frau Ulrike M. Vetter vom Gabler-Verlag für die stets konstruktive und angenehme Zusammenarbeit gedankt.

Mannheim, im Juli 2000

Christian Homburg Ruth Stock

Inhaltsverzeichnis

1 Kundenorientierte Mitarbeiter: Mit System zum Erfolg

Kundenorientierung ist kein neues Thema. Viele Unternehmen haben in den letzten Jahren massiv Energie, Geld und Zeit in die Steigerung der Kundenorientierung investiert. Vor diesem Hintergrund ist die Frage durchaus berechtigt, weshalb sich Unternehmen auch in Zukunft noch mit Kundenorientierung auseinandersetzen sollen. Hierauf gibt der erste Abschnitt dieses einleitenden Kapitels *„Kundenorientierung: Ein alter Hut?"* eine Antwort.

Die zweite, ebenfalls durchaus berechtigte Frage, lautet, inwieweit der in diesem Buch vorgestellte Ansatz auch tatsächlich neue Akzente setzen kann und in welchem Umfang diese für Unternehmen relevant sind. Mit dieser Frage befasst sich der zweite Abschnitt dieses Kapitels *„Kundenorientierung: Wo stehen Unternehmen heute?"*.

Die dritte Frage zielt darauf ab, durch welche Kriterien der Ansatz sich von bisherigen Maßnahmen zur Steigerung der Kundenorientierung unterscheidet. Eine Antwort auf diese Frage wird im dritten Abschnitt dieses Kapitels *„Der Ansatz im Überblick"* gegeben, in dem wir den Ansatz vorstellen.

Die vierte und letzte Frage bezieht sich auf verschiedene Anwendungsmöglichkeiten unseres Ansatzes sowie die angesprochenen Zielgruppen. Auf diese beiden Aspekte gehen wir im vierten Abschnitt dieses Kapitels *„Zielgruppen und Anwendungsmöglichkeiten des Ansatzes"* ein.

1.1 Kundenorientierung: Ein alter Hut?

Ein Manager eines deutschen Großunternehmens fragte uns vor einiger Zeit nach den inhaltlichen Schwerpunkten unserer Arbeit. Seine Reaktion auf unsere Antwort war deutlich: „Kundenorientierung? Das Thema ist doch mittlerweile durch."

Auf ähnliche Auffassungen – wenn auch nicht so einfach formuliert – stößt man hin und wieder. Sie basieren auf einem fatalen Fehlschluss: Kundenorientierung wird in die breite Palette der Managementmoden eingereiht. Diese Managementmoden haben einen großen Teil der Diskussion in der Fachpresse der letzten Jahre vereinnahmt. Es handelt sich hierbei um ein seltsames Phänomen: Immer häufiger werden Manager mit vermeintlich neuen Konzepten und Methoden – die häufig aus den USA stammen – konfrontiert. Schillernde Begriffe (Lean Management, Business Process Reengineering usw.), nebulös gehaltene Darstellungen der Ansätze sowie im wahrsten Sinne des Wortes märchenhaft anmutende Erfolgsbeispiele spiegeln eine schwer nachvollziehbare Euphorie mit hysterisch anmutenden Zügen wider. Die nähere Betrachtung der Konzepte endet für den nüchternen Betrachter allzu häufig wie die ebenfalls aus der Märchenwelt bekannte Suche nach des Kaisers neuen Kleidern. Ist eine solche Pseudo-Innovation erst einmal entlarvt, so taucht zumeist am Horizont bereits die nächste Seifenblase auf, schillernd und die Linderung aller Nöte versprechend.

Dieses staccatohafte Propagieren immer neuer Managementmoden, das maßgeblich durch Unternehmensberater mit massiven eigenen Interessen gesteuert ist, hat zahlreiche schädliche Auswirkungen für Unternehmen. Der wichtigste Aspekt ist in diesem Zusammenhang wohl die Tatsache, dass unterstellt wird, der „Stein der Weisen" des Managements würde etwa alle zwei Jahre neu erfunden. Tatsache ist jedoch, dass es eine Reihe zentraler Erfolgsfaktoren des Managements gibt, die auf Dauer von Bedeutung sind.

Einer davon ist Kundenorientierung. In welchem Umfang ein Unternehmen in der Lage ist, seine Kunden zu verstehen, auf diese einzugehen, ihre Bedürfnisse zu erfüllen, ist unter allen marktwirtschaftlichen Konstellationen ein Erfolgsfaktor. Kunden, die gebührend behandelt werden, fühlen sich nicht nur zufriedener [96], [193] und viel stärker an das Unternehmen gebunden [23], [103], sie sind auch viel eher bereit, das Unternehmen durch Feedback und innovative Verbesserungsvorschläge und Wünsche zu unterstützen. Unternehmen profitieren jedoch nicht nur von den offensichtlichen externen Vorteilen kundenorientierter Mitarbeiter. Kundenorientierung steigert auch die Zufriedenheit der Mitarbeiter sowie deren Bereitschaft, sich im Unternehmen einzubringen [50], [61].

Dies sind aber nicht die einzigen Gründe, weshalb wir überzeugt sind, dass Kundenorientierung noch in Jahrzehnten ein aktuelles Managementthema sein wird. Mit der Globalisierung nimmt auch die Standardisierung von Produkten und Dienstleistungen zu. Viele Unternehmen unterschätzen jedoch die Tatsache, dass sich die Menschen, ob Mitarbeiter oder Kunden, nicht standardisieren lassen und die kulturelle Vielfalt der Kunden auch neue Herausforderungen für die Kundenorientierung der Mitarbeiter darstellt [153]. Die Versuchung, auch die Kundeninteraktion zu vereinheitlichen und persönlichen Kontakt zu minimieren, ist vor dem Hintergrund der zunehmenden Digitalisierung groß. Persönlicher Kontakt ist jedoch nicht durch (digitale) Medien zu ersetzen. Langfristige und gute Kundenbeziehungen leben vom persönlichen Kontakt und dem Freiraum der Mitarbeiter, auf den Kunden individuell einzugehen.

„Mag sein, aber sind die meisten Unternehmen heute nicht bereits in hohem Maße kundenorientiert? Ist nicht davon auszugehen, dass das Problem mangelnder Kundenorientierung in den meisten Unternehmen bereits gelöst ist, so dass diese sich anderen Aufgaben zuwenden sollten?" So mögen einzelne Leser an dieser Stelle denken. Hierzu ist zweierlei zu sagen. Zum einen sind wir auf der Basis unserer Erfahrung in verschiedenen Branchen nicht der Auffassung, dass viele

Unternehmen bereits ein hohes Niveau an Kundenorientierung erreicht haben. Sicherlich wurden einzelne Aspekte der Kundenorientierung optimiert. Andere Bereiche dagegen wurden bislang sträflich vernachlässigt (wie wir in Abschnitt 1.2 verdeutlichen). Hierzu gehört nach unseren Erfahrungen auch der Bereich, der in diesem Buch im Vordergrund stehen soll: die Kundenorientierung einzelner Mitarbeiter.

Zum zweiten bleibt selbst in Unternehmen, die ein hohes Maß an Kundenorientierung erreicht haben, die Aufgabe Kundenorientierung aktuell. Es ist unrealistisch, Kundenorientierung auf ein gewisses Niveau zu bringen und dann davon auszugehen, dass sie dort verharrt. Unternehmen, die nicht permanent in ihre Kundenorientierung investieren, haben keine konstante, sondern eine rückläufige Kundenorientierung. Forciert man die Kundenorientierung nicht permanent aktiv, so schleichen sich nach und nach Merkmale geringer Kundenorientierung in das Unternehmen ein. Kundenfeindliche Prozesse, Strukturen, Sprechweisen und Verhaltensweisen von Mitarbeitern sind nur einige Beispiele hierfür. Diese Prozesse vollziehen sich unspektakulär, sind aber von großer Nachhaltigkeit. Der Volksmund beschreibt mit den Worten: „Die schlechten Sitten kommen durch die Türritzen hinein" einen ähnlichen Prozess. Kundenorientierung muss daher permanent aktiv gestaltet werden. Kundenorientierung ist für Unternehmen, die in wettbewerbsintensiven Märkten bestehen wollen, niemals „durch".

1.2 Kundenorientierung: Wo stehen Unternehmen heute?

Diese Frage ist natürlich nicht pauschal zu beantworten. Zu groß sind die Unterschiede zwischen Unternehmen – insbesondere, wenn man über mehrere Branchen hinweg vergleicht. Vor 10 Jahren erwachten die Energieunternehmen aus ihrer Monopolistenlethargie. Mobilfunkunternehmen haben ihre Verträge vor dem Hintergrund der Kundenorientierung verständlicher gestaltet. Im Geschäftsbericht eines führenden Wasch- und Reinigungsmittelherstellers wurde Kundenorientierung gar als erster Wert des Unternehmens kommuniziert [88]. Teilweise fließen Kundenzufriedenheitsurteile bereits in die variable Vergütung von Führungskräften ein [95]. Dem stehen jedoch lange, mit elektronischen Stimmen begleitete Warteschleifen, mangelnde Besetzung der Serviceschalter oder gar Zuschläge für persönliche Beratung gegenüber.

Trotz dieser drastischen Unterschiede zwischen verschiedenen Unternehmen in verschiedenen Branchen kann man im Hinblick auf die eingangs gestellte Frage ein typisches Muster erkennen. Es gibt Aspekte der Kundenorientierung, die in vielen Unternehmen tendenziell stärker ausgeprägt sind als andere. Um dies zu verdeutlichen, betrachten wir Abbildung 1.1. Dort haben wir vier Facetten der Kundenorientierung von Unternehmen unterschieden und jeweils beurteilt, in welchem Ausmaß wir Unternehmen im Durchschnitt hinsichtlich dieser Aspekte als kundenorientiert bezeichnen.

Abbildung 1.1 Stärken- und Schwächenprofil vieler Unternehmen im Hinblick auf Kundenorientierung

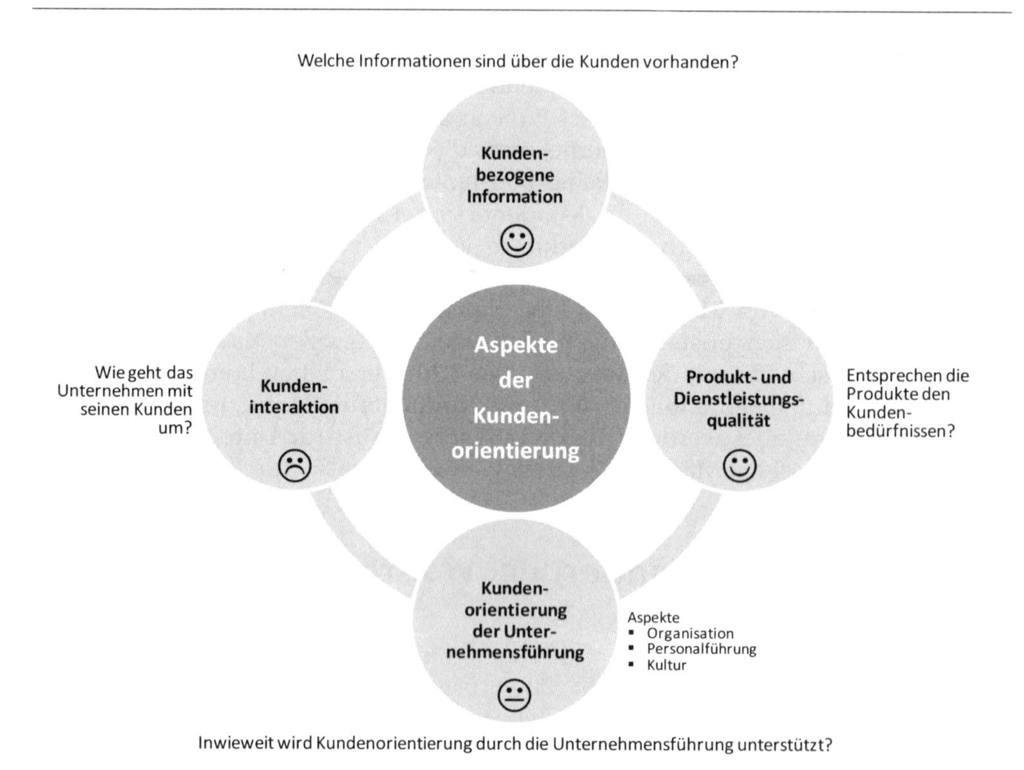

Ein erster Aspekt der Kundenorientierung ist, dass Unternehmen über die relevanten **kundenbezogenen Informationen** verfügen. Hierzu zählt beispielsweise die regelmäßige Analyse der Kundenzufriedenheit. Darüber hinaus gehört ein fundiertes Verständnis der Kundenbedürfnisse dazu [102]. In diesem Bereich sind Unternehmen in den letzten Jahren deutlich weitergekommen. Die Verbreitung qualitativer und quantitativer Methoden der Kundenanalyse hat stark zugenommen. Auch ausgeprägte „Marktforschungsmuffel" haben mittlerweile den hohen Informationsgehalt gut durchgeführter Kundenbefragungen erkannt. Dies führt insgesamt zu einer guten Bewertung.

Die zweite Facette der Kundenorientierung ist die **Produkt- und Dienstleistungsqualität**. Hier geht es um die Frage, ob die Produkte und Dienstleistungen den Bedürfnissen der Kunden gerecht werden. Wir legen also ein kundenorientiertes (im Gegensatz zu einem rein technisch orientierten) Qualitätsverständnis zugrunde. Diese Facette der Kundenorientierung ist nach unserer Auffassung gerade bei deutschen Unternehmen gut bis sehr gut ausgeprägt. Sieht man einmal von gewissen Auswüchsen des Overengineering ab, wo technischer Perfektionismus losgelöst von jeglichem Kundennutzen praktiziert wird, so stößt man in den meisten Branchen mittlerweile auf Produkte und Dienstleistungen, die den Kundenbedürfnissen sehr gut gerecht werden. Der Einsatz von Testkunden oder die Beobachtung der Kunden bei der Benutzung des Produktes sind in diesem Zusammenhang von großer Bedeutung [68].

Ein weiterer zentraler Bereich bezieht sich auf die Frage, wie intensiv die **Unternehmensführung** die Kundenorientierung unterstützt. Wir unterscheiden hier zwischen drei Aspekten:

- **Organisation:** Hier geht es darum, in welchem Maße existierende Strukturen und Abläufe im Unternehmen die Kundenorientierung fördern oder sie behindern [8], [115].
- **Personalführung:** Hier steht die Frage im Mittelpunkt, inwieweit die Personalführungsinstrumente, die zur Rekrutierung und Entwicklung von Mitarbeitern im Unternehmen installiert sind (z. B. Systeme der Leistungsbewertung und leistungsorientierte Vergütung [209]), die Kundenorientierung fördern oder behindern [99][192], [194].
- **Kultur:** In diesem Zusammenhang geht es darum, inwieweit die Unternehmenskultur (die „ungeschriebenen Gesetze" des Unternehmens) die Kundenorientierung fördert oder sie behindert [98].

Im Hinblick auf diese Facette kommen wir zu einer recht durchwachsenen Bewertung. Wir stützen uns hierbei auf veröffentlichte Untersuchungsergebnisse. Zum einen zeigen sie, dass die Strukturen und Prozesse in den meisten Unternehmen recht gut auf Kundenorientierung ausgerichtet sind. Dafür sprechen beispielsweise erweiterte Kulanzspielräume von Mitarbeitern im Kundenkontakt. Zum anderen existieren bei den eher „weicheren" Faktoren wie Personalführung und insbesondere Kultur noch massive Defizite.

Die schlechteste Bewertung ergibt sich für den vierten Bereich, die **Kundeninteraktion**. Hier geht es um die Frage: Wie geht das Unternehmen mit seinen Kunden um? Es geht um Freundlichkeit der Mitarbeiter im Kundenkontakt, das Verstehen von Kunden in bestimmten Situationen, Flexibilität und die Frage, wie kundenorientierte Prozesse gestaltet sind. Hier existieren in nahezu allen Unternehmen noch substanzielle Verbesserungspotenziale: Während einige Unternehmen zwar ihre Kundentelefone wieder mit Mitarbeitern statt Sprachcomputern besetzen, scheitern andere branchenübergreifend immer noch an der zeitnahen und ebenso inhaltlichen Beantwortung von Kundenanfragen [112].

Die Frage nach den Ursachen der Defizite führt zwangsläufig zum Faktor Mensch. Die Kundeninteraktion stützt sich zwar auch auf eine entsprechende Infrastruktur. Im Kern geht es aber um die Einstellungen und Verhaltensweisen von Mitarbeitern im Kundenkontakt [69][156][159], [193]. Hier liegt der Schlüssel zur Steigerung der Kundenorientierung in vielen Unternehmen. Wie wichtig dieses Problem ist, möchten wir an einem Phänomen verdeutlichen, das wir häufig in den verschiedensten Branchen bei Kundenzufriedenheitsanalysen beobachtet haben.

Abbildung 1.2 Gesamteindruck der Kunden in Abhängigkeit von Produkt- und Interaktionsqualität

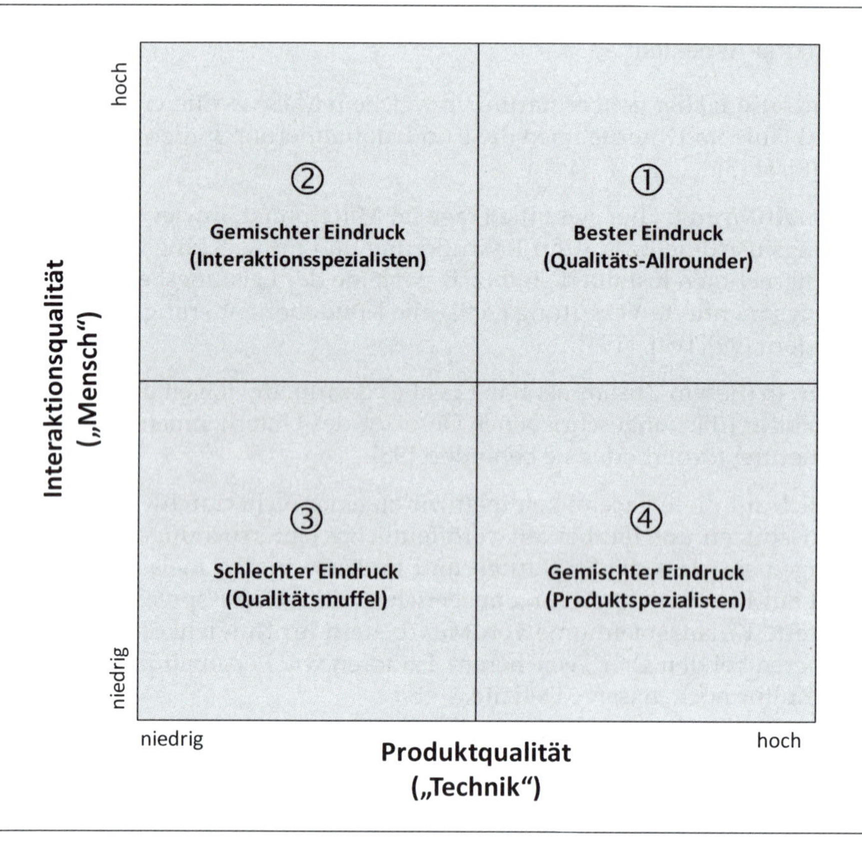

Stellt man einmal die beiden Größen Produktqualität und Interaktionsqualität gegenüber (vgl. Abbildung 1.2), so ist der Gesamteindruck des Kunden natürlich am positivsten, wenn beide Qualitäten hoch ausgeprägt sind ①. Das zugehörige Unternehmen kann sozusagen als Qualitäts-Allrounder bezeichnet werden. Am negativsten ist der Gesamteindruck der Kunden hingegen, wenn beide Qualitätsdimensionen niedrig ausgeprägt sind und Kunden es mit einem sogenannten

Qualitätsmuffel zu tun haben ④. Interessant ist nun, dass sehr häufig die Kombination hoher Interaktionsqualität mit niedriger Produktqualität ② noch positiver bewertet wird als die umgekehrte Kombination der hohen Produktqualität mit niedriger Interaktionsqualität ③. Dieses häufig zu beobachtende Phänomen bedeutet, dass eine negative Wahrnehmung der Menschen, mit denen man Kontakt hat, positive Produktbewertungen überstrahlt und Kunden Unternehmen, die sich auf die Interaktion mit Kunden spezialisiert haben, den Produktspezialisten vorziehen. Der Faktor Mensch dominiert also die gesamte Wahrnehmung der Unternehmensleistung. Insbesondere bei Produkten oder Dienstleistungen mit hoher Kundeninteraktion konnte dieses Phänomen beobachtet werden.

Abbildung 1.3 Produkte und Menschen als Einflussgrößen der Kundenzufriedenheit [122], [174]

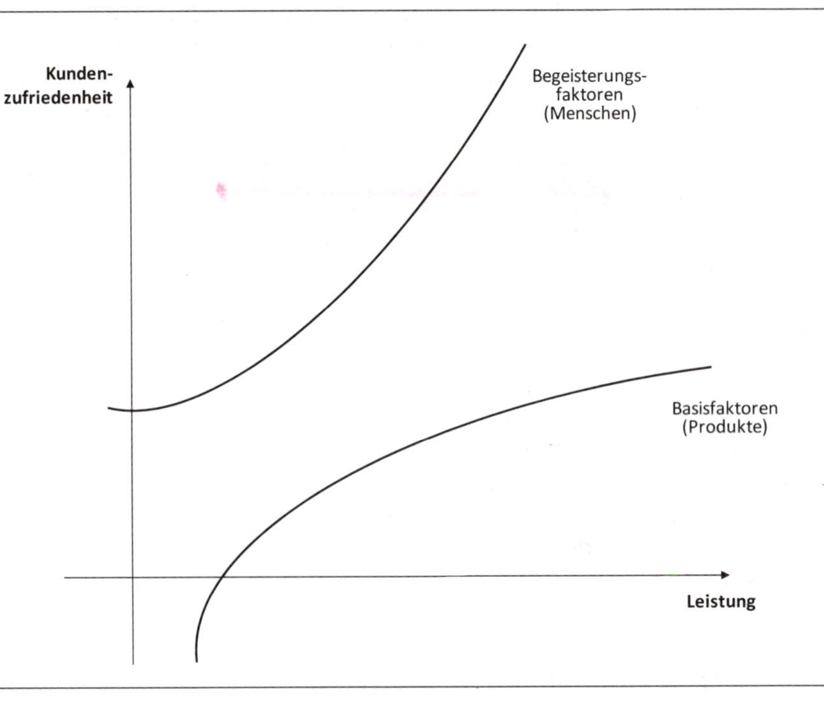

Ein weiterer Aspekt soll die herausragende Bedeutung des Faktors Mensch im Zusammenhang mit der Kundenorientierung verdeutlichen (vgl. Abbildung 1.3). Bei der Analyse der Kundenzufriedenheit unterscheiden wir zwei Arten von Faktoren [90], [122]. Zum einen gibt es Faktoren, die bei niedriger Ausprägung zu starker Unzufriedenheit der Kunden führen. Die hohe Ausprägung dieser Faktoren bewirkt hingegen noch keine Kundenzufriedenheit. Hierbei handelt es sich um so genannte **Basisfaktoren**. Sie werden dementsprechend auch nicht explizit von den Kunden eingefordert, sondern vielmehr vorausgesetzt. Während eine hohe Ausprägung kaum positive Kundenreaktionen auslöst, reagieren Kunden beim Fehlen dieser Mindestvoraussetzungen hingegen massiv unzufrieden.

Anders sieht es bei den so genannten **Begeisterungsfaktoren** aus. Hier handelt es sich um Faktoren, bei denen Kunden ein hohes Leistungsniveau nicht direkt erwarten. Daher führt hier eine geringe Ausprägung nicht zwangsläufig zu Unzufriedenheit, hohe Ausprägung aber in hohem Maße zu Zufriedenheit. Kunden betrachten diese Faktoren nicht als selbstverständlich wie die Basisfaktoren, sondern honorieren sie sehr stark. Um die Kunden wirklich zu begeistern, müssen diese Faktoren folglich hoch ausgeprägt sein [155].

Welches sind die Basis- und welches die Begeisterungsfaktoren, mit denen Unternehmen sich auseinander zu setzen haben? Diese Frage kann man natürlich nicht allgemein beantworten. Aber auch hier haben wir immer wieder ein typisches Muster erkannt: Gute Produkte sind heute in vielen Branchen Basisanforderungen der Kunden. Sie setzen eine hervorragende Produktqualität einfach voraus: Sie ist gewissermaßen die „Eintrittskarte". Eine positive Differenzierung vom Wettbewerb ist hierüber kaum noch möglich. Im Gegensatz hierzu haben wir vielfach festgestellt, dass Aspekte der Kundeninteraktion die Rolle von Begeisterungsfaktoren spielen können. Echte Kundenbindung ist in den meisten Branchen nur noch über hervorragende Kundeninteraktion zu erreichen. Hervorragender Service, kundenfreundliche Prozesse, engagierte und kompetente Mitarbeiter, die Kunden und ihre Bedürfnisse ernst nehmen und verstehen, sind die Ansatzpunkte für zukünftige Wettbewerbsvorteile.

Produkte können überzeugen, Menschen können begeistern. So lautet vereinfacht ausgedrückt die zentrale Botschaft. In der amerikanischen Fachwelt ist der Ausspruch: „**People make the difference**" weit verbreitet. Die eigenen Mitarbeiter als Schlüssel zur Kundenorientierung zu erkennen, ist das zentrale Erfordernis in vielen Unternehmen. Einstellungen und Verhaltensweisen von Mitarbeitern im Sinne der Kundenorientierung zu verändern ist die wesentliche Voraussetzung zur Steigerung der Kundenorientierung. Dieses Buch stellt hierfür einen systematischen Ansatz zur Verfügung.

1.3 Der Ansatz im Überblick

In diesem Buch stellen wir einen Ansatz zur Steigerung der Kundenorientierung der Mitarbeiter vor. Der Ansatz basiert auf jahrelanger wissenschaftlicher Arbeit sowie intensiver Zusammenarbeit mit Unternehmen der verschiedensten Branchen. Folgende grundsätzliche Merkmale charakterisieren unseren Ansatz:

Praxiserprobtheit: Die Konzepte, die in diesem Buch dargestellt werden, sind umfassend praxiserprobt. Unser Ansatz hat in jahrelangem Praxiseinsatz viel Feinschliff erfahren.

Wissenschaftliche Fundierung: Die Instrumente und Methoden im Rahmen unseres Ansatzes basieren auf fundierter wissenschaftlicher Arbeit. Hiermit ist nicht gemeint, dass wir ein hohes Maß an Abstraktion und Komplexität anstreben. Allerdings ist es gerade bei dem Thema, mit dem wir uns befassen, von zentraler Bedeutung, sich auf wissenschaftliche Erkenntnisse zu stützen.

Systematik: Unser Ansatz zeichnet sich durch ein hohes Maß an Systematik aus. Diese basiert insbesondere darauf, dass ein klarer Prozess für die Anwendung der einzelnen Instrumente und Methoden vorgegeben wird.

Management by Facts: Hiermit ist gemeint, dass wir konsequent weiche Größen quantifizieren. Die Frage, in welchem Ausmaß ein Mitarbeiter eine kundenorientierte Einstellung aufweist oder wie intensiv eine Führungskraft durch ihren Führungsstil Kundenorientierung der Mitarbeiter unterstützt oder behindert, wird bei uns auf der Basis entsprechender Checklisten und Skalen quantitativ bewertet. Diese Philosophie beruht auf der Überzeugung, dass letztendlich Dinge, die man nicht messen kann, auch nicht gemanagt werden können.

Im Folgenden erhält der Leser einen Überblick über den Ansatz. Zunächst stellt sich die Frage: Was bedeutet es eigentlich, wenn Mitarbeiter kundenorientiert sind? Im Kern geht es hierbei um zwei Aspekte: die kundenorientierte Einstellung und das kundenorientierte Verhalten.

Kundenorientierte Einstellung bezeichnet eine Denkhaltung, die dadurch geprägt ist, dass die Mitarbeiter die Bedeutung von Kundenorientierung für ihr Unternehmen, aber auch für sich selbst verinnerlicht haben. Es ist also eine eher intern orientierte Größe [69], [193].

Kundenorientiertes Verhalten bezeichnet im Gegensatz hierzu das von außen – auch durch den Kunden – beobachtbare Verhalten im Kundenkontakt. Es geht z. B. darum, wie die Mitarbeiter mit Kunden kommunizieren, ob sie den Kunden aktiv zuhören usw.

Die Kombination dieser beiden Facetten der Kundenorientierung einzelner Mitarbeiter führt zu einem zentralen Instrument im Rahmen unseres Ansatzes: dem **Kundenorientierungsprofil** (vgl. Abbildung 1.4).

Abbildung 1.4 Das Kundenorientierungsprofil

Je nachdem, wie die beiden Dimensionen der Kundenorientierung ausgeprägt sind, gelangt man zu vier unterschiedlichen Konstellationen. **Wirkliche Kundenorientierung** liegt dann vor, wenn die Kundenorientierung sowohl in der inneren Einstellung verankert als auch im äußeren Verhalten zu beobachten ist. Beim **Kundenorientierungsmuffel** sind hingegen beide Dimensionen niedrig ausgeprägt.

Wir haben festgestellt, dass diese beiden Facetten durchaus nicht immer Hand in Hand gehen. Vielmehr beobachtet man nicht selten, dass z. B. die Einstellung stark kundenorientiert ausgeprägt ist, während dies für das Verhalten der Mitarbeiter aber nicht gilt. Der Grund dafür, dass Mitarbeiter, die Kundenorientierung verinnerlicht haben (die also kundenorientiert sein möchten), dies nicht in entsprechendes Verhalten umsetzen, kann beispielsweise in Kommunikationsdefiziten liegen. Wir bezeichnen diesen Typ Mitarbeiter tendenziell als **Ungeschliffenen.** Auch die umgekehrte Konstellation, d. h. hohe Ausprägung beim kundenorientierten Verhalten, aber geringe Ausprägung bei der kundenorientierten Einstellung, tritt häufig auf. Die typische Erklärung für dieses Phänomen ist, dass Kundenorientierung in Verhaltensseminaren anerzogen wurde. Es ist eine Art antrainierte, **aufgesetzte Kundenorientierung**. Etwas scherzhaft sprechen wir auch von der „amerikanischen Kundenorientierung". Diese Konstellation kann durchaus eine Zeit lang vollkommen unproblematisch sein. Sie entlarvt sich allerdings, wenn es Probleme mit Kunden gibt – beispielsweise bei einer Beschwerde. Dann wird sehr schnell sichtbar, ob die Kundenorientierung in der Einstellung verankert ist oder lediglich antrainiert wurde.

Abbildung 1.5 Das „Einstellungs-Verhaltens-Modell" nach Stock und Hoyer [193]

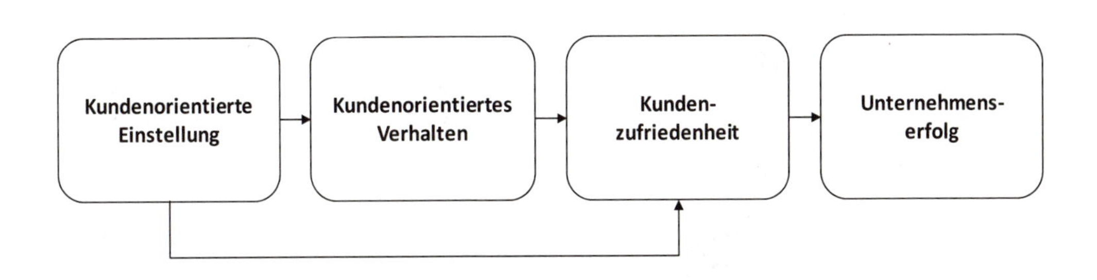

Die Kundenorientierung von Mitarbeitern hat auch ökonomische Relevanz. Wissenschaftliche Untersuchungen konnten zeigen, dass kundenorientiertes Verhalten von der kundenorientierten Einstellung der Mitarbeiter abhängt [193]. Kundenorientierung wirkt sich wiederum auf die Kundenzufriedenheit und den Unternehmenserfolg aus (Abbildung 1.5) [19][103], [193]. Nicht nur vor diesem Hintergrund lohnt es sich beide Dimensionen der Kundenorientierung zu trainieren. Kunden sind nämlich durchaus in der Lage, das Verhalten der Mitarbeiter einzuordnen und Rückschlüsse auf ihre Einstellung zu ziehen. Und welcher Kunde mag es schon, von Mitarbeitern etwas vorgespielt zu bekommen?

Gemäß der zweidimensionalen Strukturierung der Kundenorientierung umfasst der anschließende Veränderungsprozess zwei Stufen (vgl. Abbildung 1.6). Werden Defizite in der kundenorientierten Einstellung festgestellt, so sind Verfahren zur Einstellungsänderung anzuwenden. In Kapitel 3 werden entsprechende Instrumente vorgestellt. Wir vermitteln dem Leser ein Spektrum systematischer Tools zur Einstellungsbeeinflussung. Diese Stufe ist zu durchlaufen, wenn ein Mitarbeiter im Profil links unten oder links oben positioniert ist (vgl. Abbildung 1.4).

Abbildung 1.6 Das Konzept zur Steigerung der Kundenorientierung im Überblick

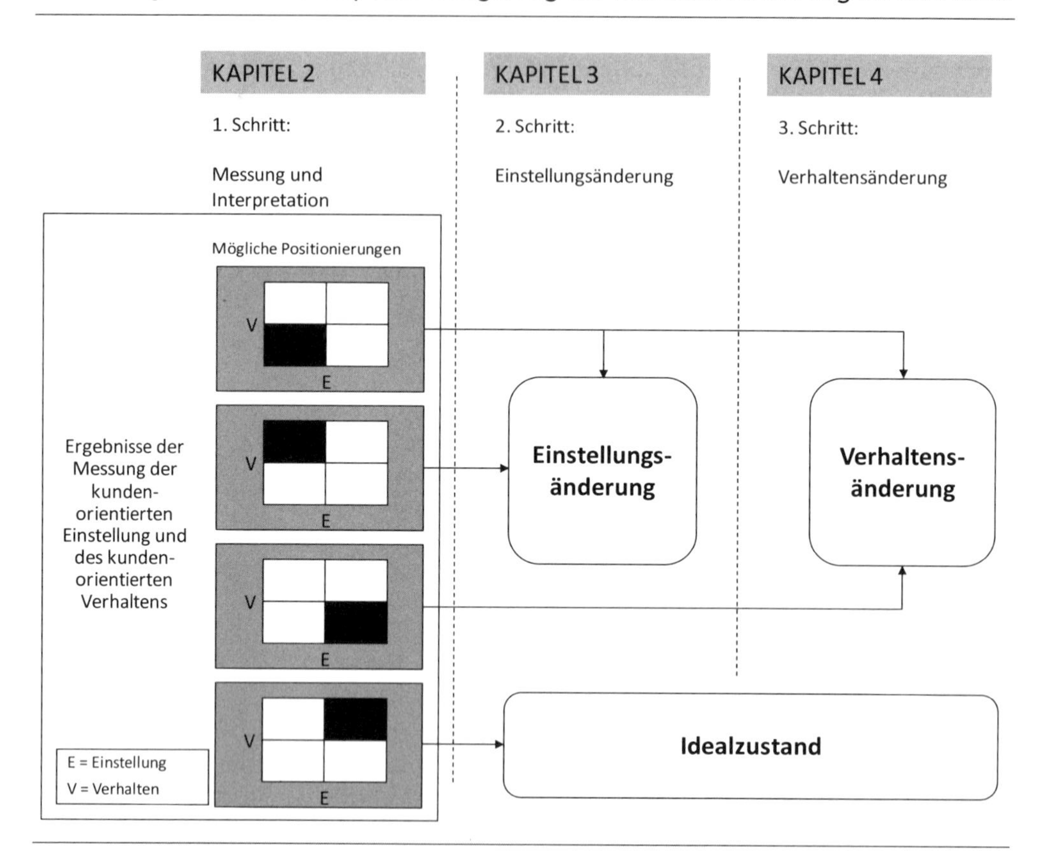

Die zweite Stufe des Veränderungsprozesses, die entweder im Anschluss an die Einstellungsänderung oder unmittelbar nach der Bewertungsphase (vgl. Abbildung 1.6) greift, zielt auf Verhaltensänderungen ab. Diese ist Gegenstand von Kapitel 4 dieses Buches. Hier lernt der Leser wiederum eine Reihe systematischer Instrumente zur Verhaltensbeeinflussung kennen.

1.4 Zielgruppen und Anwendungsmöglichkeiten des Ansatzes

Eine wichtige Frage, die wir in Unternehmen häufig gestellt bekommen, wenn wir diesen Ansatz vorstellen, lautet: Welche Gruppe von Personen im Unternehmen wird mit diesem Ansatz angesprochen? Mit anderen Worten: Welche Personen setzen diesen Ansatz im Unternehmen um?

Der Ansatz zur Steigerung der kundenorientierten Einstellung und des kundenorientierten Verhaltens spricht in erster Linie alle Führungskräfte mit Personalverantwortung in den verschiedenen Unternehmensbereichen (Vertrieb, Service, Marketing, Produktion usw.) an. Auch wenn auf den ersten Blick nur Vertriebs- und Servicemitarbeiter direkt mit den Kunden in Kontakt treten, so zeigt sich auf den zweiten Blick, dass auch für Mitarbeiter anderer Bereiche eine hohe Kundenorientierung bedeutend ist: Die Marketingabteilung betreibt u. a. Marktforschung und entwickelt Werbekonzepte. Beide Aufgaben sind eng mit den Kunden und ihren Bedürfnissen verknüpft. Für Mitarbeiter in Forschung und Entwicklung bedeutet Kundenorientierung auch, dass Produkte nicht an Kunden vorbei entwickelt werden, und für die Produktion kann im Rahmen der Integration der Kunden in den Leistungserstellungsprozess Kundenorientierung zum entscheidenden Erfolgsfaktor werden.

Manager können mit den dargestellten Instrumenten die Kundenorientierung der Mitarbeiter in ihrem Verantwortungsbereich systematisch ausbauen. Darüber hinaus können sie gegebenenfalls in einem breit angelegten unternehmensweiten Veränderungsprozess eine tragende Rolle spielen. Den Führungskräften fallen bei der Anwendung dieses Ansatzes insbesondere folgende Funktionen zu [195]:

1. **Informationsfunktion:** Umfassende Information der beteiligten Mitarbeiter und Unternehmensbereiche über die vorgesehenen Maßnahmen zur Steigerung der Kundenorientierung.

2. **Koordinationsfunktion:** Koordination der Aufgaben und Zuständigkeiten für den Ausbau der Kundenorientierung innerhalb des Verantwortungsbereiches sowie Abstimmung mit anderen Unternehmensbereichen.

3. **Umsetzungsfunktion:** Festlegen gezielter Maßnahmen zur Förderung der Kundenorientierung (Messung der Kundenorientierung in Einstellung und Verhalten, Durchführung von Workshops usw.).

4. **Coaching-/Referentenfunktion:** Anwenden der Coaching-Techniken zur Steigerung der kundenorientierten Einstellung der einzelnen Mitarbeiter im eigenen Verantwortungsbereich sowie Durchführung von Workshops zur Veränderung der Kundenorientierung in Einstellung und Verhalten.

5. **Trainingsfunktion:** Ausbilden von ausgewählten Führungskräften bzw. Mitarbeitern, welche die Maßnahmen zur Verbesserung der Kundenorientierung durchführen.

Eine zweite Zielgruppe des Ansatzes sind **Trainer und ausgebildete Coachs**. Hierbei handelt es sich um Personen, die über eine fundierte psychologische Ausbildung zur Veränderung von Einstellungen und Verhaltensweisen verfügen. Dieser Zielgruppe bietet der Ansatz eine Toolbox von Instrumenten und Techniken, mit deren Hilfe die Kundenorientierung in Einstellung und Verhalten der Mitarbeiter nachhaltig verbessert werden kann. Dieser Zielgruppe kommt neben der **Coaching-/Referentenfunktion** und der **Trainingsfunktion** die **Reportfunktion** zu. Diese umfasst den regelmäßigen Bericht über Veränderungsfortschritte an die einbezogenen Führungskräfte im Unternehmen bzw. die Unternehmensleitung.

Der Ansatz zur Steigerung der Kundenorientierung von Mitarbeitern weist unterschiedliche **Anwendungsmöglichkeiten** auf: Zum einen ist er gleichermaßen auf die externe sowie die interne Kundenorientierung anwendbar, zum zweiten kann die Anwendung sich auf den gesamten Ansatz oder auch auf einzelne Komponenten erstrecken.

Der erste Anwendungsaspekt bezieht sich auf die **Betrachtung interner und externer Kundenorientierung**. Mit anderen Worten: Wir betrachten Kundenorientierung nicht nur als ein Phänomen an der Schnittstelle zwischen Unternehmen und ihren externen Kunden. Auch innerhalb des Unternehmens gibt es vielfältige Beziehungen, die den Charakter von Anbieter-Kundenbeziehungen haben. Hier lässt sich der Begriff der internen Kundenorientierung anwenden.

Abbildung 1.7 Beziehungen zwischen internen und externen Kunden

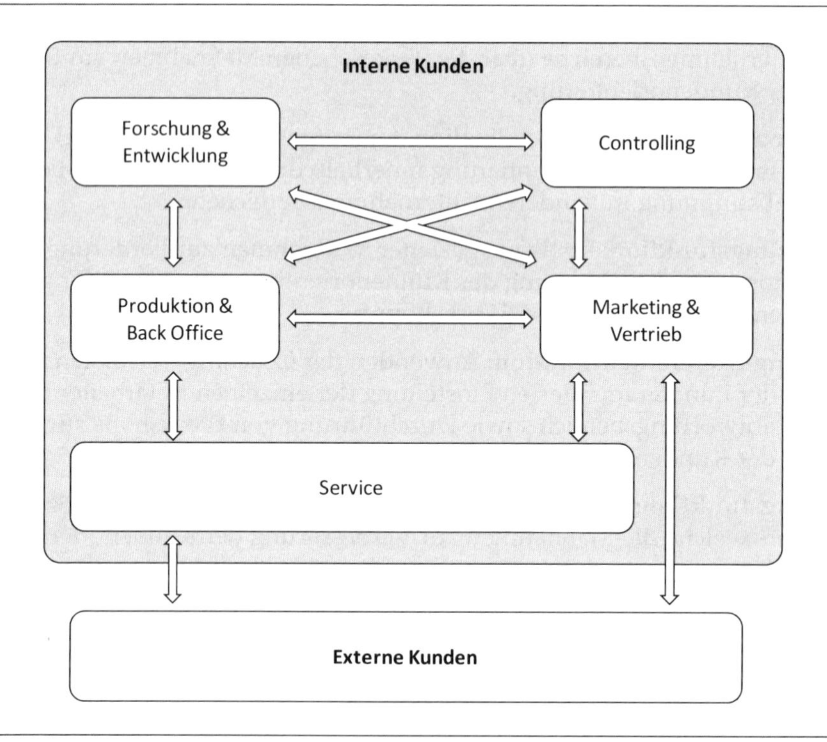

Der interne Kunde ist hierbei die Person oder die Abteilung, die mit den eigenen Arbeitsergebnissen weiterarbeiten muss. Kundenorientierung ist für uns eine Denkhaltung, die konsequent die Frage stellt, für wen man eigentlich seine Leistungen erbringt, welches die Bedürfnisse der Zielgruppe sind und wie gut man diesen Bedürfnissen gerecht wird. Diese Fragen können sich Mitarbeiter in der Produktion ebenso stellen wie Vertriebsmitarbeiter.

Das Geflecht interner und externer Kundenbeziehungen ist sehr vielfältig. Abbildung 1.7 stellt einige zentrale Verbindungen dar. Hierbei ist darauf hinzuweisen, dass die Leistungsverflechtungen im internen Bereich häufig wechselseitig sind, so dass ein Bereich Leistungen an einen anderen Bereich weitergibt, aber gleichzeitig auch Leistungen von ihm erhält.

Stellt man, wie in Abbildung 1.8 dargestellt, interne und externe Kundenorientierung gegenüber, so ergeben sich vier grundsätzliche Konstellationen. Bei der ersten Konstellation, der **echten Kundenorientierung**, sind interne und externe Kundenorientierung stark ausgeprägt. Dies ist der Fall, wenn die Kundenorientierung nicht nur im Außenverhältnis, sondern auch als Prinzip der Zusammenarbeit zwischen verschiedenen Abteilungen, Bereichen, Standorten usw. gelebt wird. Wird Kundenorientierung hingegen weder im Innen- noch im Außenverhältnis aktiv praktiziert und gefördert, konstatieren wir, dass **keine Kundenorientierung vorliegt**. Eine weitere, nicht selten zu beobachtende Konstellation ist, dass externe Kundenorientierung zwar im Rahmen des Möglichen praktiziert wird, die interne Leistungskette aber nicht von Kundenorientierung geprägt ist. Dieses Phänomen bezeichnen wir als **oberflächliche Kundenorientierung**. Sie wird typischerweise durch die Bereiche Vertrieb und Marketing getragen, ohne umfassend im Unternehmen verankert zu sein. In dieser Situation spielt der Vertrieb nicht selten die Rolle eines Puffers gegenüber den Kunden, der versucht, die unternehmensinternen Probleme so weit wie möglich von den Kunden fernzuhalten. Dies gelingt manchmal gut und manchmal weniger gut. Auf die Dauer bleibt diese Oberflächlichkeit den Kunden nicht verborgen. Die letzte mögliche Konstellation ist, dass interne Kundenorientierung im Unternehmen ausgeprägt ist, aber nicht auf die externen Kunden des Unternehmens übertragen wird. Diese Unternehmen sind durch eine gewisse **Marktfremdheit** gekennzeichnet.

Abbildung 1.8 Ausprägungen interner und externer Kundenorientierung

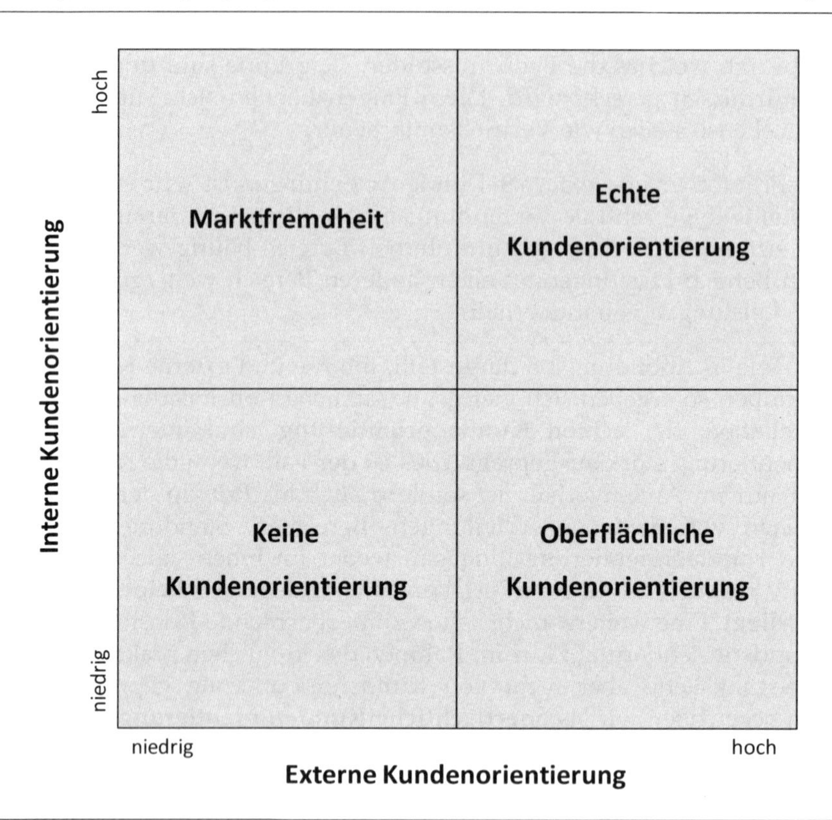

Der nächste Anwendungsaspekt bezieht sich auf den **Umfang der Anwendung** des Ansatzes zur Förderung der Kundenorientierung. Der Ansatz kann zum einen umfassend innerhalb eines breit angelegten Veränderungsprozesses angewendet werden. Dieser Prozess (vgl. Abbildung 1.6) beginnt bei der Messung und geht anschließend auf die Veränderung der Kundenorientierung in Einstellung und Verhalten über. Andererseits kann der Ansatz auch selektiv angewendet werden. Dabei werden einzelne Teile des Ansatzes herausgegriffen und umgesetzt. Dies kann beispielsweise die ausschließliche Durchführung von Verhaltenstrainings sein. Die Instrumente sind so konzipiert, dass sie auch für den isolierten Einsatz geeignet sind. In Tabelle 1.1 sind einige beispielhafte Anwendungen des Ansatzes aufgeführt.

Tabelle 1.1 Beispielhafte Anwendungen des Ansatzes zur Steigerung der Kundenorientierung

Branche	Involvierte Funktionsbereiche	Inhaltliche Schwerpunkte
▪ Baustoffindustrie	▪ Produktion, Logistik	▪ Interne Kundenorientierung
▪ Chemische Industrie	▪ Vertrieb, Marketing, Logistik	▪ Kundenorientiertes Führungsverhalten ▪ Sozialkompetenz der Mitarbeiter
▪ Pharmazeutische Industrie	▪ Vertrieb, Direktmarketing	▪ Kommunikationsfähigkeiten der Mitarbeiter
▪ Maschinenbau-industrie	▪ Vertrieb und Service	▪ Persönlichkeitsentwicklung der Mitarbeiter ▪ Sozialkompetenz der Mitarbeiter
▪ Finanzdienst-leistungen	▪ alle Funktionsbereiche	▪ Anwendung des gesamten Ansatzes
▪ Finanzdienst-leistungen	▪ alle Funktionsbereiche	▪ Interne Kundenorientierung
▪ Energieversorgung	▪ Vertrieb, Kundenser-vice, Personal	▪ Mitarbeiterzufriedenheit ▪ Mitarbeitermotivation ▪ Kommunikationsfähigkeiten der Mitarbeiter

2 Analysephase: Die weichen Faktoren messbar machen

Im Vorfeld von Veränderungsprozessen, die auf die Steigerung der Kundenorientierung abzielen, ist eine Bewertung der derzeitigen kundenorientierten Einstellung und des kundenorientierten Verhaltens vorzunehmen [193]. Diese erfolgt auf der Basis einer systematischen Bewertung anhand standardisierter Skalen und Checklisten.

„Ist eine solch detaillierte und aufwendige Bewertung wirklich erforderlich? Sollte eine Führungskraft nicht auch ohne ein solches Instrumentarium in der Lage sein, die Kundenorientierung ihrer Mitarbeiter zu bewerten?" Derartige Fragen mag man sich an diesem Punkt stellen. Sicherlich können gute Manager eine Einschätzung der Kundenorientierung ihrer Mitarbeiter intuitiv vornehmen. Auch zeigt die praktische Erfahrung, dass die systematische Bewertung zumeist nicht vollkommen andere Ergebnisse liefert als die intuitive Bewertung. Dennoch haben wir festgestellt, dass selbst Manager, die dem Instrument und dem – zugegebenermaßen – damit verbundenen Aufwand anfangs skeptisch gegenüberstanden, nach der ersten Anwendung in aller Regel nicht mehr darauf verzichten wollten [192]. Fünf Gründe sind hierfür zu nennen:

1. Die intuitive Einschätzung der Kundenorientierung einzelner Mitarbeiter durch Führungskräfte ist oft recht pauschal. Insbesondere die Unterscheidung zwischen kundenorientierter Einstellung und kundenorientiertem Verhalten liefert einen wesentlichen Zusatznutzen. Spätestens wenn es um gezielte Maßnahmen zur Förderung der Kundenorientierung geht, ist die intuitive bzw. pauschale Einschätzung in aller Regel nicht differenziert genug.

2. Intuitive Bewertungen werden oft durch momentane Beobachtungen und Gegebenheiten stark beeinflusst – die Bewertung hängt also stark vom Zufall ab. Durch das systematische Durcharbeiten einzelner, präzise formulierter Bewertungskriterien wird ein solcher Einfluss wesentlich reduziert.

3. Nur auf der Basis einer systematischen Analyse ist es möglich, Veränderungen im Zeitablauf fundiert zu bewerten.

4. Auch der Vergleich mehrerer Mitarbeiter hinsichtlich ihrer Kundenorientierung ist nur auf der Basis eines systematischen Instrumentariums möglich.

5. Schließlich ist darauf hinzuweisen, dass die Bewertung durch Führungskräfte nur *eine* Form der Anwendung unseres Instrumentariums ist. Das Instrument kann – wie wir noch veranschaulichen werden – ebenso zur Selbsteinschätzung oder zur Bewertung durch Kunden herangezogen werden. Besonders interessant sind natürlich Gegenüberstellungen – beispielsweise von Selbst- und

Fremdeinschätzung. Auch solche Gegenüberstellungen sind nur auf der Basis einer ausgereiften Bewertungssystematik möglich.

Aus all diesen Gründen erweist sich eine systematische Bewertung in der Praxis zumeist als unerlässlich.

Abbildung 2.1 Einordnung von Kapitel 2 in das Gesamtkonzept

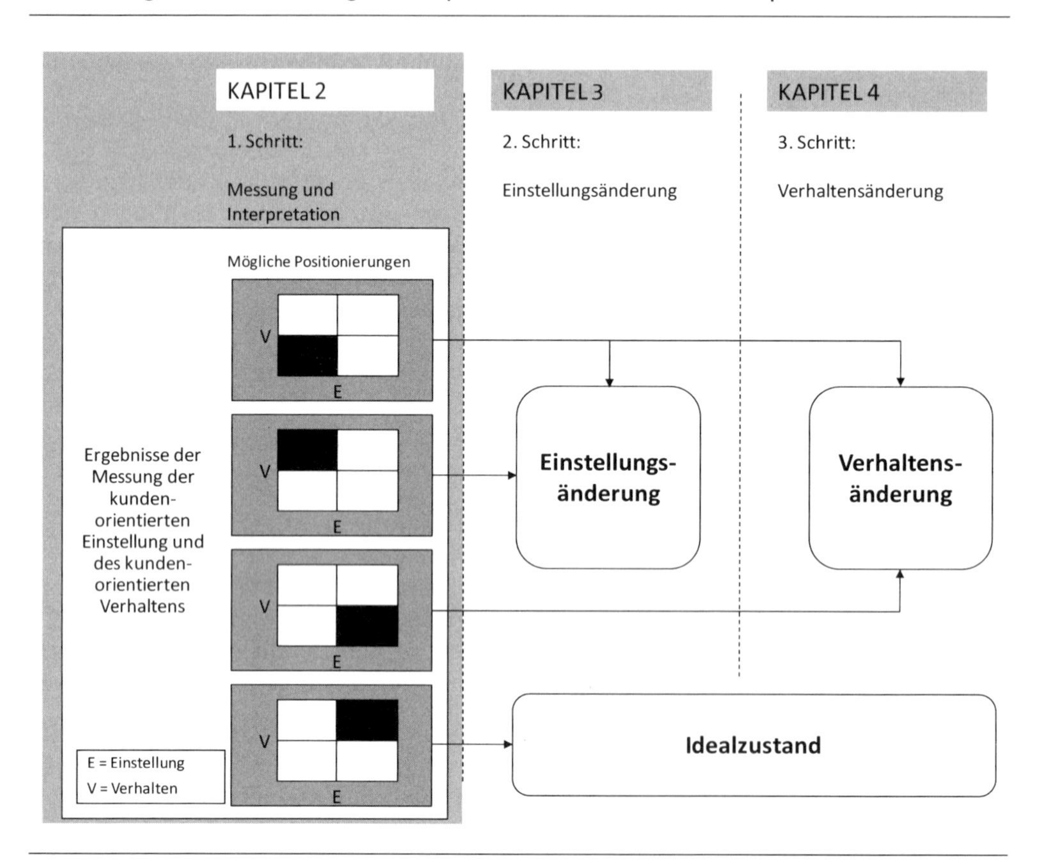

In diesem Kapitel stellen wir ein systematisches Bewertungsinstrument für die beiden Dimensionen der Kundenorientierung dar. Das Prinzip unseres Ansatzes, „die weichen Faktoren messbar zu machen“, wird an dieser Stelle besonders deutlich. Wie in Abbildung 2.1 veranschaulicht, ist die systematische Bewertung der Kundenorientierung die Vorstufe zu einem sich möglicherweise anschließenden Veränderungsprozess.

Hat ein Unternehmen sich für die Durchführung einer systematischen Messung der Kundenorientierung in Einstellung und Verhalten entschieden, sind insgesamt vier Fragen zu klären. Die erste Frage lautet: Mit welchen Instrumenten kann die kundenorientierte Einstellung gemessen werden? Auf diese Frage geben wir im ersten Abschnitt dieses Kapitels *„Kundenorientierung fängt bei der Einstellung an“* eine Antwort.

Die kundenorientierte Einstellung ist jedoch nur eine von zwei Dimensionen der Kundenorientierung. Die nächste Frage, die sich stellt, lautet: Wie kann das kundenorientierte Verhalten gemessen werden? Ein Instrument zur Messung des kundenorientierten Verhaltens wird im zweiten Abschnitt dieses Kapitels *„Kundenorientierung geht beim Verhalten weiter“* vorgestellt.

Nachdem die Instrumente zur Messung der kundenorientierten Einstellung und des kundenorientierten Verhaltens dargelegt wurden, bezieht sich die nächste Frage darauf, wie die Ergebnisse der Messung mit Hilfe des bereits vorgestellten Kundenorientierungsprofils (vgl. Abbildung 1.4) zu interpretieren sind. Auf diesen Aspekt gehen wir im dritten Abschnitt dieses Kapitels *„Das Kundenorientierungsprofil: Die Zahlen zum Sprechen bringen“* ein.

Im Anschluss an die Erläuterung der Messinstrumente und deren Interpretation konzentriert sich die nächste Frage darauf, von welchen Personen die Kundenorientierung beurteilt werden soll. Eine Antwort auf diese Frage geben wir im letzten Abschnitt dieses Kapitels *„Perspektiven der Messung: Wer soll beurteilen?“*.

2.1 Kundenorientierung fängt bei der Einstellung an

Wir stellen nun ein Instrument vor, mit dessen Hilfe die Einstellung der Mitarbeiter gegenüber ihren Kunden messbar gemacht werden kann [50], [193]. In dieser Skala wird die Einstellung in zweierlei Hinsicht gemessen: Zum einen wird die Denkhaltung der Mitarbeiter gegenüber ihren Kunden allgemein erfasst. Dabei geht es um Dinge wie Freude am Umgang mit Kunden und persönliches Verantwortungsbewusstsein der Mitarbeiter für die Zufriedenheit der Kunden [28]. Zum anderen wird die kundenorientierte Einstellung über Größen gemessen, die einen wesentlichen Einfluss auf die Einstellung haben [114]. Die wesentlichen für Beurteilende sichtbaren Einflussgrößen sind: Motivation zu Kundenorientierung, Erfahrungen im Umgang mit Kunden sowie Persönlichkeitsmerkmale.

Bei der **Motivation zu Kundenorientierung** (vgl. Kapitel 3.4) geht es insbesondere darum, ob den Mitarbeitern die Bedeutung von Kundenorientierung für das Unternehmen sowie für sie persönlich bewusst ist. Charakteristisch für Mitarbeiter mit hoher Motivation zu Kundenorientierung ist die Erkenntnis, dass ihr Gehalt letztendlich von den Kunden bezahlt wird oder dass sie Kundenorientierung als wichtig für ihre persönliche Entwicklung im Unternehmen erachten. Bei hoher Motivation zu Kundenorientierung haben die Kunden folglich einen besonderen Stellenwert bei den Mitarbeitern, da sie durch Kundenorientierung persönliche

Bedürfnisse befriedigen und persönliche Ziele verfolgen können [203], [209].

Bei den **Erfahrungen im Umgang mit Kunden** (vgl. Kapitel 3.5) konzentrieren wir uns auf die negativen Erfahrungen der Mitarbeiter im Kundenkontakt. In der Praxis konnte festgestellt werden, dass dauerhafte oder häufige unangenehme Erfahrungen im Kundenkontakt (z. B. massive Kundenbeschwerden oder aggressives Verhalten) sich im Laufe der Zeit nicht nur negativ auf die Einstellung der Mitarbeiter gegenüber ihren Kunden [52], sondern auch auf das Wohlbefinden der Mitarbeiter auswirken [53]. Für die kundenorientierte Einstellung ist ganz entscheidend, wie die Mitarbeiter diese negativen Erfahrungen verarbeiten. Nicht konstruktiv verarbeitete negative Erfahrungen im Kundenkontakt können dazu führen, dass die Mitarbeiter im Laufe der Zeit ein „Feindbild Kunde" aufbauen.

Bei den **Persönlichkeitsmerkmalen** (vgl. Kapitel 3.6) sprechen wir von einem dynamischen Dreieck der zwischenmenschlichen Beziehungen. Es besteht aus drei Persönlichkeitsmerkmalen: Selbsteinschätzung, Einfühlungsvermögen (= Empathie) und Kontaktfreude. Bei der Selbsteinschätzung geht es darum, dass die Mitarbeiter bei Problemen im Umgang mit Kunden nicht gleich Selbstzweifel bekommen und zudem ihre Fähigkeiten angemessen einzuschätzen wissen. Das Einfühlungsvermögen umfasst die Fähigkeit der Mitarbeiter, sich in die Lage ihrer Kunden zu versetzen und dadurch deren Bedürfnisse besser zu verstehen [182]. Kontaktfreude als drittes Persönlichkeitsmerkmal ist dadurch zu charakterisieren, dass die Mitarbeiter gerne mit Menschen zu tun haben [145].

Die kundenorientierte Einstellung ist relativ schwer greifbar, da sie von außen nicht beobachtbar ist [19]. Dennoch kann man mit Hilfe verschiedener Aussagen der Mitarbeiter auf die innere Denkhaltung schließen. Bei der Messung der kundenorientierten Einstellung wird diese durch verschiedene Aussagen erfasst. Die Aussagen spiegeln in etwas abgeänderter Form die typischen Äußerungen von Mitarbeitern in Unternehmen wider. Um mögliche Defizite in der kundenorientierten Einstellung deutlich zu machen, haben wir die jeweiligen Aussagen in einer etwas überzeichneten Form formuliert.

Insgesamt sind es 13 Aussagen, zu denen die Befragten Stellung zu nehmen haben (vgl. Tabelle 2.1). Es handelt sich um eine systematische Bewertungsliste, die den Befragten innerhalb einer schriftlichen Befragung oder eines persönlichen Interviews zur Bewertung vorgelegt wird. Zur Bewertung der Aussagen nehmen die Befragten eine Abstufung von 100 (trifft voll zu) bis 0 (trifft überhaupt nicht zu) vor. Zusätzlich ist eine Ausweichkategorie für den Fall vorgegeben, dass ein Kriterium nicht anwendbar ist.

Der Gesamtwert der kundenorientierten Einstellung für einzelne Mitarbeiter ergibt sich, indem man den Durchschnitt (Mittelwert) aus den Werten zu den einzelnen Fragen bildet. Dieser Mittelwert, den wir **Index der kundenorientierten Einstellung** nennen, gibt an, wie stark die kundenorientierte Einstellung der Mitarbeiter insgesamt ausgeprägt ist.

Tabelle 2.1 Aussagen zur Messung der kundenorientierten Einstellung [193]

Herr/Frau XY...	trifft voll zu 100	trifft im Wesentlichen zu 80	trifft eher zu 60	trifft eher nicht zu 40	trifft im Wesentlichen nicht zu 20	trifft überhaupt nicht zu 0	nicht anwendbar
... fühlt sich persönlich für die Zufriedenheit der Kunden verantwortlich.	☐	☐	☐	☐	☐	☐	☐
... macht der Umgang mit Kunden Spaß.	☐	☐	☐	☐	☐	☐	☐
... ist der Auffassung, dass zufriedene Kunden langfristig wichtiger sind als kurzfristige Verkaufserfolge.	☐	☐	☐	☐	☐	☐	☐
... ist klar, dass das Gehalt letztendlich vom Kunden bezahlt wird.	☐	☐	☐	☐	☐	☐	☐
... erachtet Kundenorientierung als wichtig für die eigene persönliche Entwicklung im Unternehmen.	☐	☐	☐	☐	☐	☐	☐
... verarbeitet negative Erfahrungen im Umgang mit Kunden konstruktiv.	☐	☐	☐	☐	☐	☐	☐
... begegnet auch schwierigen Situationen im Kundenkontakt mit Optimismus.	☐	☐	☐	☐	☐	☐	☐
... hat bei Problemen mit Kunden nicht gleich Selbstzweifel, sondern geht konstruktiv deren Lösung an.	☐	☐	☐	☐	☐	☐	☐
... wird durch die Anerkennung der Kunden im eigenen Selbstvertrauen bestärkt.	☐	☐	☐	☐	☐	☐	☐
... ist gerne in der Gesellschaft von Menschen.	☐	☐	☐	☐	☐	☐	☐
... empfindet häufigen Kundenkontakt als angenehm.	☐	☐	☐	☐	☐	☐	☐
... kann die Bedürfnisse der Kunden sehr gut nachvollziehen.	☐	☐	☐	☐	☐	☐	☐
... fällt es relativ leicht, sich in die Lage der Kunden zu versetzen.	☐	☐	☐	☐	☐	☐	☐

2.2 Kundenorientierung geht beim Verhalten weiter

Im Vergleich zur kundenorientierten Einstellung können kundenorientierte Verhaltensweisen von außen beobachtet werden und sind dadurch leichter zu beurteilen. Dennoch ist es wichtig, auch hier eine gewisse Systematik anzulegen, um die Ergebnisse der Messung miteinander vergleichbar zu machen. Ebenso ist darauf zu achten, dass die ganze Breite der für die Kunden wichtigen Verhaltensweisen der Mitarbeiter erfasst wird. Wie bei der Messung der Einstellung berücksichtigen wir hier neben allgemeinen Aspekten auch zentrale Einflussgrößen des kundenorientierten Verhaltens. Nach unseren Erfahrungen kommt es (neben der kundenorientierten Einstellung, die natürlich stark auf das Verhalten wirkt) auf drei Bereiche an, die das kundenorientierte Verhalten beeinflussen: Sozialkompetenz im Kundenkontakt, Selbstorganisation im Rahmen der Fachkompetenz und Mitarbeiterzufriedenheit.

Die wohl wichtigste Einflussgröße des kundenorientierten Verhaltens ist die **Sozialkompetenz** (vgl. Kapitel 4.3) der Mitarbeiter im Kundenkontakt. Hierbei geht es beispielsweise darum, sich in der Sprache der Kunden auszudrücken, aber auch aktiv zuhören zu können.

Die zweite Einflussgröße ist die Fachkompetenz der Mitarbeiter. Hierbei behandeln wir weniger die produktspezifischen Kenntnisse, sondern konzentrieren uns auf organisatorische Fähigkeiten der Mitarbeiter – die **Selbstorganisation** (vgl. Kapitel 4.4). Diese spiegeln sich in der reibungslosen Organisation der eigenen Arbeit und der Gestaltung der kundenbezogenen Prozesse wider.

Als dritte Einflussgröße des kundenorientierten Verhaltens ist die **Mitarbeiterzufriedenheit** (vgl. Kapitel 4.5) zu nennen. In zahlreichen Untersuchungen konnte festgestellt werden, dass die Zufriedenheit der Mitarbeiter eine zentrale Voraussetzung für kundenorientiertes Verhalten ist [19][103][124], [192].

Die verschiedenen Facetten des kundenorientierten Verhaltens werden mit Hilfe der Aussagen zum kundenorientierten Verhalten erfasst (vgl. Tabelle 2.2). Die 13 Aussagen werden den Befragten zur Bewertung vorgelegt. Auch diese Aussagen wurden inzwischen in zahlreichen Unternehmen unterschiedlicher Branchen eingesetzt. Die Aussagen werden den Befragten innerhalb einer schriftlichen Befragung oder eines persönlichen Interviews zur Bewertung vorgelegt. Die Vorgehensweise ist dabei dieselbe wie bei der Messung der kundenorientierten Einstellung. Der Gesamtwert des kundenorientierten Verhaltens für einzelne Mitarbeiter ergibt sich durch die Bildung des Mittelwerts aus den Antworten auf die einzelnen Fragen. Je höher dieser Mittelwert, den wir **Index des kundenorientierten Verhaltens** nennen, ausfällt, desto stärker ist das kundenorientierte Verhalten der Mitarbeiter ausgeprägt.

Tabelle 2.2 Aussagen zur Messung des kundenorientierten Verhaltens [175][193], [210]

Herr/Frau XY ...	trifft voll zu 100	trifft im Wesentlichen zu 80	trifft eher zu 60	trifft eher nicht zu 40	trifft im Wesentlichen nicht zu 20	trifft überhaupt nicht zu 0	nicht anwendbar
... unterstützt die Kunden aktiv bei der Erreichung ihrer Ziele.	☐	☐	☐	☐	☐	☐	☐
... diskutiert regelmäßig mit den Kunden über ihre Bedürfnisse.	☐	☐	☐	☐	☐	☐	☐
... beantwortet die Fragen der Kunden zu Produkten so korrekt wie möglich.	☐	☐	☐	☐	☐	☐	☐
... beeinflusst die Kaufentscheidung nicht durch Druck, sondern durch wichtige Informationen.	☐	☐	☐	☐	☐	☐	☐
... lässt die Kunden ausreden und hört ihnen ausreichend zu.	☐	☐	☐	☐	☐	☐	☐
... achtet auf die Körpersprache der Kunden, um sie besser zu verstehen.	☐	☐	☐	☐	☐	☐	☐
... kann die Kunden von ihrer Persönlichkeit her sehr gut einschätzen.	☐	☐	☐	☐	☐	☐	☐
... spricht die Sprache der Kunden.	☐	☐	☐	☐	☐	☐	☐
... setzt Körpersprache im Umgang mit Kunden bewusst ein.	☐	☐	☐	☐	☐	☐	☐
... weiß mit Widerständen der Kunden angemessen umzugehen.	☐	☐	☐	☐	☐	☐	☐
... bereitet wichtige Kundengespräche angemessen vor.	☐	☐	☐	☐	☐	☐	☐
... hat die kundenbezogenen Prozesse sehr gut organisiert.	☐	☐	☐	☐	☐	☐	☐
... nimmt das Arbeitsumfeld als sehr positiv wahr.	☐	☐	☐	☐	☐	☐	☐

Nachdem die kundenorientierte Einstellung und das kundenorientierte Verhalten gemessen sind, geht es im nächsten Schritt darum, die Ergebnisse in angemessener Weise zu interpretieren. Ein zentrales Instrument zur Interpretation der Ergebnisse ist das Kundenorientierungsprofil, das wir im Kapitel 2.3 vorstellen.

2.3 Das Kundenorientierungsprofil: Die Zahlen zum Sprechen bringen

Die dritte am Anfang dieses Kapitels gestellte Frage bezog sich auf die Interpretation der Ergebnisse. Der wichtigste Aspekt bei der Interpretation ist, ebenso wie bei der Messung, eine gewisse Systematik anzuwenden und nicht „über den Daumen" zu interpretieren [28].

Abbildung 2.2 Grenzwerte zur Interpretation der Kundenorientierungsindizes

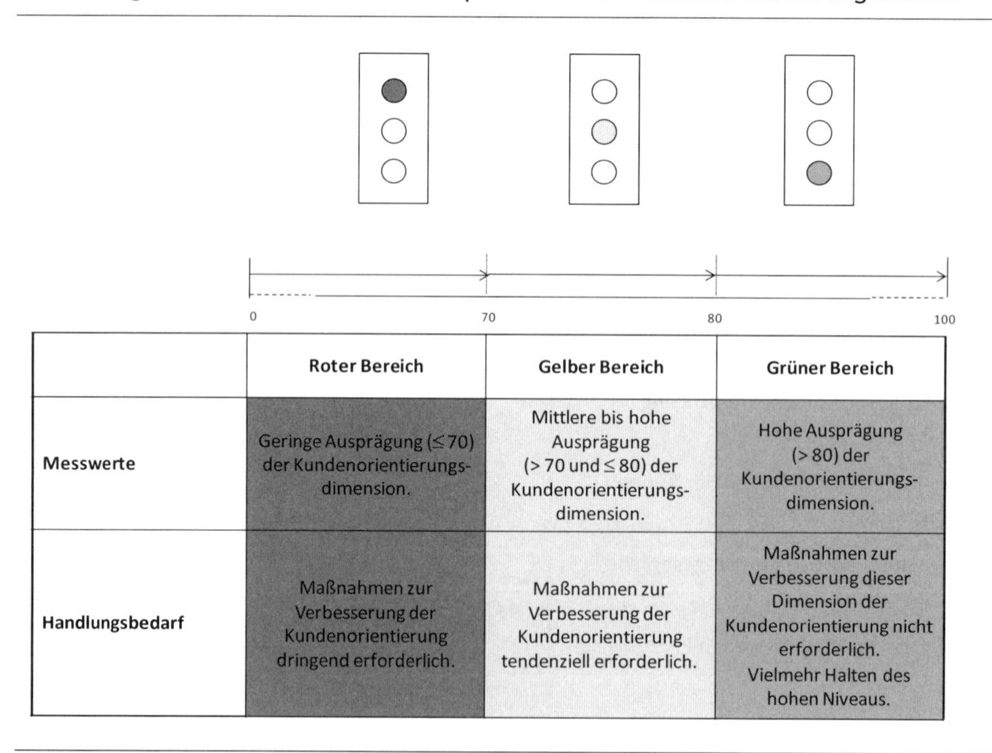

	Roter Bereich	Gelber Bereich	Grüner Bereich
Messwerte	Geringe Ausprägung (≤ 70) der Kundenorientierungs-dimension.	Mittlere bis hohe Ausprägung (> 70 und ≤ 80) der Kundenorientierungs-dimension.	Hohe Ausprägung (> 80) der Kundenorientierungs-dimension.
Handlungsbedarf	Maßnahmen zur Verbesserung der Kundenorientierung dringend erforderlich.	Maßnahmen zur Verbesserung der Kundenorientierung tendenziell erforderlich.	Maßnahmen zur Verbesserung dieser Dimension der Kundenorientierung nicht erforderlich. Vielmehr Halten des hohen Niveaus.

Die Kernfrage liegt darin, inwieweit bei einzelnen Mitarbeitern Handlungsbedarf besteht, d. h. inwieweit einige der Instrumente unseres Ansatzes zur Anwendung kommen sollten. Zur Beantwortung dieser Frage unterscheiden wir auf der verwendeten Skala (von 0 bis 100) drei Bereiche: den grünen, den gelben und den roten Bereich. Im ersten (grünen) Bereich ist die Kundenorientierung ausreichend gegeben – hier ist die Welt in Ordnung. Dieser Bereich beginnt bei einem Wert von 80. Im zweiten (gelben) Bereich ist die Kundenorientierung auf einem ordentlichen, aber steigerungsfähigen Niveau. Hier besteht bereits punktueller Handlungsbedarf. Diesen Bereich siedeln wir auf der Basis unserer Erfahrungen zwischen 70 und 80 Punkten an. Im dritten (roten) Bereich sind Mitarbeiter anzusiedeln, die massive Defizite in der Kundenorientierung aufweisen. Hier ist starker Handlungsbedarf gegeben. Diese „Ampel-Skala" ist in Abbildung 2.2 dargestellt.

Die Zusammenführung von kundenorientierter Einstellung und kundenorientiertem Verhalten erfolgt im Rahmen des bereits vorgestellten Kundenorientierungsprofils (vgl. Abbildung 1.4). Auf der Basis der soeben unterschiedenen drei Bereiche ergibt sich eine Matrix mit neun Feldern (vgl. Abbildung 2.3). Es wird erkennbar, dass eine gleich starke Ausprägung der kundenorientierten Einstellung und des kundenorientierten Verhaltens die drei Bereiche in ihrer „Reinform" widerspiegelt (Diagonale von links unten nach rechts oben). Zusätzlich gibt es noch verschiedene Mischformen, in denen die kundenorientierte Einstellung und das kundenorientierte Verhalten unterschiedlich stark ausgeprägt sind. Diese werden in der Abbildung durch schraffierte Felder gekennzeichnet.

Abbildung 2.3 Teilbereiche des Kundenorientierungsprofils

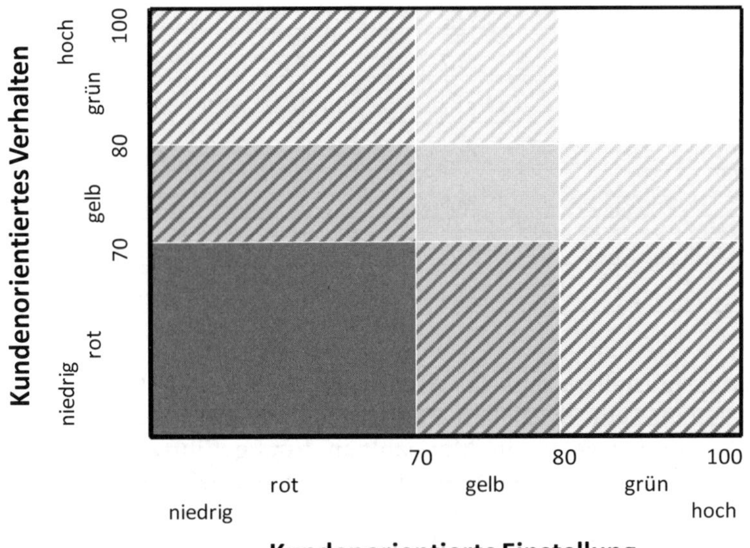

Zur Veranschaulichung ziehen wir beispielhaft eine Messung heran, die wir bei einem weltweit tätigen Chemieunternehmen durchgeführt haben. Hier wurden zwölf Vertriebsmitarbeiter durch die Führungskraft in Bezug auf ihre kundenorientierte Einstellung und ihr kundenorientiertes Verhalten bewertet. Die Kundenorientierungsindizes für die Einstellung bzw. das Verhalten der zwölf Vertriebsmitarbeiter sind in Tabelle 2.3 dargestellt. Die dort dargestellten Zahlenwerte sind in Abbildung 2.4 visualisiert. Es zeigt sich eine sehr weite Streuung der Mitarbeiter über die verschiedenen Bereiche des Profils – eine Beobachtung, die wir bei der Anwendung dieses Instruments häufig machen.

Tabelle 2.3 Indizes der kundenorientierten Einstellung und des kundenorientierten Verhaltens: Zwölf Außendienstmitarbeiter eines Chemieunternehmens

Mitarbeiter	Indizes der kundenorientierten Einstellung	Indizes des kundenorientierten Verhaltens
1	64,7	82,5
2	79,1	73,4
3	93,7	90,0
4	55,1	75,9
5	81,9	80,5
6	91,7	86,3
7	82,3	77,5
8	61,7	58,8
9	84,5	68,8
10	83,9	81,5
11	81,3	63,6

Zunächst ist festzustellen, dass die Mitarbeiter 3, 5, 6 und 10 im grünen Bereich liegen, so dass hier keine speziellen Maßnahmen erforderlich sind. Für die übrigen Mitarbeiter wurden ausgewählte Maßnahmen durchgeführt, die in den Kapiteln 3 und 4 dieses Buches noch näher beschrieben werden. Beispielsweise nahm Mitarbeiter 11 an einem Verhaltenstraining zum Ausbau seiner Kommunikations- und Wahrnehmungsfähigkeiten teil. Hierbei ging es um Aspekte wie aktives Zuhören und kundenorientierte Sprache. Bei Mitarbeitern 4 und 12, bei denen wir Defizite in der kundenorientierten Einstellung festgestellt haben, haben die Führungskräfte Coaching-Maßnahmen durchgeführt. Die Schwerpunkte dieser Maßnahmen lagen bei Mitarbeiter 4 auf dem gezielten Ausbau von Persönlichkeitsmerkmalen, die die positive Einstellung zu Kunden fördern (Selbsteinschätzung, Einfühlungsvermögen und Kontaktfreude). Bei Mitarbeitern 4 und 12 wurde auf den Ausbau persönlicher Ressourcen hingewirkt, die beim Umgang mit schwierigen Erfahrungen im Kundenkontakt hilfreich sind. Die Maßnahmen wirkten sich auch positiv auf das Verhalten gegenüber den Kunden in schwierigen Situationen aus.

Abbildung 2.4 Das Kundenorientierungsprofil für zwölf Außendienstmitarbeiter eines Chemieunternehmens

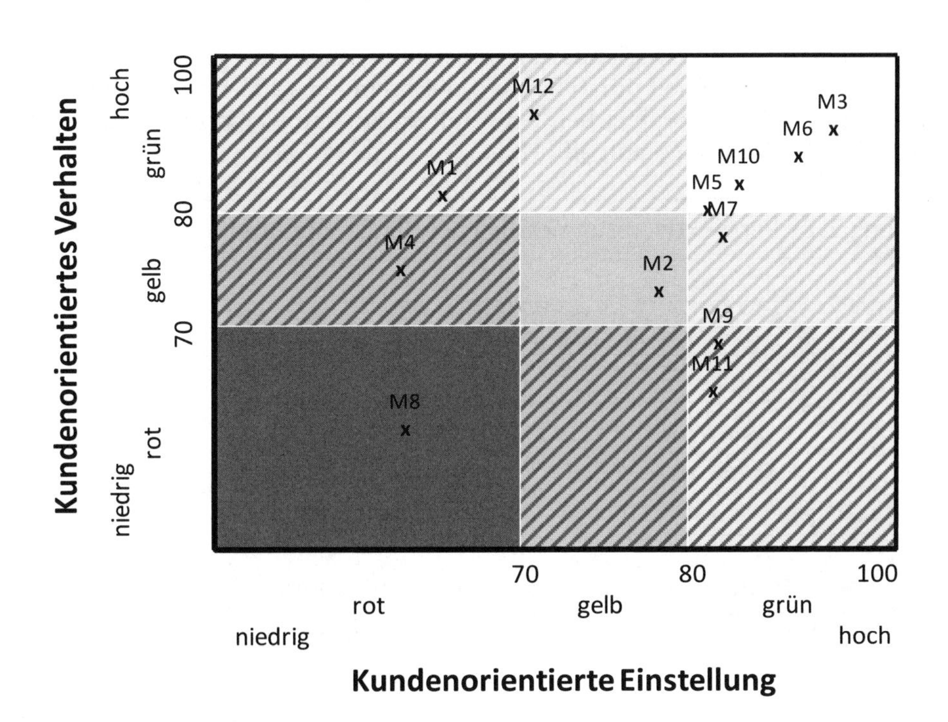

Bei der Anwendung des Kundenorientierungsprofils werden uns immer wieder Fragen gestellt wie: „Was mache ich mit Mitarbeitern, die sich im roten Bereich befinden? Wie gehe ich mit Mitarbeitern um, die im Verhalten im grünen, in der Einstellung jedoch im roten Bereich liegen? Lohnt sich eine Investition in derartige Mitarbeiter überhaupt noch?" Derartige Fragen können nicht pauschal beantwortet werden [91]. Vielmehr kommt es auf den einzelnen Mitarbeiter sowie die speziellen Gegebenheiten innerhalb des Unternehmens an. Dennoch kann man prinzipiell folgende Aussagen treffen:

1. Investitionen in Maßnahmen zur Einstellungsänderung sind aufgrund der Schwierigkeit, Einstellungen zu verändern, grundsätzlich kritischer zu sehen als Investitionen in Maßnahmen zur Veränderung des Verhaltens.
2. Sicherlich ist auch relevant, wie wichtig die Mitarbeiter aufgrund ihrer Fachkompetenz für das Unternehmen sind.
3. Schließlich ist von entscheidender Bedeutung, inwieweit man bei den Mitarbeitern Veränderungsbereitschaft feststellen kann.

2.4 Perspektiven: Wer soll beurteilen?

Die Messung der kundenorientierten Einstellung und des kundenorientierten Verhaltens kann prinzipiell durch Selbst- oder Fremdeinschätzung vorgenommen werden [85]. Die in der praktischen Anwendung am häufigsten verwendeten Ansätze sind in Abbildung 2.5 aufgeführt.

Abbildung 2.5 Perspektiven zur Messung der Kundenorientierung

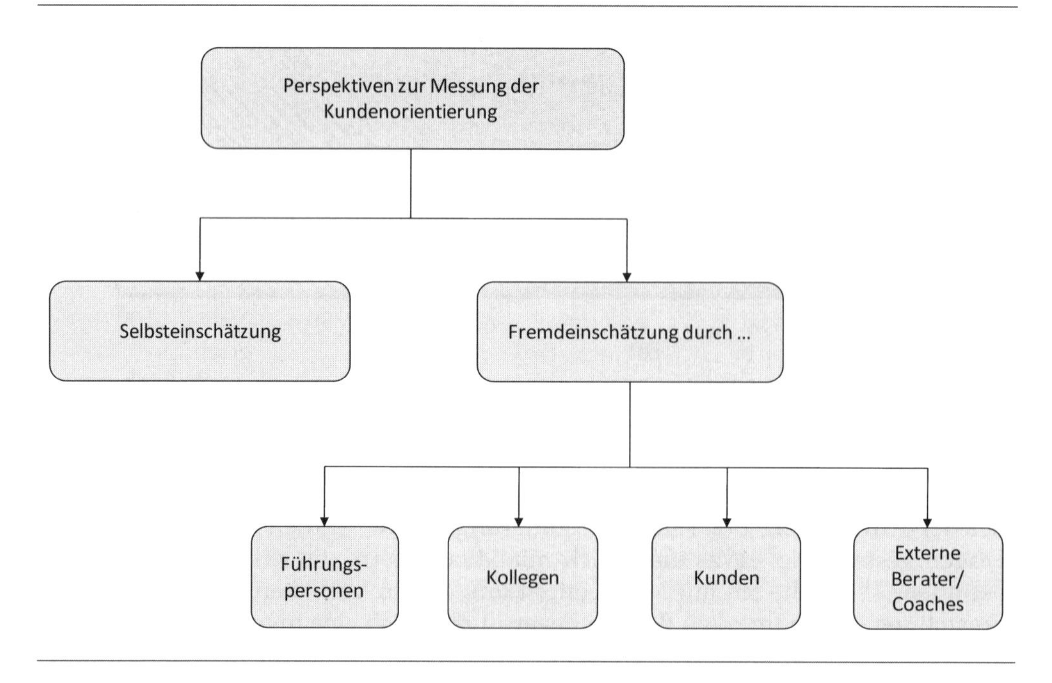

Bei der **Selbsteinschätzung** wird die Beurteilung der Kundenorientierung durch die zu beurteilenden Mitarbeiter selbst vorgenommen. Man könnte an dieser Stelle einwenden, dass Personen tendenziell dazu neigen, sich selbst zu positiv einzuschätzen. Dieser Einwand ist nicht völlig von der Hand zu weisen. Die Tendenz zur Selbstüberschätzung ist gerade dann besonders groß, wenn aus den Ergebnissen unmittelbare Konsequenzen (z. B. Leistungsbeurteilung) für die Mitarbeiter zu erwarten sind [210]. Die Selbsteinschätzung durch die Mitarbeiter ist nur sinnvoll, wenn mindestens folgende Voraussetzungen vorliegen:

- das Unternehmen befindet sich nicht in einer Sondersituation (Fusion, wirtschaftliche Krise usw.),
- es herrscht ein offenes und konstruktives Klima zwischen den Mitarbeitern und der Führungskraft und
- die Mitarbeiter betrachten die Bewertung der Kundenorientierung als Chance für Verbesserungen und nicht als mögliche Ursache für negative Konsequenzen.

Liegen diese drei Voraussetzungen nicht vor, wird die Selbsteinschätzung durch die Mitarbeiter mit hoher Wahrscheinlichkeit nicht ehrlich ausfallen. In diesem Fall empfiehlt es sich, die Bewertung der Kundenorientierung durch dritte Personen vornehmen zu lassen. Bei einer solchen **Fremdeinschätzung** können Führungspersonen, Kollegen, Kunden oder externe Berater/Coachs die Bewertung vornehmen. So können gerade die Führungskräfte über das kundenorientierte Verhalten hinaus auch die Einstellung ihrer Mitarbeiter gut beurteilen. Das Gleiche gilt für Kollegen, mit denen regelmäßiger Kontakt gegeben ist. Beispielsweise können derartige Bewertungen durch Kollegen innerhalb von Verkaufsteams stattfinden. Darüber hinaus können auch Kunden befragt werden. Schließlich soll die Steigerung der Kundenorientierung zu höherer Kundenzufriedenheit führen. Dafür ist die Bewertung der Kundenorientierung durch die Kunden entscheidend [48]. Eine weitere Möglichkeit, die Kundenorientierung der Mitarbeiter zu beurteilen, ist die Einschätzung durch externe Berater/Coachs. Sie kann insbesondere dann von Bedeutung sein, wenn weder Selbstüberschätzung der Mitarbeiter noch Befangenheit von Führungspersonen und Kollegen bei den Antworten ausgeschlossen werden kann.

Im Allgemeinen treten bei der Beurteilung von Leistung **Beurteilungsfehler** auf (für einen Überblick über Beurteilungsfehler siehe [195]). Dazu gehören unter anderem der *Milde-Effekt* oder die *Tendenz zur Mitte*. Während der Milde-Effekt dazu führt, dass die Beurteilenden tendenziell zu positiv bewerten, hat die Tendenz zur Mitte zur Folge, dass Beurteilte aufgrund durchgehend durchschnittlicher Bewertungen kaum voneinander zu differenzieren sind. Letzterer wird im Rahmen der in diesem Kapitel vorgestellten Bewertungsmethode dadurch minimiert, dass auf dem Bewertungsbogen kein Mittelwert für die Beurteilung einer Facette der Kundenorientierung zur Verfügung steht. Es können 40 oder 60, aber keine 50 Punkte vergeben werden.

Um Beurteilungsfehler zu vermeiden bzw. einen facettenreicheren Überblick über die Leistung der Mitarbeiter zu bekommen, empfehlen wir die Gegenüberstellung von Ergebnissen unterschiedlicher Beurteilender. Das **360-Grad Feedback** [7] bezeichnet dabei die Zusammenstellung der Beurteilungsergebnisse aller Kontaktpersonen. Für den Mitarbeiter würde dies eine Bewertung durch die Führungskraft, Kollegen und Kunden bedeuten.

Sehr aufschlussreich ist auch die Gegenüberstellung von **Selbst- und Fremdeinschätzung**. Beispielsweise können die Mitarbeiter zur Vorbereitung von Jahreszielgesprächen zu einer Selbsteinschätzung aufgefordert werden, die dann mit der Einschätzung der Führungskraft verglichen wird. Im Anschluss an die Bewertung werden die Ergebnisse von der Führungskraft und ihren jeweiligen Mitarbeitern diskutiert. Ebenso interessant stellt sich für die Mitarbeiter der Vergleich zwischen seiner Einschätzung seiner Kundenorientierung und der der Kunden dar. In diesem Zusammenhang ist besonders die Beurteilung des kundenorientierten Verhaltens von Bedeutung, da dieses gut von Kunden beobachtet werden kann und maßgeblich für die Entstehung von Kundenzufriedenheit verantwortlich ist [48].

3 Der Weg zur kundenorientierten Einstellung

Wenn wir in Unternehmen von der Veränderung der kundenorientierten Einstellung sprechen, werden wir häufig gefragt: „Sind Einstellungen überhaupt veränderbar?" Die Antwort auf diese Frage lautet: „Ja, aber ...". Einstellungen sind veränderbar. Es handelt sich jedoch um einen schwierigeren und langfristigeren Prozess als bei der Veränderung von Verhaltensweisen.

Abbildung 3.1 Einordnung von Kapitel 3 in das Gesamtkonzept

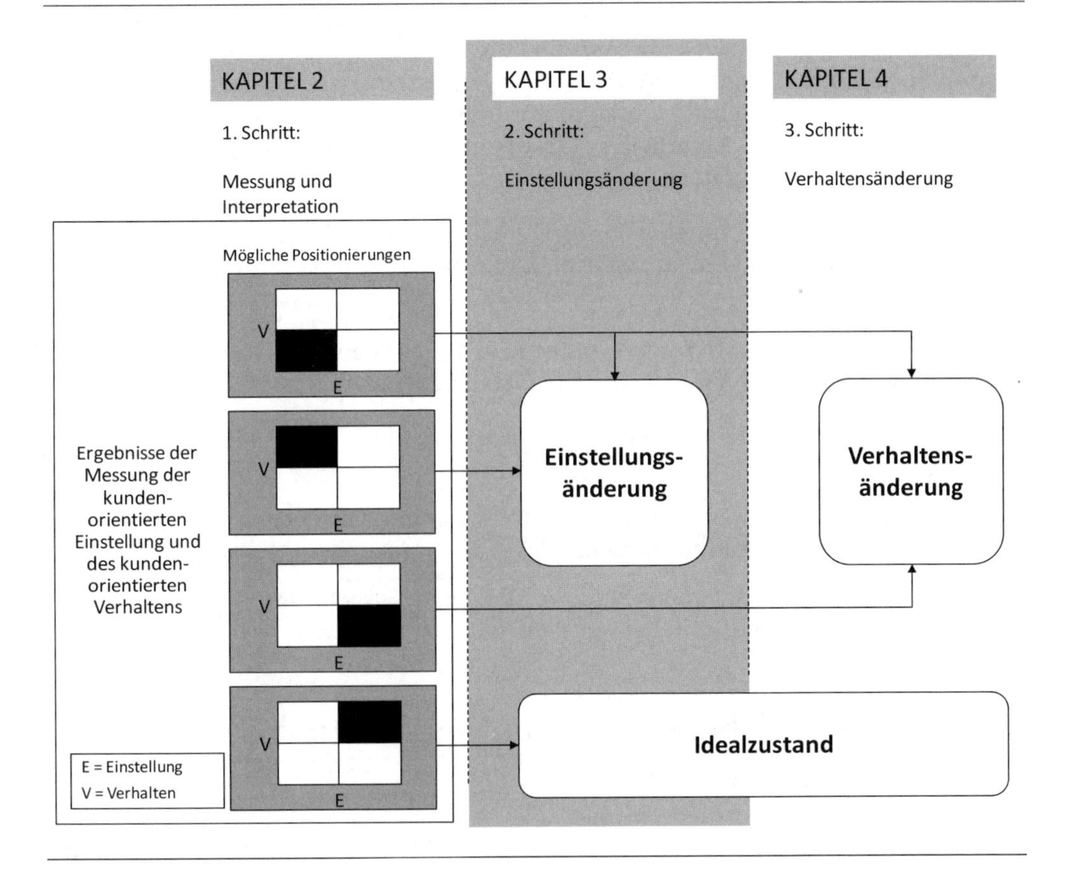

In diesem Kapitel gehen wir auf die systematische Steigerung der kundenorientierten Einstellung ein. Wie in Abbildung 3.1 veranschaulicht, stellt die Verbesserung der kundenorientierten Einstellung den zweiten Schritt innerhalb eines Prozesses zum Ausbau der Kundenorientierung dar.

Wer Einstellungen verändern möchte, muss wissen, wovon Einstellungen abhängen. Auf diese Frage geben wir im ersten Abschnitt dieses Kapitels *„Wovon hängt die kundenorientierte Einstellung ab?"* eine Antwort.

Nachdem man weiß, welche Faktoren für die kundenorientierte Einstellung verantwortlich sind, bezieht sich die nächste Frage darauf, wie man erkennt, welche Einflussgrößen bei einem bestimmten Mitarbeiter zu verändern sind. Auf typische Symptome zur Erkennung von Defiziten bei den einzelnen Einflussgrößen gehen wir im zweiten Abschnitt dieses Kapitels *„Die zentralen Problemfelder erkennen"* ein.

Schließlich stellt sich die Frage, wie die Veränderung der einzelnen Einflussgrößen bewirkt werden kann. Mit dem eigentlichen Veränderungsprozess beschäftigt sich der Rest dieses Kapitels. Die Aspekte, die zur Beeinflussung der kundenorientierten Einstellung hilfreich sein können, lassen sich in zwei Kategorien einteilen – solche, die von der externen Größe „Führungskraft" beeinflusst werden können, und solche, die in dem Mitarbeiter selbst begründet liegen und maximal von außen stimuliert werden können.

Erstere wollen wir im Kapitel *„Führungsverhalten: Der Fisch beginnt am Kopf zu stinken"* behandeln. Dabei geht es insbesondere um den Aspekt des kundenorientierten Führungsverhaltens.

Einflussgrößen, die im Mitarbeiter selbst begründet liegen, sollen in den anschließenden drei Kapiteln behandelt werden. Dabei geht es um die Aspekte:

- Motivation zu Kundenorientierung im Kapitel *„Motivation: Komplex und doch so einfach"*,
- persönliche Ressourcen zum konstruktiven Umgang mit negativen Erfahrungen im Kundenkontakt im Kapitel *„Ressourcen-Management"* sowie
- zentrale Persönlichkeitsmerkmale, welche eine positive Einstellung gegenüber Kunden fördern, im Kapitel *„Kundenorientierung erfordert Persönlichkeit"*.

3.1 Wovon hängt die kundenorientierte Einstellung ab?

Zur Beantwortung dieser Frage greifen wir auf Erkenntnisse aus der Psychologie zurück [9][33][65][89][113][128], [211]. Die dort nachgewiesenen Einflussgrößen auf die Einstellung von Menschen wurden auf die Kundenorientierung übertragen und in unser Konzept integriert. Entscheidend sind vier Bereiche, die in Abbildung 3.2 aufgezeigt werden.

Abbildung 3.2 Einflussgrößen der kundenorientierten Einstellung und Instrumente zur Steigerung

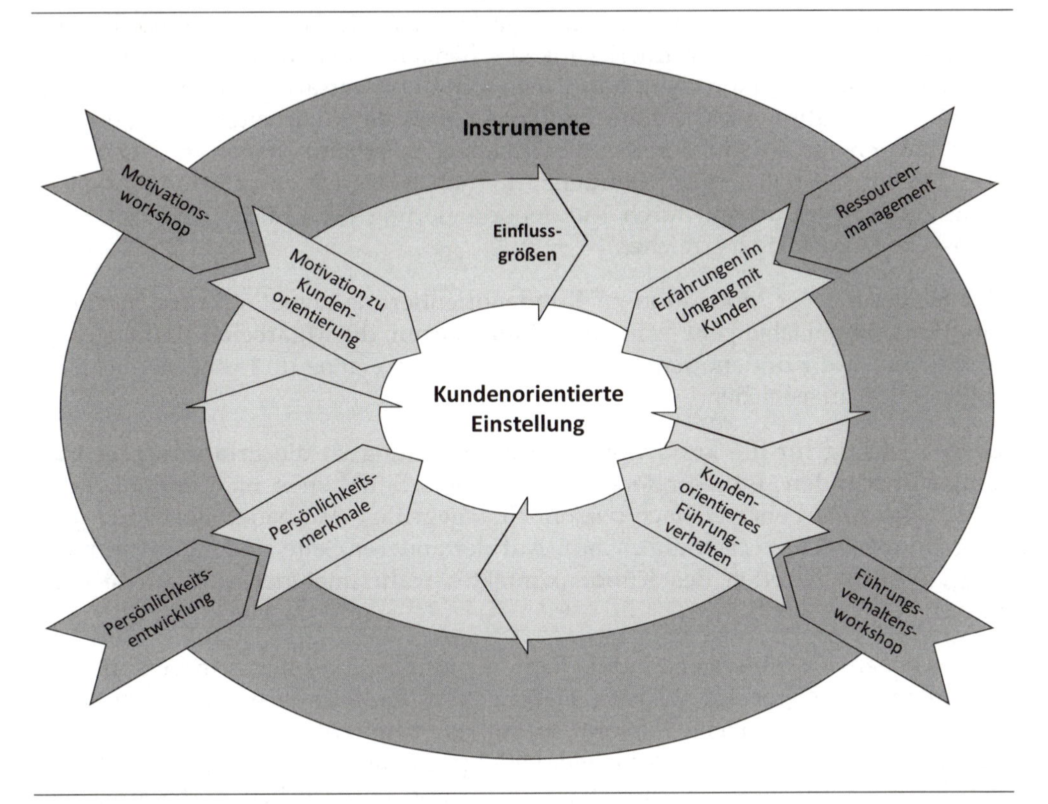

Das **kundenorientierte Führungsverhalten** der Führungsperson – als externe Größe – ist entscheidend dafür, dass die Mitarbeiter Kundenorientierung verinnerlichen. Bezüglich des Führungsverhaltens der Führungsperson sind drei Dimensionen entscheidend [137], [192]:

1. Leistungsorientierung [36][104][105], [206],
2. Mitarbeiterorientierung [81][105], [154] und
3. Kundenorientierung [93][123], [124].

Das geeignete Instrument in diesem Bereich ist der **Führungsverhaltens-Workshop**. In diesem Workshop werden die wesentlichen Grundlagen des kundenorientierten Führungsverhaltens sowie dessen Messung behandelt. Das kundenorientierte Führungsverhalten hat hier einen besonderen Stellenwert, da es in zweierlei Hinsicht auf die kundenorientierte Einstellung des Mitarbeiters einwirkt: zum einen direkt und zum anderen indirekt dadurch, dass die Führungskraft durch ihr Führungsverhalten ebenfalls einen Einfluss auf die Motivation, den Umgang mit negativen Erfahrungen im Kundenkontakt sowie die Persönlichkeit des Mitarbeiters nehmen kann (vgl. Abbildung 3.2).

Motivation basiert auf der einfachen Tatsache, dass Menschen tendenziell denjenigen Dingen besondere Aufmerksamkeit schenken, von denen sie sich einen persönlichen Nutzen versprechen. Führt man sich diese Tatsache vor Augen, bedeutet hohe **Motivation zu Kundenorientierung**, dass die Mitarbeiter einen persönlichen Nutzen für sich in der Kundenorientierung erkannt haben. In der Praxis konnten wir feststellen, dass Mitarbeiter mit hoher Motivation zu Kundenorientierung zumeist versuchen, durch Kundenorientierung persönliche und unternehmensbezogene Ziele zu erreichen.

Zur Steigerung der Motivation zu Kundenorientierung eignet sich der **Motivations-Workshop**. Dabei geht es in erster Linie darum, die Mitarbeiter dafür zu sensibilisieren, wie Kundenorientierung dazu beiträgt, eigene und unternehmensbezogene Ziele zu erreichen.

Ebenso wichtig für die kundenorientierte Einstellung ist die **Erfahrung im Umgang mit Kunden**. Insbesondere in schwierigen Situationen im Kundenkontakt fühlen sich Mitarbeiter vielfach persönlich angegriffen und bauen über kurz oder lang ein regelrechtes „Feindbild" auf. Auf der anderen Seite sind sie nicht in der Lage, positive Facetten des Kundenkontaktes wahrzunehmen und für sich zu nutzen.

Dieses negative Kundenverständnis lässt sich durch Coaching zum persönlichen **Ressourcen-Management** abbauen. Dabei geht es im Kern darum, dass die Mitarbeiter gewisse persönliche Ressourcen aufbauen, um negative Erfahrungen im Kundenkontakt besser zu verarbeiten. Diese persönlichen Ressourcen können bei den Mitarbeitern selbst (in ihrer psychischen und körperlichen Verfassung oder ihren Fähigkeiten) oder im sozialen Umfeld (bei Kollegen, Freunden und eben auch Kunden usw.) liegen. Aber auch auf Unternehmensebene können Rahmenbedingungen geschaffen werden, sodass die Erschöpfung der Ressourcen der Mitarbeiter abgeschwächt wird [195]. Der auf psychologischen Erkenntnissen [170] basierende Ansatz besagt: Mitarbeiter können mit negativen Erfahrungen besser umgehen, wenn sie mit sich selbst im Reinen sind. Mitarbeiter, die ihre Ressourcen regelrecht heruntergewirtschaftet haben, sind in der Regel angespannter und verkraften schwierige Kunden weniger gut als Mitarbeiter, die in einem gesunden Maße über diese Ressourcen verfügen.

Neben der Motivation zu Kundenorientierung und den Erfahrungen im Kundenkontakt sind gewisse **Persönlichkeitsmerkmale** erforderlich, damit die Mitarbeiter eine positive Einstellung gegenüber ihren Kunden aufbauen. An dieser Stelle könnte der Einwand erfolgen, dass sich die Persönlichkeit über die Lebensdauer eines Menschen hinweg entwickelt hat und demzufolge nicht im Rahmen des Unternehmensumfeldes veränderbar ist. Dieser Einwand ist teilweise berechtigt. Es geht hier auch nicht darum, „aus einem Elefanten einen Schmetterling" zu machen. Dennoch können bereits vorhandene Persönlichkeitsmerkmale ausgebaut und durch die Führungsperson unterstützt werden, ohne die Mitarbeiter in ihrem Wesen zu verändern.

Auf die Veränderung der Persönlichkeitsmerkmale kann innerhalb eines **Coaching-Prozesses** zur Persönlichkeitsentwicklung eingewirkt werden. Im Mittelpunkt steht dabei die Förderung von drei Persönlichkeitsmerkmalen, welche die kundenorientierte Einstellung beeinflussen: Selbsteinschätzung, Einfühlungsvermögen und Kontaktfreude.

3.2 Die zentralen Problemfelder erkennen

Hat man Defizite in der kundenorientierten Einstellung erkannt, so ist es wichtig zu wissen, welche der vier genannten Schlüsselgrößen hierfür verantwortlich sind. Erst dann können gezielt Maßnahmen durchgeführt werden. Darauf bezieht sich die zweite am Anfang dieses Kapitels gestellte Frage.

Diese Frage ist eine der schwierigsten im Rahmen unseres Ansatzes. In zahlreichen Praxisanwendungen konnten wir jedoch feststellen, dass es typische Aussagen bzw. Symptome gibt, die auf Defizite in den einzelnen Schlüsselgrößen hinweisen.

Starten wollen wir dabei mit der Größe, die von außen die kundenorientierte Einstellung beeinflusst. Auch die Führungskräfte gehören zu den Mitgliedern des Unternehmens, die einen bestimmten Grad von Kundenorientierung in ihrer Arbeitsweise und damit in ihrem Führungsverhalten verankert haben. Dieses **kundenorientierte Führungsverhalten** gilt es nun zu optimieren. Wir hatten bereits verdeutlicht, dass das Führungsverhalten entscheidende Auswirkungen auf Einstellungen der Mitarbeiter hat.

Wie wir später noch ausführlich erläutern werden, zeichnet sich ein Führungsstil, der die Kundenorientierung der Mitarbeiter optimal fördert, durch hohe Leistungsorientierung, hohe Mitarbeiterorientierung und hohe Kundenorientierung aus. Der beste Ansatz, um herauszufinden, inwieweit hier Defizite existieren, ist eine systematische Befragung der Mitarbeiter zum wahrgenommenen Führungsverhalten. Eine entsprechende praxiserprobte Checkliste stellen wir im Zusammenhang mit der Messung des kundenorientierten Führungsverhaltens vor (vgl. Tabelle 3.4). Sie kann direkt als Basis für einen entsprechenden Fragebogen herangezogen werden.

Mit den Einflussgrößen der kundenorientierten Einstellung, die ausschließlich beim Mitarbeiter angesiedelt sind, wollen wir uns anschließend beschäftigen. Hier hat die Führungsperson lediglich die Möglichkeit, durch Workshops oder Coaching auf ihre Mitarbeiter einzuwirken.

Indizien für Defizite in der **Motivation zu Kundenorientierung** sind z. B. dann vorhanden, wenn Mitarbeiter zum Ausdruck bringen, dass sie zwischen Kundenorientierung und ihren persönlichen Interessen keine starken Verbindungen sehen. Wird z. B. keine enge Verbindung zwischen der Zufriedenheit der Kunden und der Sicherheit des eigenen Arbeitsplatzes gesehen, so ist dies ein erstes Anzeichen für eine geringe Motivation zu Kundenorientierung. Eine Aufstellung typischer Aussagen, anhand derer man Motivationsdefizite erkennen kann, ist in Tabelle 3.1 zu finden. Zur Verdeutlichung sind die einzelnen Aussagen etwas überzeichnet formuliert. Auf Defizite in der Motivation zu Kundenorientierung ist umso eher zu schließen, je mehr und je häufiger derartige Aussagen von den Mitarbeitern getroffen werden.

Tabelle 3.1 Typische Aussagen, die auf Defizite in der Motivation zu Kundenorientierung hindeuten [141]

Die Mitarbeiter machen Aussagen dahingehend, dass ...
▪ Kunden nicht wichtig für die Existenz des Unternehmens sind.
▪ die Sicherheit ihres Arbeitsplatzes unabhängig von der Zufriedenheit der Kunden mit dem Unternehmen ist.
▪ sie im Umgang mit Kunden selten wichtige und interessante Informationen erhalten.
▪ der Austausch mit Kunden ihnen insgesamt keinen großen Nutzen stiftet.
▪ sie durch mangelndes Lob von Kunden wenig in ihrer Tätigkeit bestärkt werden.
▪ die Kunden ihre Leistungen insgesamt wenig zu schätzen wissen.
▪ der Umgang mit Kunden keinen Beitrag zu ihrer persönlichen Weiterentwicklung leistet.
▪ sie bei Kunden selten eigene Ideen einbringen und verwirklichen können.

Bei den **Erfahrungen im Umgang mit Kunden** setzen wir anschließend an einem sehr sensiblen Bereich der Mitarbeiter an: den persönlichen Ressourcen. Diese Ressourcen ermöglichen es einem Menschen, auch negative Erfahrungen (z. B. im Kundenkontakt) konstruktiv zu verarbeiten. Es geht hierbei um psychische (z. B. Entspannungsfähigkeit), körperliche (z. B. ausreichend Schlaf) und soziale Ressourcen (z. B. einen intakten Freundeskreis). Um Defizite in diesen Bereichen zu erkennen, greifen wir auf in der Psychologie entwickelte Kriterien zurück. Diese im wissenschaftlichen Bereich entwickelten Kriterien haben wir für Praxiszwecke angepasst und auf der Basis unserer Praxiserfahrungen ergänzt (vgl. Tabelle 3.2).

Tabelle 3.2 Typische Aussagen, die auf Defizite im Umgang mit negativen Erfahrungen im Kundenkontakt hindeuten [121]

Die Mitarbeiter machen Aussagen dahingehend, dass ...

Fehlende soziale Ressourcen

- sie mit Kollegen bzw. Führungskräften wenig oder gar nicht über persönliche Dinge sprechen.
- sie selten etwas privat mit ihren Kollegen unternehmen.
- sie kein Familienmensch sind, sondern sich lieber auf die Arbeit konzentrieren.
- sie sich häufig über andere Personen in ihrem privaten Bereich ärgern.
- sie selten oder nie mit Freunden ausgehen.
- andere Personen in ihrem näheren privaten Umfeld ihnen häufig auf die Nerven gehen.
- sie häufig Streit mit wichtigen Personen in ihrem privaten Umfeld haben.

Fehlende psychische Ressourcen

- sie sich häufig persönlich von Kunden angegriffen fühlen.
- sie auf Einwände und Beschwerden von Kunden verschiedentlich überreagieren.
- Beschwerden von Kunden sie oft noch Tage später belasten.
- der Umgang mit Kunden sie manchmal so aufwühlt, dass sie gar nicht mehr zur Ruhe kommen.
- sie auch im Urlaub häufiger an Probleme mit Kunden denken.
- der Umgang mit Kunden sie so anstrengt, dass sie es sicherlich nicht das ganze Leben durchhalten können.
- sie häufig ihre Aufgaben unter Zeitdruck erledigen.

Fehlende körperliche Ressourcen

- sie häufig unter Konzentrationsproblemen leiden.
- ihnen häufig die Energie fehlt, ihre Vorsätze in die Tat umzusetzen.
- sie oft bis in die Nacht arbeiten, um ihre Aufgaben zu erfüllen.
- sie ihre Arbeit tendenziell stark ermüdet.
- sie sich häufig körperlich unwohl fühlen.

- sie sich insgesamt wenig bewegen (wenig Sport, auch kurze Wege werden mit dem Auto zurückgelegt).
- sie oft den ganzen Tag über nicht zum Essen kommen und dafür abends „richtig" essen.
- sie tagsüber wenige oder keine Pausen machen.

Bei den **Persönlichkeitsmerkmalen** hatten wir zuvor drei Eigenschaften der Mitarbeiter genannt, die besonders wichtig für deren innere Denkhaltung gegenüber den Kunden sind: Selbsteinschätzung, Kontaktfreude und Einfühlungsvermögen. Sind bei Mitarbeitern einzelne oder sogar alle drei Merkmale nur sehr gering ausgeprägt, kann man daraus schließen, dass die fehlende Verinnerlichung von Kundenorientierung zu einem wesentlichen Teil durch die Persönlichkeit der Mitarbeiter begründet ist. Defizite bei den verschiedenen Persönlichkeitsmerkmalen können anhand der in Tabelle 3.3 zusammengestellten Aussagen erkannt werden.

Tabelle 3.3 Typische Aussagen, die auf Defizite in den Persönlichkeitsmerkmalen hindeuten

Die Mitarbeiter machen Aussagen dahingehend, dass ...

Negative Selbsteinschätzung [64], [201]:

- sie bei Problemen mit Kunden schnell Selbstzweifel bekommen.
- sie verlegen werden, wenn sie von Kunden gelobt werden.
- sie nicht das Gefühl haben, etwas verändern zu können.
- sie sich im Allgemeinen ihrer selbst nicht sicher sind.
- sie daran zweifeln, den Anforderungen des Kunden gerecht zu werden.
- sie oft das Gefühl haben, nur auf wenige Dinge stolz sein zu können.
- sie sich unsicher und unzulänglich im Umgang mit Kunden fühlen.

Mangelndes Einfühlungsvermögen [94]:

- sie für tiefere Gefühle von Menschen nicht sehr sensibel sind.
- sie weniger als ihre meisten Kollegen in der Lage sind, ihre Kunden zu verstehen.
- sie häufig Schwierigkeiten haben, sich in die Perspektive ihrer Kunden hineinzuversetzen.

- sie relativ wenig Begabung haben, die Kunden zu beeinflussen.
- sie sich nicht viel daraus machen, ob die Kunden sie mögen oder nicht.

Mangelnde Kontaktfreude [145], [147]:

- sie nicht gerne unter Menschen sind.
- sie an geselligen Anlässen (Feiern usw.) nicht gerne teilnehmen.
- Freunde für sie nicht wichtig sind.
- sie Probleme haben, auf andere Menschen zuzugehen.
- sie am liebsten ungestört und alleine arbeiten.
- sie häufigen Kundenkontakt insgesamt als störend empfinden.

Nachdem nun die Defizite erkannt sind, kann mit dem eigentlichen Veränderungsprozess begonnen werden. Wir stellen nun sukzessiv die in Abbildung 3.2 genannten Instrumente zur Steigerung der kundenorientierten Einstellung vor. Zunächst geht es um das kundenorientierte Führungsverhalten.

3.3 Führungsverhalten: Der Fisch beginnt am Kopf zu stinken

Im Folgenden geht es um die wohl wichtigste Einflussgröße der kundenorientierten Einstellung der Mitarbeiter: das Führungsverhalten. Wir haben bereits auf die besondere Bedeutung der Einflussgröße des Führungsverhaltens hingewiesen: Es wirkt nicht nur direkt auf die kundenorientierte Einstellung, sondern beeinflusst auch die übrigen Einflussgrößen der Einstellung. Auf der Basis unserer Erfahrungen in vielen Unternehmen sind wir zu der Überzeugung gekommen, dass die entsprechende Ausrichtung des Führungsverhaltens aller Führungskräfte – vom Gruppenleiter bis zum Top-Manager – die wichtigste Voraussetzung für dauerhafte Kundenorientierung in Unternehmen ist [126][137], [157].

Zwei zentrale Dimensionen des Führungsverhaltens, welche die Kundenorientierung der Mitarbeiter stark beeinflussen, sind Leistungs- und Mitarbeiterorientierung [36][195][198], [206]. Hohe **Leistungsorientierung** der Führungsperon ist insbesondere dadurch gekennzeichnet, dass die Führungsperson die Unternehmensziele aktiv und regelmäßig an ihre Mitarbeiter kommuniziert und deren Leistungsziele danach ausrichtet [81][105][154], [214]. Charakteristisch für diese Führungsperson ist auch die hohe Ausprägung leistungsorientierter Motivation (z. B. Übertragen von attraktiven Aufgaben und Kompetenzbereichen an leistungsstarke Mitarbeiter) sowie das Bemessen der Anerkennung für die Mitarbeiter anhand der erbrachten Leistungen.

Im Gegensatz zur Leistungsorientierung zeichnet sich die zweite Dimension des Führungsverhaltens – die **Mitarbeiterorientierung** – dadurch aus, dass die Führungskraft ihren Mitarbeitern persönliche Wertschätzung entgegenbringt und deren persönliche und berufliche Ziele nach Möglichkeit beachtet [21][186], [214]. Die Führungskraft bindet ihre Mitarbeiter in für sie relevante Entscheidungen ein und fördert aktiv deren Ideen. Sie macht es ihren Mitarbeitern insgesamt leicht, frei und unbefangen mit ihr zu sprechen.

Stellt man die beiden Dimensionen des Führungsverhaltens gegenüber, so erhält man vier grundlegende Führungsstile [82], [101] (vgl. Abbildung 3.3).

Abbildung 3.3 Die grundlegenden Führungsstile

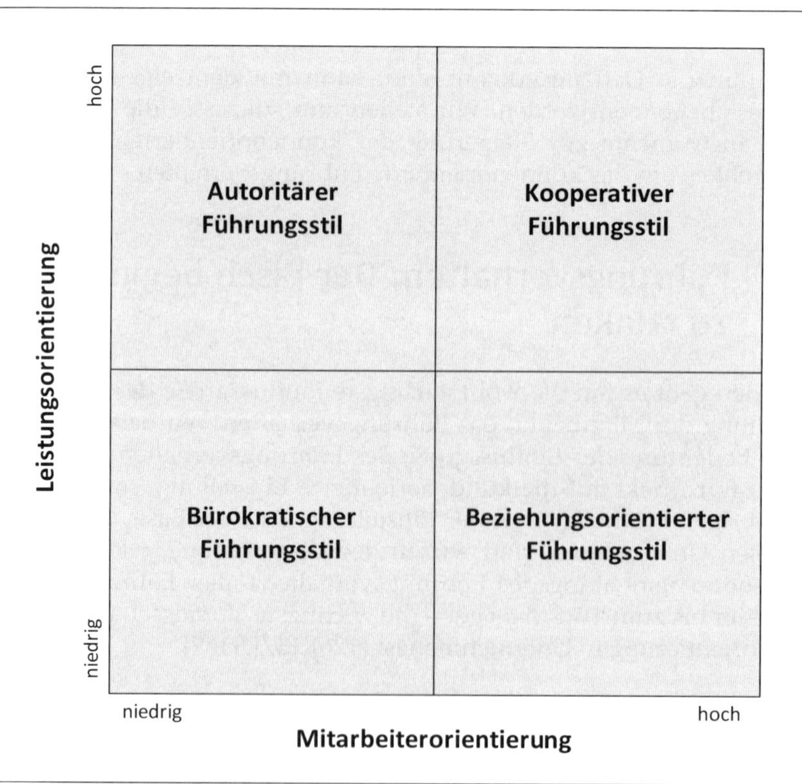

Einen Führungsstil, der sowohl bei der Leistungsorientierung als auch bei der Mitarbeiterorientierung niedrige Ausprägungen aufweist, bezeichnen wir als **bürokratischen Führungsstil**. Er ist insbesondere in Behörden, bisweilen auch in Großunternehmen anzutreffen. In diesen Organisationen, die durch starke Strukturierung und Reglementierung von Verhaltensweisen geprägt sind, sind Leistungs- und Mitarbeiterorientierung eher Nebensache. Die Starrheit des Systems stellt die Einhaltung von Regeln über das Erreichen von Leistungszielen. Auch ist in derart reglementierten Organisationen wenig Raum für ausgeprägte zwischenmenschliche Beziehungen zwischen Mitarbeitern und Führungskräften. Dies wird unter anderem dadurch begünstigt, dass die Kommunikation zwischen der Führungskraft und ihren Mitarbeitern zumeist in Schriftform stattfindet.

Hohe Leistungs- und geringe Mitarbeiterorientierung kennzeichnen den **autoritären Führungsstil**. Er ist dadurch charakterisiert, dass die Vorgabe der Ziele durch die Führungsperson weitgehend ohne die Einbindung der Mitarbeiter in die Zielfindung erfolgt. Die Führungsperson achtet sehr darauf, dass die Mitarbeiter ihre Arbeitskraft voll einsetzen. Auf die Meinungen und Interessen der einzelnen Mitarbeiter nimmt eine autoritäre Führungsperson wenig Rücksicht. Klassischerweise ist dieser Führungsstil in militärischen Organisationen zu Hause. Auch in der Unternehmenspraxis ist er heute noch weit verbreitet.

Der **beziehungsorientierter Führungsstil** zeichnet sich durch hohe Mitarbeiterorientierung und eher niedrige Leistungsorientierung aus. Er ist häufig in kleineren Familienunternehmen oder auch mittelständischen Unternehmen anzutreffen und ist dadurch zu charakterisieren, dass die Führungskraft das persönliche Wohlergehen der Mitarbeiter über die Leistungsziele des Unternehmens stellt. Dies kann so weit führen, dass Kritikgespräche der Führungskraft mit Mitarbeitern vermieden werden, um nicht das „gute" Verhältnis negativ zu beeinträchtigen.

Treten hohe Leistungs- und hohe Mitarbeiterorientierung gemeinsam auf, so spricht man von einem **kooperativen Führungsstil**. Hierbei wird neben hoher Leistungsorientierung ein hohes Maß an Aufmerksamkeit der Führungsperson auf die Bedürfnisse der Mitarbeiter gelenkt. Entscheidende Faktoren sind hierbei z. B. die Orientierung an klaren Zielsetzungen, die jedoch gemeinsam mit den Mitarbeitern vereinbart werden.

Wie sind nun die vier grundlegenden Führungsstile im Hinblick auf Kundenorientierung zu bewerten? Es ist heute unumstritten, dass der kooperative Führungsstil die besten Voraussetzungen für die Kundenorientierung der Mitarbeiter schafft und insgesamt bewertet der erfolgsförderlichste ist [119]. Hohe Leistungsorientierung ist sicherlich eine unerlässliche Voraussetzung für Kundenorientierung der Mitarbeiter. Schließlich werden die Leistungen im Wesentlichen für den Kunden erbracht. Aber auch eine hohe Mitarbeiterorientierung fördert die Kundenorientierung der Mitarbeiter: Mitarbeitern, die lediglich leistungsorientiert, aber nicht mitarbeiterorientiert geführt werden, fällt es im Regelfall schwer, mit Kunden vertrauensvolle Beziehungen aufzubauen, da sie aufgrund des distanzierten Verhaltens ihrer Führungskraft solche Beziehungen in ihrem direkten Arbeitsumfeld nicht kennen.

Wir werden in diesem Zusammenhang häufig gefragt, ob der kooperative Führungsstil in jeder Situation der richtige Führungsstil ist. Dies ist eine ganz entscheidende Frage. Der kooperative Führungsstil ist *nicht* in jeder Situation der ideale Stil, die Mitarbeiter zu führen. Es gibt durchaus Situationen, in denen der autoritäre Führungsstil erforderlich ist: Dies gilt z. B. für die Bewältigung von Krisensituationen. Es gibt nicht *den* besten Führungsstil für alle Situationen und alle Zielsetzungen. Wir möchten an dieser Stelle lediglich betonen, dass der kooperative Führungsstil für die Zielsetzung Kundenorientierung am förderlichsten ist.

Es ist allerdings auch zu betonen, dass Leistungs- und Mitarbeiterorientierung nur *notwendige* Voraussetzungen für die kundenorientierte Einstellung der Mitarbeiter sind. Man kann auch bei hoher Leistungs- und Mitarbeiterorientierung vollkommen intern orientiert sein und sich nicht um die Belange der Kunden kümmern. Zusätzlich zur Leistungs- und Mitarbeiterorientierung der Führungsperson ist daher die Kundenorientierung per se die dritte zentrale Dimension des kundenorientierten Führungsverhaltens.

Hohe **Kundenorientierung der Führungskraft** zeichnet sich insbesondere dadurch aus, dass die Führungskraft Kundenorientierung durch ihr eigenes Verhalten vorlebt. Eine kundenorientierte Führungsperson macht den Mitarbeitern die Bedeutung der Kunden für sie persönlich sowie für das Unternehmen regelmäßig bewusst [192]. Darüber hinaus legt die Führungsperson Wert auf die ständige Verbesserung der kundenbezogenen Prozesse. Kundenorientierung ist ebenfalls in den Zielen der Mitarbeiter fest verankert und somit ständig präsent.

Diese drei Dimensionen des kundenorientierten Führungsverhaltens sind intuitiv plausibel. Sicherlich würden auch die meisten Führungskräfte in modern geführten Unternehmen für sich in Anspruch nehmen, leistungs-, mitarbeiter- und kundenorientiert zu führen. Hier ist oft der Wunsch Vater des Gedankens: Gespräche mit Mitarbeitern über das Führungsverhalten ihrer Führungskräfte zeichnen oft ein ganz anderes Bild als das Selbstbild der Führungskraft. Gerade bei so „weichen" Faktoren wie Führungsverhalten ist eine systematische Bewertung von größter Wichtigkeit. Diese systematische Erfassung weicher Faktoren (Management by Facts) ist – wie im einleitenden Kapitel 1.3 erläutert – eines der Prinzipien unseres Ansatzes. Vor diesem Hintergrund haben wir auch für den Führungsstil eine Systematik entwickelt. Eine solche systematische Bewertung eröffnet insbesondere die Möglichkeit zum Vergleich von Veränderungen im Führungsverhalten der Führungskraft im Zeitablauf. In Tabelle 3.4 sind zehn Kriterien der Leistungsorientierung, neun Kriterien der Mitarbeiterorientierung und neun Kriterien der Kundenorientierung aufgeführt.

Tabelle 3.4 Aussagen zur Messung des kundenorientierten Führungsverhaltens

Die Führungskraft...	trifft voll zu 100	trifft im Wesentlichen zu 80	trifft eher zu 60	trifft eher nicht zu 40	trifft im Wesentlichen nicht zu 20	trifft überhaupt nicht zu 0
Leistungsorientierung						
... kommuniziert ihren Mitarbeitern aktiv und regelmäßig die Unternehmensziele.	☐	☐	☐	☐	☐	☐
... setzt sich und ihren Mitarbeitern klare Ziele.	☐	☐	☐	☐	☐	☐
... bewertet regelmäßig den Grad der Zielerreichung ihrer Mitarbeiter.	☐	☐	☐	☐	☐	☐
... konzentriert sich auf die wichtigsten Aufgaben.	☐	☐	☐	☐	☐	☐
... misst den Wert einer Leistung an Ergebnissen und nicht am Aufwand.	☐	☐	☐	☐	☐	☐
... delegiert Aufgaben in sinnvoller Weise an ihre Mitarbeiter.	☐	☐	☐	☐	☐	☐
... schiebt dringende Entscheidungen nicht auf.	☐	☐	☐	☐	☐	☐
... ermutigt die Mitarbeiter zu besonderen Leistungen.	☐	☐	☐	☐	☐	☐
... belohnt gute Leistungen ihrer Mitarbeiter (z. B. durch Übertragung attraktiver Aufgaben).	☐	☐	☐	☐	☐	☐
... kritisiert schlechte Leistungen ihrer Mitarbeiter.	☐	☐	☐	☐	☐	☐
Mitarbeiterorientierung						
... schätzt ihre Mitarbeiter persönlich.	☐	☐	☐	☐	☐	☐
... nimmt Rücksicht auf die Belange ihrer Mitarbeiter.	☐	☐	☐	☐	☐	☐
... legt Wert auf gute zwischenmenschliche Beziehungen zu ihren Mitarbeitern.	☐	☐	☐	☐	☐	☐
... achtet auf das Wohlergehen ihrer Mitarbeiter.	☐	☐	☐	☐	☐	☐

... stellt sich auch in schwierigen Situationen hinter ihre Mitarbeiter.	□	□	□	□	□	□
... fördert Ideen und Initiativen ihrer Mitarbeiter.	□	□	□	□	□	□
... macht es den Mitarbeitern leicht, unbefangen und frei mit ihr zu sprechen.	□	□	□	□	□	□
... fördert Teamarbeit.	□	□	□	□	□	□
... bindet ihre Mitarbeiter in für sie relevante Entscheidungen ein.	□	□	□	□	□	□
Kundenorientierung						
... lebt Kundenorientierung vor.	□	□	□	□	□	□
... empfindet Kundenorientierung nicht als Selbstzweck	□	□	□	□	□	□
... richtet die Ziele der Mitarbeiter an Kundenorientierung aus.	□	□	□	□	□	□
... erkennt kundenorientierte Verhaltensweisen von Mitarbeitern an.	□	□	□	□	□	□
... kritisiert Verhaltensweisen ihrer Mitarbeiter, die nicht kundenorientiert sind.	□	□	□	□	□	□
... fördert kundenorientierte Mitarbeiter in besonderem Maße.	□	□	□	□	□	□
... spricht mit ihren Mitarbeitern häufig über die Bedeutung der Kunden für sie persönlich.	□	□	□	□	□	□
... spricht mit ihren Mitarbeitern häufig über die Bedeutung der Kunden für das Unternehmen.	□	□	□	□	□	□
... arbeitet an der Verbesserung der kundenbezogenen Prozesse in ihrem Verantwortungsbereich.	□	□	□	□	□	□

Auf der Basis dieses Instruments ist die Bewertung des Führungsverhaltens hinsichtlich der drei Dimensionen möglich. Hierbei erfolgt für jede Dimension eine Durchschnittsbildung über die einzelnen Kriterien (vgl. zu dieser Vorgehensweise auch die Bewertung der kundenorientierten Einstellung und des kundenorientierten Verhaltens in Kapitel 2, Tabelle 2.3). Die **Interpretation der** so erhaltenen **Ergebnisse** orientiert sich wiederum an der aus Kapitel 2 bekannten Ampelskala (vgl. Abbildung 2.2). Demnach gibt es einen grünen Bereich mit Werten von mindestens 80, einen gelben Bereich mit Werten zwischen 70 und 80 und einen roten Bereich mit Werten unterhalb von 70. Im grünen Bereich ist kaum Handlungsbedarf gegeben, im gelben Bereich gehen wir von punktuellem Handlungsbedarf aus, und im roten Bereich ist massiver Handlungsbedarf gegeben.

Die Ergebnisse einer solchen Bewertung können anhand des Schemas in Abbildung 3.4 visualisiert werden. Hierzu wird auf jeder der Achsen der von einer Führungskraft erzielte Mittelwert abgetragen.

Abbildung 3.4 Die drei Dimensionen des kundenorientierten Führungsverhaltens

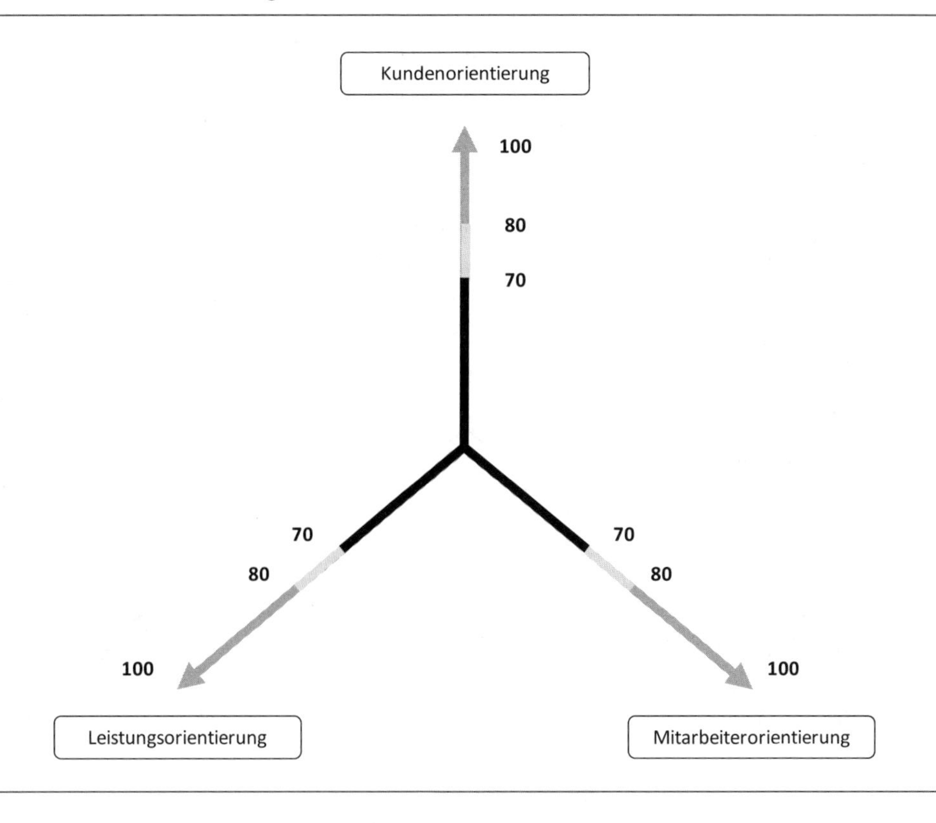

Wir haben die Erfahrung gemacht, dass bestimmte Profilstrukturen immer wieder auftreten. Diese haben wir in Abbildung 3.5 dargestellt.

Ein häufig anzutreffendes Profil ist durch gleichzeitig hohe Leistungs- und Kundenorientierung in Verbindung mit geringer Mitarbeiterorientierung charakterisiert. Für die Mitarbeiter dieses **autoritären Kundenorientierten** ist das Verinnerlichen von Kundenorientierung in der Einstellung nur bedingt möglich. Dies liegt insbesondere daran, dass sie sich nicht in den ihnen vorgegebenen Zielen und Arbeitsaufgaben wiederfinden.

Ein weiteres Führungsprofil spiegelt das Verhalten des **Softies** wider. Es ist durch hohe Kunden- und Mitarbeiterorientierung, gepaart mit geringer Leistungsorientierung, geprägt. Die Führungskraft schafft durch ihr Verhalten zwar gewisse Voraussetzungen, um Kundenorientierung in der Einstellung der Mitarbeiter zu verankern, sie gibt ihnen jedoch wenige Hilfestellungen (z. B. durch Zielvereinbarungen oder Maßnahmenvorschläge), wie sie durch Kundenorientierung Leistungserfolge erzielen können.

Abbildung 3.5 Typische Profile des Führungsverhaltens

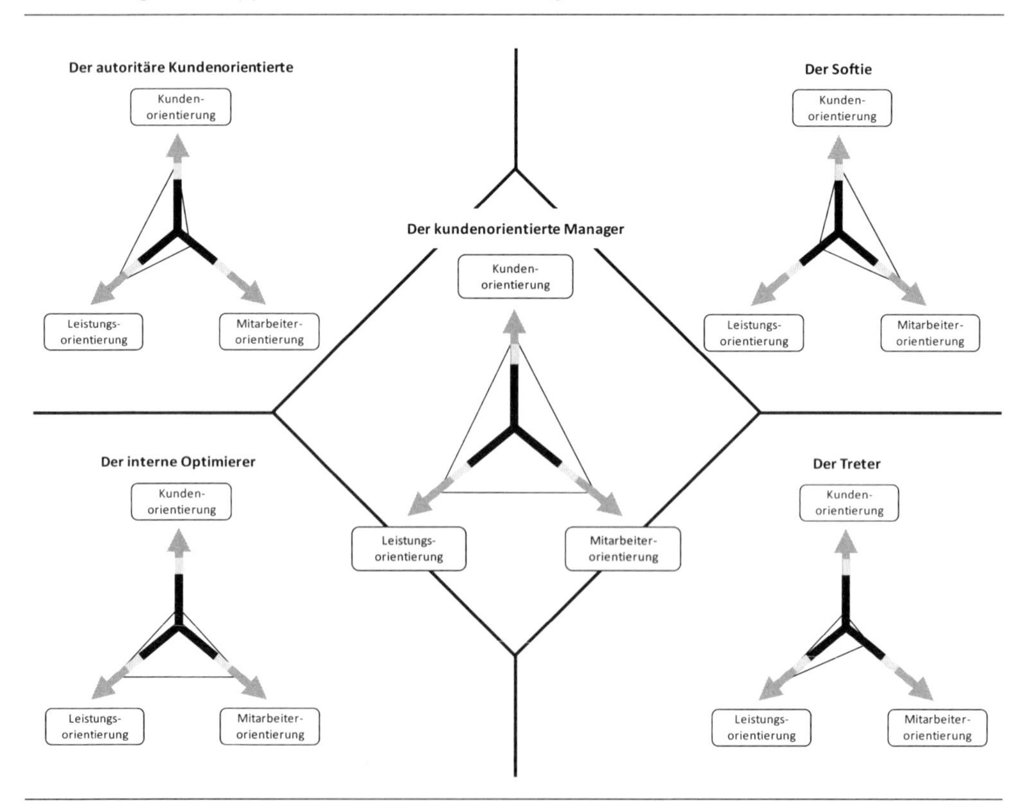

Sind bei einer Führungskraft die Leistungs- und Mitarbeiterorientierung hoch, die Kundenorientierung hingegen gering ausgeprägt, so sprechen wir von dem **internen Optimierer**. Die Führungskraft bewirkt durch ihr insgesamt kooperatives Verhalten eine relativ hohe Motivation ihrer Mitarbeiter. Die Kundenorientierung wird jedoch weder durch die Führungsperson vorgelebt noch explizit in ihrem Verantwortungsbereich gefördert. Der Fokus liegt hier demzufolge auf der Optimierung der internen Prozesse, wohingegen Kundenorientierung weitgehend vernachlässigt wird.

Ein weiterer Führungstyp, der leider immer noch relativ häufig in Unternehmen anzutreffen ist, ist der **Treter**. Diese Führungskraft legt nahezu ausschließlichen Wert auf Leistungen, die quantitativ messbar sind. Weichen Faktoren wie Mitarbeiter- und Kundenorientierung kann die Führungskraft hingegen wenig abgewinnen. Bei diesem Führungsverhalten ist es für die Mitarbeiter nahezu unmöglich, Kundenorientierung zu verinnerlichen oder gar zu leben.

Das für die Kundenorientierung förderlichste Verhalten legt der **kundenorientierte Manager** an den Tag, bei dem alle drei Dimensionen hoch ausgeprägt sind. Neben dem Einnehmen einer gewissen Vorbildfunktion durch eigene Kundenorientierung vereinbart die Führungskraft regelmäßig Ziele im Zusammenhang mit Kundenorientierung mit ihren Mitarbeitern. Diese Ziele haben motivierenden Charakter, da die Mitarbeiter ihre eigenen Interessen darin wiederfinden.

Nunmehr stellt sich die Frage, wie die Bewertungssystematik angewendet werden kann. Hier haben sich insbesondere drei Ansätze bewährt. Die Systematik kann im Rahmen

- einer Selbstbewertung,
- einer Mitarbeiterbefragung oder
- eines Führungsverhaltens-Workshops

angewendet werden.

Bei der **Selbstbewertung** wendet die Führungskraft die in Tabelle 3.4 dargestellte Skala zur Messung des kundenorientierten Führungsverhaltens auf seine eigene Person an. Durch das Bewerten der Führungsverhaltensdimensionen auf der Basis von mehreren Kriterien kann einer intuitiven Selbstüberschätzung entgegengewirkt werden. Dennoch ist ein gewisses Maß an Selbstkritik eine wesentliche Voraussetzung für die Durchführung einer Selbsteinschätzung, da es ansonsten zu einer Selbsttäuschung und weniger zu einem systematischen Bild über das eigene Führungsverhalten kommt.

Ein weiterer Ansatz zur Bewertung des Führungsverhaltens ist die **Befragung der Mitarbeiter**. Im Rahmen einer Mitarbeiterbefragung (vgl. zur Vorgehensweise Kapitel 4, Abbildung 4.13) wird den Mitarbeitern die Skala zur Bewertung des Führungsverhaltens (vgl. Tabelle 3.4) vorgelegt. Bei der Beurteilung der Führungskraft durch eine Mitarbeiterbefragung handelt es sich um ein relativ kritisches, jedoch sehr informatives Instrument. Wesentliche Voraussetzungen für Veränderungen sind hierbei, dass

- die Führungskraft die (vielleicht kritischen) Beurteilungen als Chance und weniger als Angriff sieht,

- die Mitarbeiter konstruktive Bewertungen vornehmen und nicht einen „Tag des Jüngsten Gerichts“ mit ihrer Führungskraft durchführen und
- die Mitarbeiter keine negativen Konsequenzen aufgrund der Befragungsergebnisse zu befürchten haben.

Weitere wertvolle Informationen liefert der Vergleich zwischen **Selbst- und Fremdeinschätzung** des Führungsverhaltens. Hierdurch kann insbesondere einer zu positiven Selbsteinschätzung entgegengewirkt werden.

Die Führungsverhaltensskala kann darüber hinaus innerhalb eines **Führungsverhaltens-Workshops** eingesetzt werden. Wir stellen ein Workshop-Konzept vor, das bereits in Unternehmen verschiedener Branchen durchgeführt wurde. Das Konzept kann durch Führungskräfte sowie ausgebildete Trainer angewendet werden. Ein solcher Workshop erstreckt sich über vier Phasen, die aus Abbildung 3.6 ersichtlich sind.

Abbildung 3.6 Die Phasen des Führungsverhaltens-Workshops

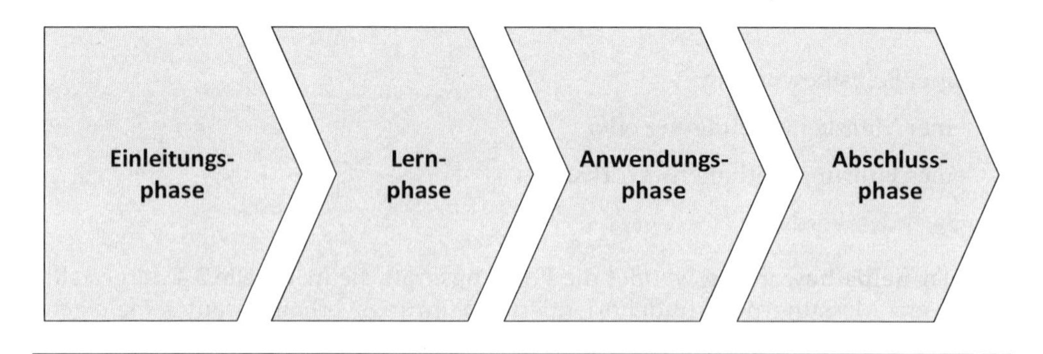

Die vier Phasen unterscheiden sich in zweierlei Hinsicht. Zum einen werden in den einzelnen Phasen unterschiedliche inhaltliche Aspekte angesprochen. Zum anderen werden die zwischenmenschliche und die sachliche Ebene unterschiedlich stark berücksichtigt. Während es in der ersten und vierten Phase insbesondere darum geht, die Mitarbeiter für Veränderungen bzw. deren Umsetzung zu motivieren, werden in der zweiten und dritten Phase konzeptionelle Grundlagen vermittelt und angewendet. Auf die Gestaltung der einzelnen Phasen im Rahmen des Führungsverhaltens-Workshops gehen wir im Folgenden ausführlich ein.

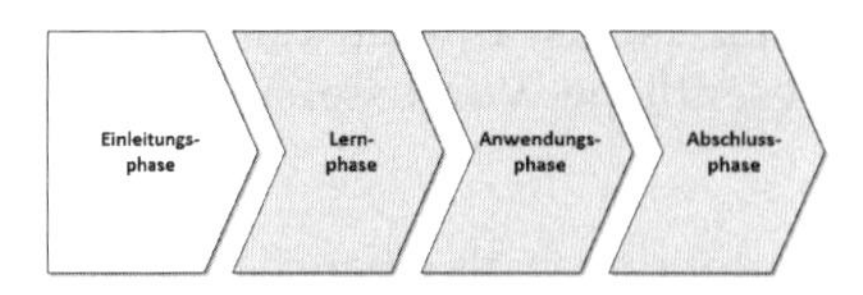

In der **Einleitungsphase** werden Teilnehmer vom Moderator begrüßt und stellen sich vor. Bei der Vorstellungsrunde durch die Teilnehmer sollten insbesondere folgende Punkte angesprochen werden:

- Name und Position im Unternehmen,
- Beschreibung der Führungsaufgabe (Dauer, Anzahl der unterstellten Mitarbeiter usw.) und
- eventuelle vorherige Teilnahme an Führungsverhaltens-Workshops.

Darüber hinaus sollte der Moderator die Zielsetzung des Workshops verdeutlichen sowie einen Überblick über die Inhalte geben. Anschließend ist ein kurzer Überblick über den zeitlichen Ablauf des Workshops wichtig, um diesen für die Teilnehmer transparent und planbar zu machen.

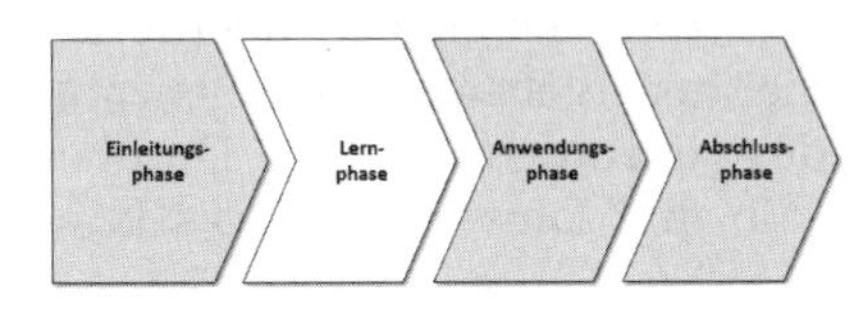

Nachdem die Teilnehmer einen ersten Einblick in die Themenstellung erhalten haben, geht es in der **Lernphase** nun darum, den Führungskräften gewisse grundlegende Aspekte des Führungsverhaltens zu vermitteln. Hierbei werden insbesondere die drei Dimensionen des Führungsverhaltens sowie verschiedene Führungsstile (kooperativ, autoritär usw.) dargestellt. Innerhalb dieser Phase ist es wichtig, die Teilnehmer aktiv einzubeziehen, um deren Identifikation mit späteren Maßnahmen zu erhöhen. Darüber hinaus lernen die Teilnehmer die systematische Beurteilung des Führungsverhaltens kennen. Im Anschluss an die Lernphase ist es wichtig, die erlernten Inhalte anhand einer konkreten Situation anzuwenden. Dadurch erhält der Moderator einen Überblick darüber, ob die Workshop-Inhalte von den Teilnehmern verstanden wurden.

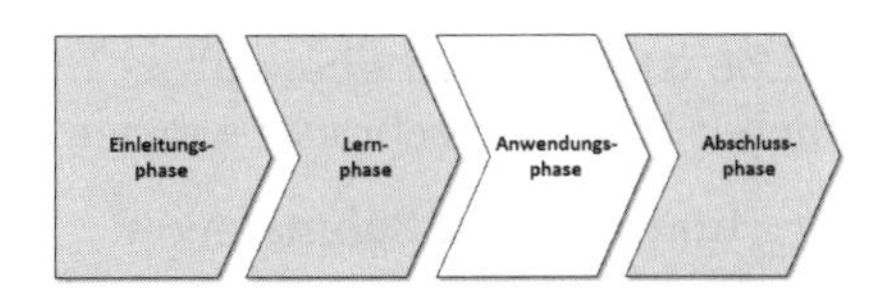

In der **Anwendungsphase** sollte den Teilnehmern die Gelegenheit gegeben werden, die erlernten Dinge anhand eines konkreten Beispiels umzusetzen, solange sie noch frisch im Gedächtnis sind. Im Fall des Führungsverhaltens-Workshops bedeutet dies, Führungsverhalten systematisch beurteilen zu lernen. Wie bereits erwähnt, reagieren die Teilnehmer innerhalb eines Führungsverhaltens-Workshops auf eine Selbsteinschätzung eher zurückhaltend. Es hat sich vielmehr als wirkungsvoll erwiesen, die Teilnehmer zunächst eine andere Person (eines Kollegen, einer Führungsperson usw.) bewerten zu lassen. Dies kann z. B. im Rahmen einer **Einzelarbeit** erfolgen. Im Anschluss an die Einzelarbeit empfehlen wir, zumindest einige Teilnehmer die Ergebnisse präsentieren zu lassen. Die zentralen Ergebnisse der Präsentationen werden abschließend durch den Moderator zusammengefasst.

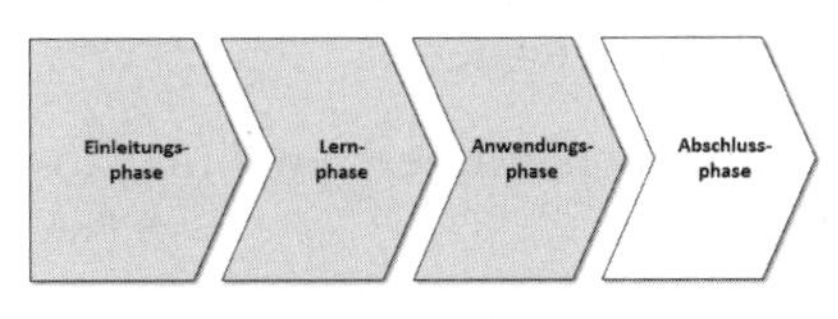

In der **Abschlussphase** des Führungsverhaltens-Workshops werden die Inhalte aus Diskussionen, Einzel- oder Gruppenarbeiten durch den Moderator zusammengefasst. Darüber hinaus sollten den Teilnehmern in dieser Phase noch einmal die persönlichen Lernergebnisse des Workshops aufgezeigt werden. Hierbei sollten die Teilnehmer in eine aktive Rolle gebracht werden. Dies kann z. B. dadurch erfolgen, dass jeder Teilnehmer kurz darstellt, was er aus dem Workshop mitgenommen hat und umzusetzen beabsichtigt. Der Schritt zur Anwendung auf die eigene Person ist hier natürlich nahe liegend und erfolgt nach unseren Erfahrungen recht häufig.

Wie sollte nun eine Führungsperson mit den gewonnen Erkenntnissen – sei es durch Selbstanalyse, Mitarbeiterbefragung oder einen Führungsverhaltens-Workshop – umgehen? Diese Frage stellt sich natürlich insbesondere dann, wenn bezüglich mindestens einer der drei Dimensionen deutliche Defizite identifiziert wurden. Hierzu ist zunächst zu sagen, dass die Bewertung der einzelnen Kriterien (vgl. Tabelle 3.4) durchgearbeitet werden kann. Hieraus ergeben sich bereits zahlreiche wertvolle Ansatzpunkte zur Optimierung des Führungsverhaltens. Darüber hinaus existieren noch spezielle Möglichkeiten, die drei Dimensionen des kundenorientierten Führungsverhaltens zu optimieren.

Zur Steigerung der Mitarbeiterorientierung haben sich insbesondere folgende Maßnahmen als wirksam erwiesen:

- Nehmen Sie die Perspektive der Mitarbeiter ein, um deren Einstellungen und Verhaltensweisen besser zu verstehen.
- Führen Sie regelmäßige Gespräche mit den Mitarbeitern über ihre Arbeitstätigkeiten, ihre Zufriedenheit mit ihrem Arbeitsumfeld sowie ihre persönliche Entwicklung im Unternehmen durch.
- Gehen Sie angemessen mit Lob und Kritik um. Lob ist angebracht bei außergewöhnlichen Leistungen. Kritik sollte in sachlicher Form vorgebracht werden.
- Berücksichtigen Sie die persönlichen Ziele Ihrer Mitarbeiter im Rahmen von Zielvereinbarungen.
- Praktizieren Sie das Prinzip der offenen Tür und erleichtern Sie Ihren Mitarbeitern dadurch den Informationsaustausch.
- Pflegen Sie regelmäßigen informellen Austausch mit Ihren Mitarbeitern durch Aufsuchen der Mitarbeiter an ihrem Arbeitsplatz (Management-by-Walking-Around).
- Unternehmen Sie regelmäßige Aktivitäten mit Ihren Mitarbeitern (Ausflüge, Weihnachtsfeiern usw.).

Die zweite zentrale Dimension des Führungsverhaltens, die Leistungsorientierung können Sie als Führungskraft durch folgende Maßnahmen fördern:

- Übertragen Sie möglichst in sich geschlossene Aufgaben, für deren reibungsloses Erfüllen die Mitarbeiter verantwortlich sind.

- Übertragen Sie gleichzeitig die Verantwortung und die Entscheidungskompetenz, wenn Sie Aufgaben delegieren.
- Fördern Sie Ihre Mitarbeiter und setzen Sie sie entsprechend ihrer fachlichen Stärken ein.
- Legen Sie klar umrissene Leistungsziele in Verbindung mit Terminen zur Leistungserfüllung fest.
- Bewerten Sie systematisch die Leistungserfolge und das Erreichen der vereinbarten Leistungsziele im Rahmen von Mitarbeitergesprächen.

Wie bereits dargestellt, spiegelt sich das kundenorientierte Führungsverhalten zum einen in eigenem Vorleben von Kundenorientierung und zum anderen dadurch wider, dass Kundenorientierung im eigenen Verantwortungsbereich fokussiert wird. Die Führungsperson kann zusätzlich zu den in Tabelle 3.4 vorgestellten Kriterien, ihre Kundenorientierung durch folgende Maßnahmen fördern:

- Verankern Sie Kundenorientierung in Ihren eigenen Zielen.
- Definieren Sie für sich selbst (und für die Mitarbeiter sichtbare) Verhaltensweisen, die Kundenorientierung signalisieren und setzen Sie diese um.
- Betonen Sie Kundenorientierung in Zielgesprächen mit Mitarbeitern.
- Erkennen Sie Kundenorientierung Ihrer Mitarbeiter systematisch an.
- Bewerten Sie Ihre eigene kundenorientierte Einstellung und Ihr kundenorientiertes Verhalten (vgl. Tabelle 2.1 und Tabelle 2.2).
- Führen Sie Workshops und Coaching-Maßnahmen zur Steigerung der kundenorientierten Einstellung und des kundenorientierten Verhaltens der Mitarbeiter durch.

Nachdem wir somit die extern beeinflussbaren Faktoren der kundenorientierten Einstellung der Mitarbeiter behandelt haben, kommen wir in Abschnitt 3.4 zu den drei Einflussgrößen, die im Mitarbeiter selbst begründet liegen: Motivation, Ressourcen und Persönlichkeit.

3.4 Motivation: Komplex und doch so einfach

Motivation ist einer der Begriffe, der Führungskräften im Regelfall leicht von den Lippen geht. Die meisten Manager glauben zu wissen, was Motivation ist und wie man Mitarbeiter motiviert. Hinterfragt man jedoch das Verständnis von Motivation etwas gezielter, so stößt man häufig auf oberflächliche Aussagen wie: „Ich motiviere meine Mitarbeiter, indem ich ihnen die Unternehmensziele kommuniziere." Derartige Aussagen lassen erkennen, dass viele Manager nicht verstanden haben, was Motivation bedeutet.

Im Allgemeinen versteht man unter Motivation die Bereitschaft eines Menschen zu handeln, um Ziele zu erreichen [106]. Damit sind aber nicht immer nur die Unternehmensziele gemeint, sondern vielmehr *eigene, persönliche* Ziele bzw. Bedürfnisse der Mitarbeiter. Ein Mensch ist motiviert zu einer bestimmten Verhaltensweise, wenn er die Möglichkeit sieht, hierdurch eigene Bedürfnisse zu befriedigen. Motivation hat also durchaus auch eine „egoistische Komponente". Damit ist auch klar, dass die bloße Kommunikation von Unternehmenszielen keinerlei motivierende Effekte haben kann.

Wie kann man nun Mitarbeiter zur Kundenorientierung motivieren? Aus dem bisher Gesagten folgt zwangsläufig, dass Motivation zu Kundenorientierung nur dann entsteht, wenn Mitarbeiter die Möglichkeit sehen, durch kundenorientiertes Verhalten *eigene* Ziele zu erreichen bzw. Bedürfnisse zu befriedigen. Dies führt unmittelbar zu der Frage, welche Motive Mitarbeiter verfolgen können, kundenorientiert zu sein.

Vor dem Hintergrund, dass sich die Frage der Mitarbeitermotivation nicht nur im Zusammenhang mit Kundenorientierung stellt, haben sich im Personalmanagement einige in der Psychologie verwurzelte Ansätze herauskristallisiert, die die Entstehung von Motivation erklären können (für eine Übersicht siehe [195]). Einer der neusten Ansätze – die **Theorie der motivationalen Selbstbestimmung** [45] – unterscheidet bei der Kategorisierung von Motiven in intrinsische – von innen her kommende – und extrinsische – also von außen her kommende – Motive [44].

Intrinsische Motive sind die Basis für die Motivation, etwas um seiner selbst willen zu tun. Die Mitarbeiter engagieren sich dabei für eine Sache, weil sie ihnen Spaß macht, sie dabei ihren persönlichen Interessen nachgehen können oder eine Herausforderung darin sehen [152]. Viele Mitarbeiter im Kundenkontakt sind insofern intrinsisch motiviert, als sie beispielsweise gerne mit Menschen zusammenarbeiten [75], [100] oder sie die Herausforderung ihrer Sozialkompetenzen im Umgang mit aufgebrachten Kunden schätzen.

Aus Unternehmenssicht sind Mitarbeiter mit intrinsischen Motiven wünschenswerter als solche mit primär extrinsischen Motiven. Im Gegensatz zu intrinsischen Motiven basieren **extrinsische Motive** nämlich in erster Linie darauf, instrumentelle Ziele zu erreichen, die von der Umwelt der Mitarbeiter geboten werden [46]. Dazu können im Unternehmenskontext klassischerweise Belohnung oder Karriere gezählt werden, im Allgemeinen dienen Ressourcen jeglicher Art zur extrinsischen Motivation (siehe dazu Kapitel 3.5). Extrinsische Motive können zusätzlich nach ihrer Herkunft kategorisiert werden[1] [213]:

[1] Auch die intrinsischen Motive können nach ihrer Herkunft in drei Kategorien unterteilt werden [213]. Um die Komplexität zu reduzieren, wollen wir hier jedoch nur die extrinsischen Motive detaillierter behandeln. Sie sind im Allgemeinen einfacher durch die Führungskraft zu beeinflussen.

- *External extrinsische Motive* werden durch Faktoren ausgelöst, die in keiner Weise in der Person selbst liegen. Belohnung durch Bezahlung oder Lob gehören zu diesen Faktoren. Mitarbeiter, die kundenorientierte Einstellungen übernehmen, um gesetzte Ziele wie beispielsweise Zufriedenheitswerte oder eine Anzahl an Verkaufsabschlüssen zu erreichen, werden als external extrinsisch motiviert bezeichnet.
- *Zurückprojeziert extrinsische Motive* basieren auf Druck, den sich eine Person selbst auflegt. Im Vergleich mit Kollegen könnte sich ein Mitarbeiter als weniger kundenorientiert eingestellt sehen und ein schlechtes Gewissen gegenüber seinen Kollegen entwickeln.
- *Identifiziert extrinsische Motive* sind mit der Entscheidung der Mitarbeiter gleichzusetzen, eine Sache zu erledigen, obwohl sie keinerlei Spaß mit sich bringt. Gründe dafür können in Zielen der Mitarbeiter liegen, die thematisch weiter von ihrer Arbeit entfernt sind. Mitarbeiter könnten sich beispielsweise für Kundenorientierung engagieren, um in ihrem Lebenslauf für zukünftige Bewerbungen den Facettenreichtum ihrer Tätigkeiten zu unterstreichen.

Möchte man nun Mitarbeiter zur Kundenorientierung motivieren, so ist es erforderlich, die Brücke zwischen Kundenorientierung und den dargestellten Motiven zu schlagen. Mit anderen Worten geht es darum, den Mitarbeitern zu verdeutlichen, wie sie durch Kundenorientierung ihre verschiedenen persönlichen Motive verfolgen können.

Wie bereits erwähnt können die intrinsischen Motive nicht von außen stimuliert werden. Bezüglich dieser Motive empfiehlt es sich zum einen, bereits bei der Einstellung der Mitarbeiter die innere Bereitschaft und den Spaß an und zur Kundenorientierung zu erfragen. Zum anderen können jedoch mögliche intrinsische Motive zur Kundenorientierung aufgezeigt werden. Die Mitarbeiter können mit dieser neuen Perspektive dann selbst entscheiden, welche der Motive sie im Allgemeinen womöglich schon verinnerlicht haben. Beispielsweise haben Mitarbeiter Spaß daran, sich ein großes berufliches Netzwerk aufzubauen, haben den Kunden jedoch noch nicht als Netzwerkpartner erkannt. Abbildung 3.7 zeigt weitere mögliche intrinsische Motive zur Kundenorientierung.

Abbildung 3.7 Intrinsische Motive zur Kundenorientierung

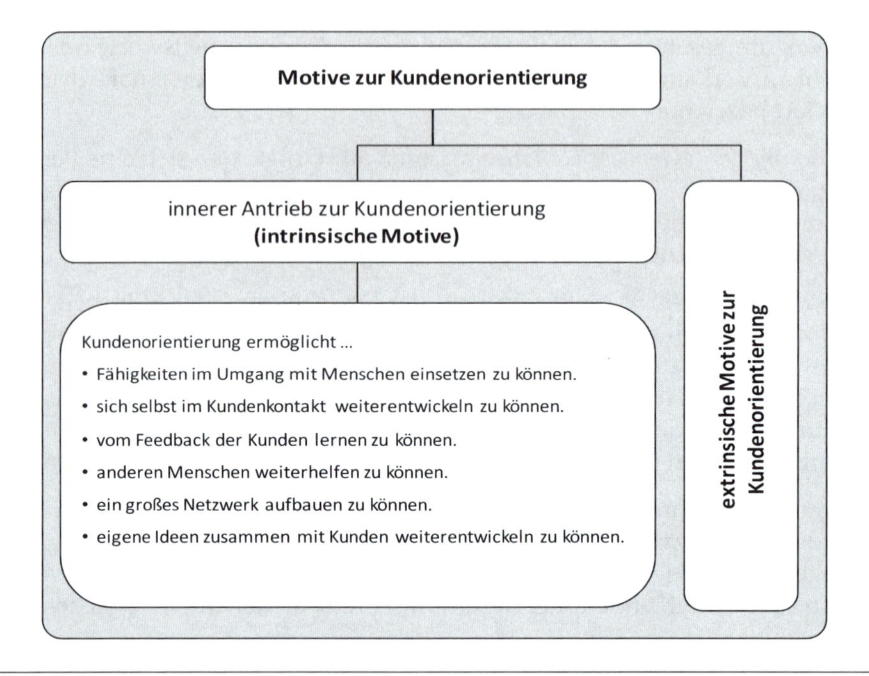

Bezüglich der extrinsischen Motive können in jeder der drei Kategorien Ansatzpunkte zur Motivation zur Kundenorientierung gefunden werden. Beispielsweise dient ein kundenorientiertes Vergütungssystem der Befriedigung external extrinsischer Motive, während die Bedeutung der Kundenorientierung und damit auch der Kundenzufriedenheit für die Sicherheit des Arbeitsplatzes ein identifiziert extrinsisches Motiv bedient, sofern ein sicherer Arbeitsplatz für den Mitarbeiter wichtig ist. Weitere beispielhafte Motive zur extrinsischen Motivation zur Kundenorientierung sind in Abbildung 3.8 dargestellt.

Abbildung 3.8 Extrinsische Motive zur Kundenorientierung

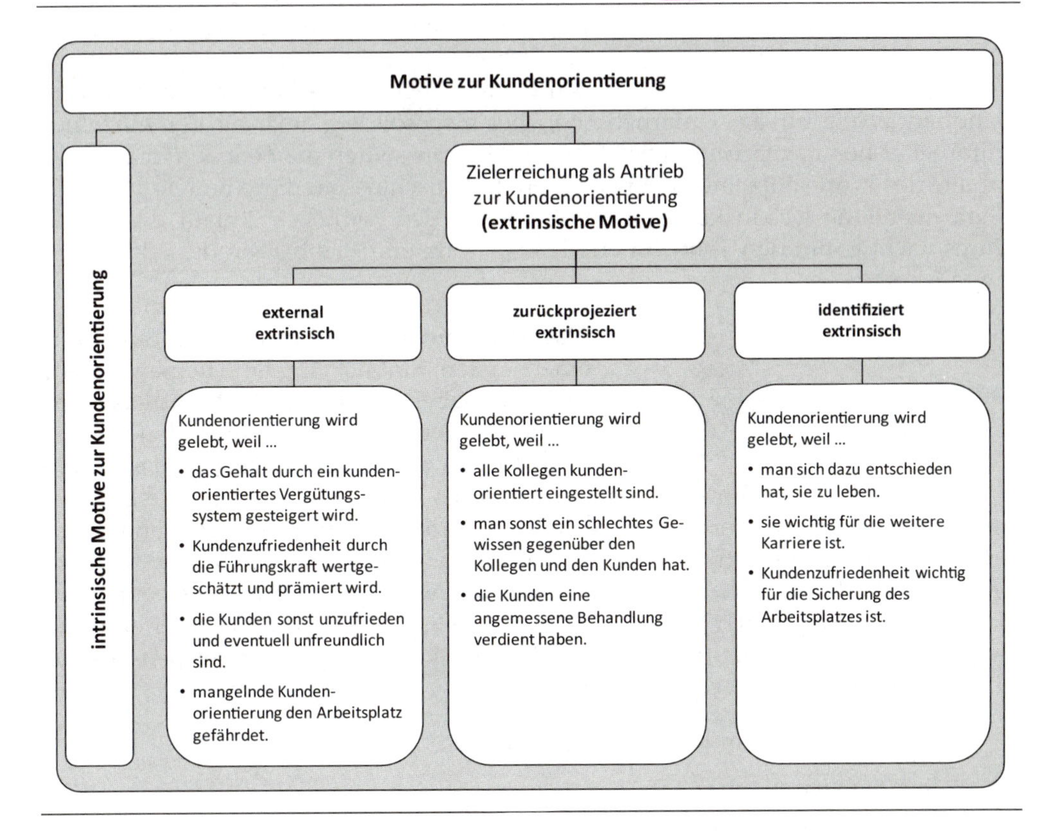

Mit welchen Maßnahmen kann nun die Motivation zur Kundenorientierung erreicht werden? Von ganz zentraler Bedeutung ist hier natürlich das Führungsverhalten der Führungsperson, das wir bereits in Kapitel 3.3 behandelt haben. Ein weiteres leistungsstarkes Instrument ist nach unseren Erfahrungen der **Motivations-Workshop**. Er ist aus zweierlei Gründen besonders geeignet, um die Motivation der Mitarbeiter zu Kundenorientierung zu steigern:

- Zum einen erkennen die Mitarbeiter durch die Diskussionsbeiträge der Gruppe ein breites Spektrum von Vorteilen, die Kundenorientierung mit sich bringt.
- Zum anderen wird durch die eigene Erkenntnis der Vorteile (anstelle des Aufzeigens durch die Führungsperson) die Identifikation der Mitarbeiter mit späteren Maßnahmen gefördert.

Dieser Workshop untergliedert sich in die klassischen Workshop-Phasen, die wir bereits im Zusammenhang mit dem Führungsverhalten-Workshop vorgestellt haben (vgl. Abbildung 3.6).

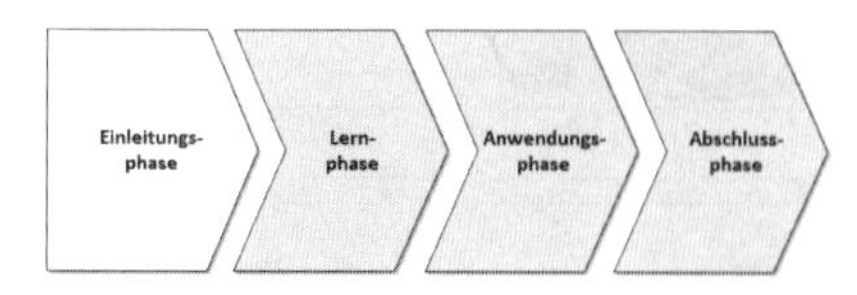

In der **Einleitungsphase** geht es neben der Begrüßung und der Vorstellungsrunde darum, die Teilnehmer über die Zielsetzung des Workshops zu informieren. Die Zielsetzung sollte darin liegen, dass der Nutzen von Kundenorientierung für das Unternehmen, aber insbesondere auch für den einzelnen Mitarbeiter herausgearbeitet wird. Darüber hinaus sollten die Teilnehmer über die Inhalte des Workshops informiert werden. Im Anschluss an diese Einleitung in die Themenstellung ist ein kurzer Überblick über den zeitlichen Ablauf des Workshops wichtig, um den Teilnehmern Transparenz und Planbarkeit des Ablaufs zu signalisieren.

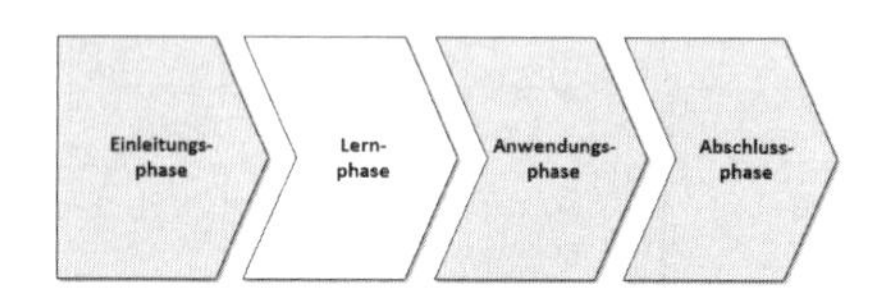

Nachdem die Teilnehmer mit der Einleitung einen ersten Einblick in die Themenstellung erhalten haben, wird in der **Lernphase** den Teilnehmern der Nutzen von Kundenorientierung für sie persönlich sowie für das Unternehmen verdeutlicht. Innerhalb dieser Phase ist es wichtig, dass die Teilnehmer aktiv einbezogen werden, um ihre Identifikation mit späteren Maßnahmen zu erhöhen. Wir empfehlen, die Lernphase mit der folgenden Diskussionsfrage zu eröffnen: „Welchen Nutzen hat das Unternehmen von der Kundenorientierung der einzelnen Mitarbeiter?" Dem Moderator stellt sich die Aufgabe, hier eine Anfangsdiskussion herbeizuführen. Typische Aspekte, die bei einer solchen Diskussion herausgearbeitet werden, sind z. B.

- besseres Eingehen auf Kundenanforderungen,
- Aufbau von Kundenbeziehungen,
- schnelle Reaktion auf Markttrends,
- Erzielen eines dauerhaften Wettbewerbsvorteils aus Kundensicht und
- langfristiges Bestehen des Unternehmens am Markt.

Die Ergebnisse der Diskussion werden am Ende durch den Moderator zusammengefasst.

Am Ende dieser Diskussion sollten die Teilnehmer klar erkannt haben, dass Kundenorientierung für das Unternehmen mehr als ein Schlagwort sein muss. Es soll deutlich werden, dass Kundenorientierung vielmehr für die langfristige Existenz des Unternehmens am Markt unerlässlich ist.

Im nächsten Schritt geht es darum, den Mitarbeitern zu verdeutlichen, dass das Unternehmen nicht der einzige Nutznießer von Kundenorientierung ist, sondern dass diese auch mit erheblichen Vorteilen für sie persönlich verbunden ist. Aus unseren einführenden Erläuterungen zur Motivation ergibt sich unmittelbar, dass dies ein ganz entscheidender Schritt ist. Der Erfolg eines Motivations-Workshops hängt im Wesentlichen davon ab, inwieweit dieser Transfer zwischen Kundenorientierung und den Bedürfnissen der einzelnen Mitarbeiter gelingt.

Wir empfehlen wiederum eine einleitende Diskussionsfrage, die auf den persönlichen Nutzen der einzelnen Mitarbeiter durch Kundenorientierung abhebt. Nach unseren Erfahrungen werden hierbei einige der in Abbildung 3.7 und Abbildung 3.8 aufgeführten Aspekte genannt. Der Moderator leitet wiederum die Diskussion und fasst systematisch die Ergebnisse zusammen. Hierbei ist es sinnvoll, auf die Systematisierung der Motive nach der Theorie der motivationalen Selbstbestimmung (vgl. Abbildung 3.7 und Abbildung 3.8) zurückzugreifen. Besonders wirkungsvoll ist diese Phase des Motivations-Workshops, wenn alle Motivkategorien in der Gruppendiskussion abgedeckt werden. Es kann durchaus sinnvoll sein, wenn der Moderator anhand seiner Kenntnis der Theorie in diesem Sinne steuernd in die Diskussion eingreift.

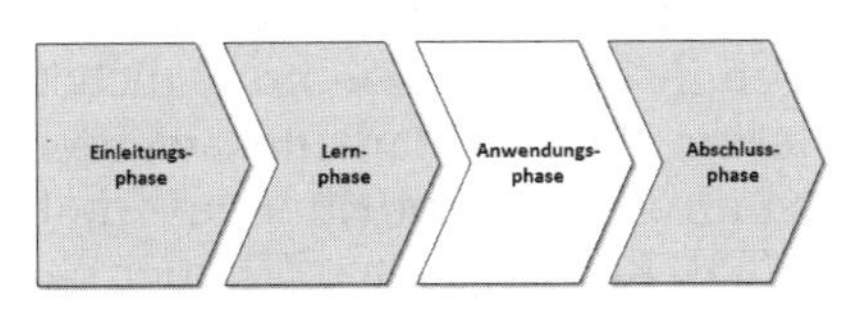

Innerhalb der **Anwendungsphase** wird den Teilnehmern die Gelegenheit gegeben, die erlernten Dinge aktiv umzusetzen, und zwar solange sie noch frisch im Gedächtnis sind. In unseren Seminaren wird in der Regel eine **Einzelarbeit** durchgeführt, die sich auf konkrete Ziele der einzelnen Mitarbeiter in Verbindung mit Kundenorientierung bezieht. In der Einzelarbeit kann beispielsweise ein Zielgespräch vorbereitet werden, in dem Kundenorientierung eine wichtige Rolle spielen soll. Die Teilnehmer werden gebeten, Ziele vorzuschlagen, die durch Kundenorientierung erreicht werden können. Außerdem sollen geeignete Maßnahmen erarbeitet werden, um diese Ziele zu erreichen. Bei der Bearbeitung der Einzelarbeit können sowohl die Perspektive der Mitarbeiter als auch die Perspektive der Führungsperson eingenommen werden. Am Ende dieser Phase empfehlen wir, zumindest einen Teil der Teilnehmer die Ergebnisse der Einzelarbeiten präsentieren zu lassen.

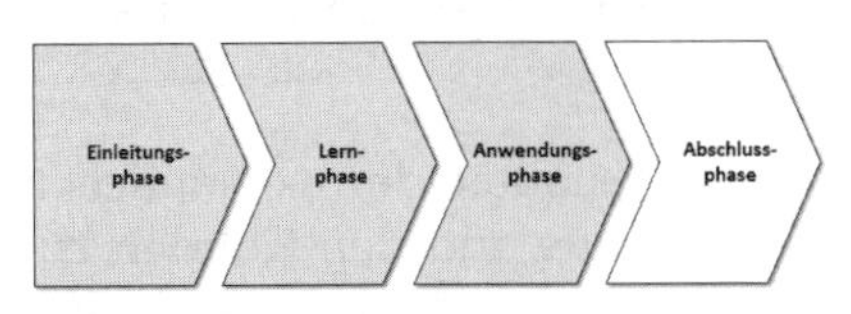

Zum **Abschluss** des Motivations-Workshops werden die Ergebnisse der Diskussionen sowie aus den Einzelarbeiten noch einmal zusammengefasst. Hierbei ist darauf zu achten, dass folgende Botschaften noch einmal hervorgehoben werden: Kundenorientierung ist

- nur im intrinsischen Sinne ein Selbstzweck, aber darüber hinaus
- wichtig, um persönliche Bedürfnisse zu erfüllen und persönliche Ziele der Mitarbeiter zu erreichen sowie
- wichtig für die langfristige Existenz des Unternehmens.

3.5 Ressourcen-Management

3.5.1 Persönliche Ressourcen: Die stillen Reserven des Menschen

Weiterhin sind für die kundenorientierte Einstellung die Erfahrungen der Mitarbeiter im Umgang mit Kunden von Bedeutung (vgl. Abbildung 3.2). Wie bereits erläutert, hängt die Fähigkeit zur konstruktiven Verarbeitung negativer Erfahrungen entscheidend von den persönlichen Ressourcen eines Menschen ab. In diesem Abschnitt stellen wir ein Konzept zum persönlichen Ressourcen-Management vor, mit dessen Hilfe auf den konstruktiven Umgang mit negativen Erfahrungen im Kundenkontakt hingewirkt werden kann.

Wir legen hier einen Schwerpunkt auf negative Erfahrungen der Mitarbeiter mit Kunden. Von Bedeutung sind negative Erfahrungen insofern, als sie im täglichen Alltagsstress zu einer nicht unerheblichen Belastung für Mitarbeiter werden [53][92][134][135], [184]. Neben aggressivem oder unfreundlichem Kundenverhalten [74], zählen auch überzogene Anforderungen [53], Rachegelüste [77] oder gar sexuelle Belästigung [73] zu negativen Erfahrungen, die Mitarbeiter im Umgang mit dem Kunden machen können.

Wir möchten an dieser Stelle jedoch darauf hinweisen, dass auch positive Erfahrungen der Mitarbeiter mit Kunden von hoher Bedeutung sind. Zwar befasst sich die Wissenschaft bisher fast ausschließlich mit der Rolle der Kunden als Stressoren, jedoch stellen sie unter anderem durch Feedback und Mitwirken am Leistungserstellungsprozess auch eine Ressource für die Mitarbeiter dar [225]. Aufgrund ihres unterstützenden Charakters behandeln wir diese positiven Erfahrungen im Rahmen der sozialen Ressourcen im beruflichen Wirkungskreis. Häufig blendet nämlich das sogenannte Feindbild Kunde, auf das wir später noch einmal zurück kommen werden, positive Facetten des Kundenkontakts aus, sodass die Verarbeitung negativer Erfahrungen nur noch schwerer wird.

In Verbindung mit Kundenorientierung gewinnt die Qualität der persönlichen Interaktion zwischen den Mitarbeitern eines Unternehmens und den Kunden zunehmend an Bedeutung. Die intensive, bisweilen aufopfernde Betreuung der Kunden durch die Mitarbeiter wird zunehmend als zentraler Wettbewerbsfaktor angesehen. Häufige Konsequenz dieser Entwicklung ist jedoch, dass Mitarbeiter aufgrund der hohen emotionalen Anforderungen über kurz oder lang innerlich ausgebrannt sind. In diesem Zusammenhang spricht man auch von dem Burnout-Phänomen [49][60][139][140], [195]. Dieses Phänomen tritt insbesondere dann auf, wenn Mitarbeiter eines Unternehmens ihre persönlichen Ressourcen, die beim Umgang mit negativen Erfahrungen im Kundenkontakt helfen, heruntergewirtschaftet haben [11], [195]. Eine vielfach zu beobachtende Konsequenz daraus ist, dass Kunden als Störenfriede angesehen werden. In vielen Unternehmen stellen wir fest, dass einzelne Mitarbeiter ein regelrechtes „Feindbild Kunde“ aufbauen.

Im Kern geht es nun darum, negative Erfahrungen im Umgang mit Kunden konstruktiv zu verarbeiten und so die fatalen Konsequenzen einer destruktiven oder fehlenden Verarbeitung zu vermeiden [191]. Die beiden grundsätzlichen Verarbeitungsformen sind nochmals in Abbildung 3.9 gegenübergestellt.

Abbildung 3.9 Möglichkeiten zur Verarbeitung von negativen Erfahrungen im Umgang mit Kunden

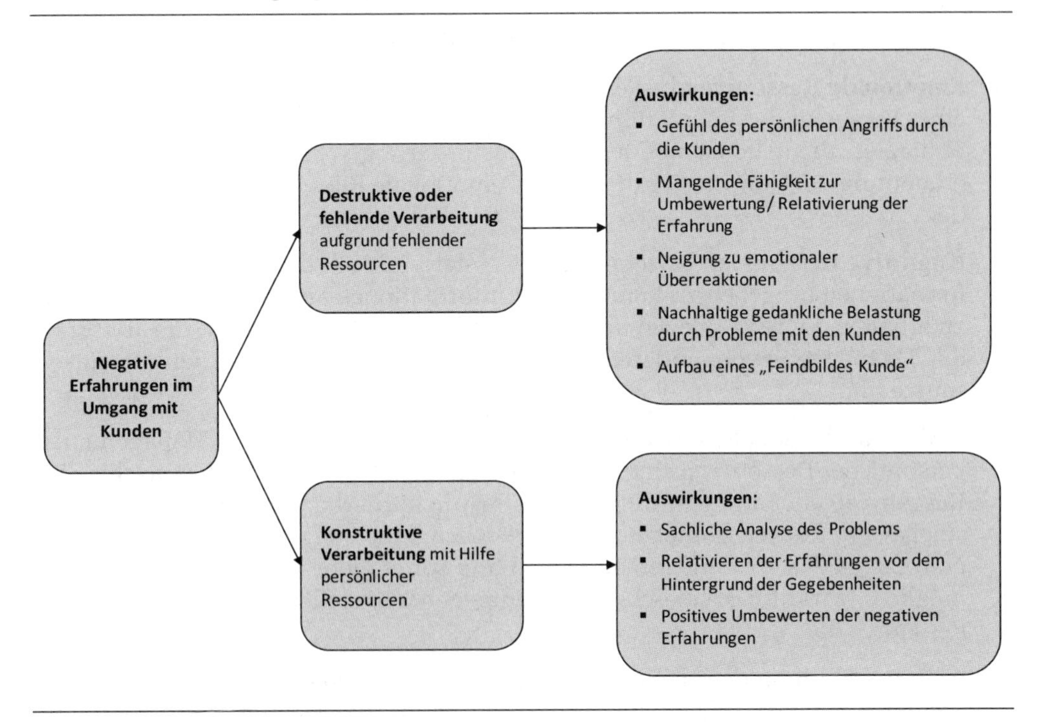

Wie bereits erläutert, beziehen sich die persönlichen Ressourcen im Wesentlichen auf drei Bereiche [37][180], [187]: das soziale Umfeld, das psychische und das körperliche Befinden des Mitarbeiters. Ressourcen in diesen Bereichen sollten berücksichtigt werden, um die Probleme von Führungskräften bzw. Mitarbeitern zu vermeiden bzw. zu verringern.

Die **sozialen Ressourcen** umfassen Bereiche wie Freunde, Familie im privaten und Kollegen, Führungskräfte und Kunden im beruflichen Umfeld. Ein positives soziales Umfeld gibt den Mitarbeitern Kraft und Rückhalt in schwierigen Situationen. Auch die **psychischen Ressourcen** haben einen wesentlichen Einfluss auf das Wohlbefinden des Menschen. Hierbei geht es um Dinge wie innere Ausgeglichenheit und Gelöstheit. Dies schafft eine angemessene persönliche Distanz zu den alltäglichen Ereignissen und fördert die Fähigkeit, von der täglichen Arbeit „abzuschalten". Die **körperlichen Ressourcen** drücken sich im körperlichen Befinden der Mitarbeiter aus. Eine gute körperliche Konstitution ist Voraussetzung dafür, dass die Mitarbeiter sich persönlich wohl fühlen. Wir haben in vielen Fällen festgestellt, dass bei Mitarbeitern, die in allen drei Bereichen „auf dem Zahnfleisch" gehen, ein konstruktives Verarbeiten negativer Erfahrungen im Kundenkontakt nahezu unmöglich ist.

Ressourcen können zusätzlich nach ihrer **Wirkungsart** unterschieden werden. Die Unterscheidung in emotionale, kognitive und physische Ressourcen entspricht der Standardkategorisierung in der Stressforschung [47].

- **Emotionale Ressourcen** beziehen sich zum einen auf positive Emotionen, die einer Person in der Interaktion entgegengebracht werden und zum anderen auf Strategien, die helfen, emotionale Herausforderungen zu bewältigen. Die Anerkennung der Führungskraft kann als emotionale Ressource verstanden werden.
- **Kognitive Ressourcen** beziehen sich in erster Linie auf die Fähigkeit, mit Informationen umgehen zu können oder Informationen aus dem eigenen Umfeld zu erhalten. Leiten Kollegen untereinander Informationen weiter, die auf für das Themengebiet der anderen relevant sind, so stellt dies eine kognitive Ressource dar.
- Während emotionale und kognitive Ressourcen im Rahmen des Managements persönlicher Ressourcen eine große Rolle spielen, beziehen sich **physische Ressourcen** eher auf instrumentelle Hilfe, um körperliche Probleme, wie beispielsweise Rückenschmerzen, auszugleichen. Eine Umgestaltung des Arbeitsplatzes, die das Telefonieren im Stehen und somit mehr Bewegungsfreiheit ermöglicht, wirkt Rückenbeschwerden entgegen und stellt somit eine physische Ressource dar.

Eine Unterscheidung dieser drei Wirkungsarten ist bedeutend, weil auch negative Erfahrungen bzw. im Allgemeinen Anforderungen danach unterteilt werden können. Untersuchungen haben gezeigt, dass Ressourcen am besten negative Erfahrungen kompensieren können, wenn sie der gleichen Wirkungsart sind [47]. Dieser Zusammenhang lässt sich am einfachsten an den physischen Ressourcen verdeutlichen. Bei angesprochenen Rückenbeschwerden (physische Anforderung) sind zwar auch das Mitgefühl der Kollegen (emotionale Ressource) und Ratschläge selbiger zur Milderung der Schmerzen (kognitive Ressource) hilfreich, den besten Erfolg erzielt jedoch eine Umgestaltung des Arbeitsplatzes, die durch mehr Bewegung am Arbeitsplatz Rückenschmerzen mildern kann.

Eine Führungskraft, die nun einzelne Mitarbeiter beim Ressourcen-Management unterstützen will, sollte nicht nur Coaching-Techniken beherrschen, die im nächsten Kapitel 3.5.2 behandelt werden, sondern sie benötigt auch ein gewisses Maß an psychologischen Kenntnissen zum persönlichen Ressourcen-Management. Diese sollen im Folgenden dargestellt werden. Abbildung 3.10 vermittelt einen Überblick über die zentralen Ansatzpunkte des persönlichen Ressourcen-Managements [195].

Abbildung 3.10 Ansatzpunkte des persönlichen Ressourcen-Managements für Mitarbeiter im Kundenkontakt

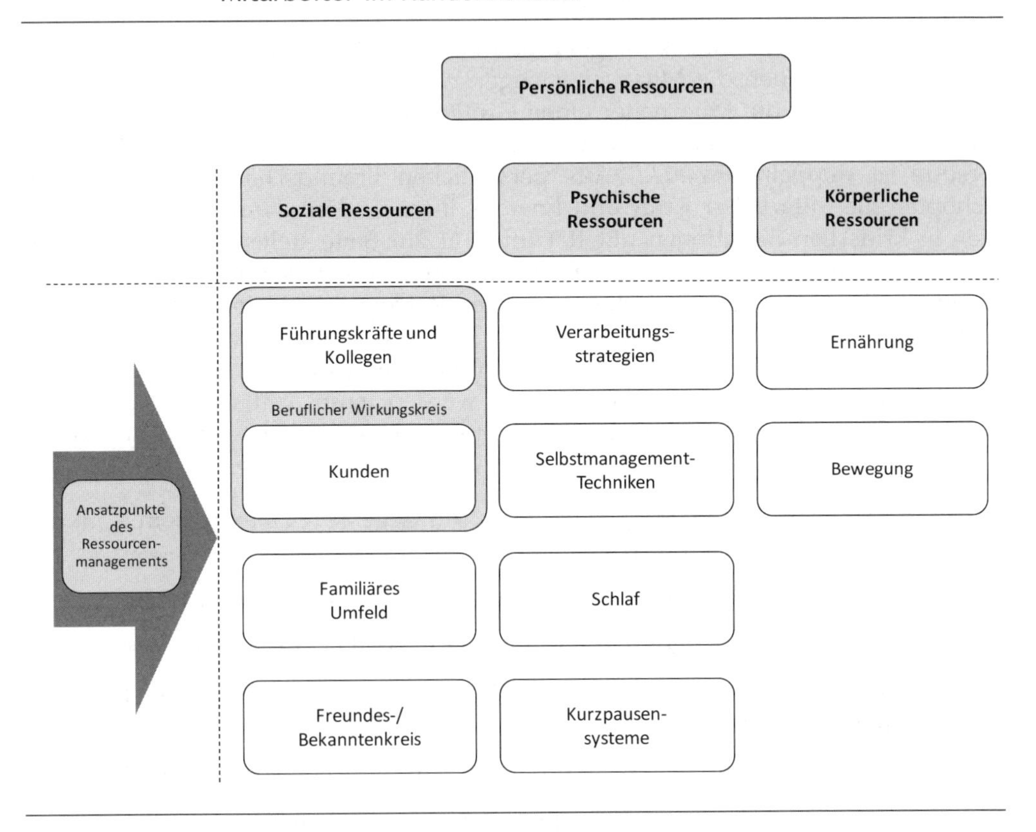

Wir gehen im Folgenden auf Maßnahmen ein, mit deren Hilfe die sozialen, psychischen und körperlichen Ressourcen ausgebaut werden können und zeigen jeweils auf, welche Wirkungsart von Ressourcen vorliegt. Es handelt sich hier um ausgewählte Maßnahmen, die die Führungskraft im Rahmen eines Coaching-Prozesses unterstützen können.

Soziale Ressourcen sind wichtig für die persönliche Ausgeglichenheit der Mitarbeiter. Der Rückhalt durch Freunde, die Familie und befreundete Kollegen helfen Mitarbeitern, mit negativen Erfahrungen im Kundenkontakt besser umzugehen. Die Unterstützung, die man durch diese sozialen Kontakte erfährt, kann sowohl emotionaler als auch kognitiver Natur sein. Soziale Ressourcen sollen das soziale

Umfeld der Mitarbeiter aktiv gestalten. Dabei setzen wir in drei Bereichen an [72], [167]:

1. im beruflichen Wirkungskreis bei Führungskräften und Kollegen zum einen und Kunden zum anderen,
2. im familiären Umfeld sowie
3. im Freundes- und Bekanntenkreis.

Dem beruflichen Wirkungskreis gehören in erster Linie **Kollegen und Führungskräfte** an, mit denen die Mitarbeiter enger zusammenarbeiten. Mit diesen Menschen verbringen die Mitarbeiter einen Großteil ihrer Zeit, teilen Sorgen und Erfolge. Hier greift die alte Weisheit: „Geteiltes Leid ist halbes Leid und geteilte Freude ist doppelte Freude." Aus persönlichen Freundschaften mit Kollegen schöpfen die Mitarbeiter Kraft und Energie, insbesondere dann, wenn die Kollegen in kritischen Situationen mit Rat und Tat zur Seite stehen [203]. Wenn sich Mitarbeiter hingegen von Kollegen zurückziehen und persönliche Kontakte vermeiden, können sie nicht von dieser sozialen Ressource profitieren. Insbesondere der Zusammenhalt zwischen den Kollegen ist demnach eine wichtige soziale Ressource. Dies sollte auch den Führungskräften eines Unternehmensbereiches bewusst sein und von diesen aktiv gefördert werden. Zum Aufbau eines gesunden beruflichen Umfelds tragen insbesondere folgende Verhaltensweisen der Mitarbeiter bei:

- andere Kollegen sowie deren Meinungen (im Gegensatz zu extremem Konkurrenzdenken) persönlich wertschätzen,
- persönliches Interesse an Dingen zeigen, die Kollegen mitteilen wollen,
- Offenheit und Hilfsbereitschaft gegenüber Kollegen bei Problemen zeigen,
- an sozialen Anlässen (Mittagspausen, Betriebsfesten, Ausflügen usw.) teilnehmen sowie
- private Aktivitäten mit Kollegen (Sport, Restaurantbesuche usw.) durchführen.

Neben Kollegen und Vorsetzten zählen jedoch auch **Kunden** zum beruflichen Wirkungskreis der Mitarbeiter. Nicht alle Kunden sind für negative Erfahrungen der Mitarbeiter verantwortlich. Zum großen Teil tragen sie sogar eher zu einer positiven Einstellung der Mitarbeiter bei [225], wenn diesen die Kunden in ihrer Funktion als Ressource bewusst sind. Kunden stellen durch Rückmeldungen zu Produkten oder Prozessen gewissermaßen kognitive Ressourcen für Kundenkontaktmitarbeiter bereit [34]. Lob, Zufriedenheit oder Dankbarkeit stellen eine emotionale Ressource seitens des Kunden dar, von der Mitarbeiter im Falle eines weniger erfreulichen Kundenkontaktes profitieren können.

Eine weitere wichtige soziale Ressource der Mitarbeiter ist das **familiäre Umfeld**. In Untersuchungen konnte festgestellt werden, dass ein funktionierendes familiäres Umfeld prägt, wie Menschen mit stressreichen Situationen umgehen [133][135], [158]. Zu diesen Situationen gehören auch negative Erfahrungen im Umgang mit Kunden. Beispielsweise kann der Rückhalt, den Mitarbeitern zu Hause erfahren, diesen zu beruflichem Selbstvertrauen verhelfen [76]. Bei den Maßnahmen, die das familiäre Umfeld betreffen, bewegen wir uns in einem besonders sensiblen Bereich der Mitarbeiter.

Es ist häufig zu beobachten, dass Mitarbeiter, die beruflich stark beansprucht werden, sich im Laufe der Zeit von ihrer eigenen Familie distanzieren. Als Hauptgrund wird häufig mangelnde Zeit vorgeschoben. Die Ursache liegt jedoch vielfach in der eigenen Bequemlichkeit begründet. Man ist zu bequem, sich auf die Bedürfnisse und den Lebensbereich der eigenen Familie einzustellen. Auch wenn es nach einem langen und harten Tag manchmal schwer ist, sich in die teilweise völlig andere Gedankenwelt der Familie zu versetzen, sollte man bedenken, dass dies auch eine Abwechslung und somit Abstand von den anspannenden Gedanken mit sich bringt. Auch sollten gemeinsame Wochenenden mit der Familie nicht als verlorene Arbeitszeit, sondern vielmehr als Gelegenheit abzuschalten und Energie zu gewinnen angesehen werden. Das familiäre Umfeld ist eine nicht zu unterschätzende soziale Ressource der Mitarbeiter. Zum Erhalt und zum Ausbau eines intakten familiären Umfeldes tragen insbesondere folgende Maßnahmen bei [131], [199]:

- ausreichend Zeit für die Familie freihalten,
- bestimmte Tage festlegen, die ausschließlich für die Familie bestimmt sind,
- Sorgen aus dem beruflichen Leben nicht auf die Familie übertragen,
- regelmäßige Ausflüge mit dem Partner und der Familie unternehmen,
- gemeinsame Interessen mit dem Partner aufbauen und pflegen sowie
- Offenheit für die Dinge und Probleme zeigen, die den Partner und die Familie betreffen.

Der dritte und häufig am meisten vernachlässigte Bereich der sozialen Ressourcen ist der **Freundes- und Bekanntenkreis**. Die Pflege von Freundschaften geht vielfach in einem ausgefüllten Berufsleben unter. Dabei kann man mit echten Freunden über wichtige Dinge sprechen, die einen selbst beschäftigen, oder durch gemeinsame Unternehmungen eine wertvolle Abwechslung erhalten. Der Freundeskreis ist eine wichtige soziale Ressource, die jedoch einer gewissen Pflege bedarf. Dabei sind insbesondere folgende Dinge förderlich:

- Interesse an den Dingen und Problemen des anderen signalisieren,
- Bereitschaft zeigen, sich für den anderen einzusetzen,
- regelmäßig gemeinsame Hobbys pflegen sowie
- Vertrauen zu anderen Menschen aufbauen.

Im Bereich der **psychischen Ressourcen** geht es insbesondere um die innere Ausgeglichenheit der Mitarbeiter. Das sorgfältige Haushalten mit psychischen Ressourcen hilft, die innere Anspannung zu verringern und somit im Umgang mit Kunden innerlich gelöst zu sein. Bei den psychischen Ressourcen sind drei zentrale Ansatzpunkte (vgl. Abbildung 3.10) von Bedeutung:

- psychische Verarbeitungsstrategien anwenden,
- Selbstmanagement-Techniken anwenden,
- für ausreichenden Schlaf sorgen sowie
- Kurzpausensysteme systematisch einsetzen.

Psychischen **Verarbeitungsstrategien** können sowohl kognitive als auch emotional wirken. Neueren Erkenntnissen folgend, können folgende Verhaltensweisen dazu beitragen, die psychische Erholungsfähigkeit zu steigern [4][38], [169]:

- *Relativieren*: die wahrgenommene Bedeutung des Problems reduzieren.
- *Umbewerten*: sich auf die positiven Aspekte (Chancen, Lerneffekte usw.) konzentrieren, die mit einem Problem verbunden sind.
- *Selbstkontrolle*: versuchen, die eigenen Gefühle zu begrenzen bzw. nicht zu zeigen.
- *Übernahme von Verantwortung*: das Problem mit eigenem (Fehl-) Verhalten begründen und Selbstkritik üben.
- *Optimismus*: auf eine zukünftige Lösung des Problems vertrauen.
- *Forcierte Problemlösung*: die Anstrengungen intensivieren, um möglichst bald eine Lösung des Problems herbeizuführen.

Der Einsatz von **Selbstmanagement-Techniken** ermöglicht ein geordnetes und strukturiertes Arbeitsumfeld. Erst dort entfaltet sich die volle Leistungsfähigkeit der Mitarbeiter, da sie sich nicht mehr mit störenden Faktoren wie einem unaufgeräumten Schreibtisch beschäftigen müssen. Da die Selbstorganisation ebenfalls einen großen Einfluss auf das kundenorientierte Verhalten hat, sei zur Steigerung dieser Ressource auf Kapitel 4.4 verwiesen, in dem verschiedene Techniken ausführlich behandelt werden.

Ein weiterer Ansatzpunkt zum Aufbau psychischer Ressourcen ist **ausreichender Schlaf**. Es stellt sich hier die Frage, wie viel Schlaf ein erwachsener Mensch benötigt. Zur Beantwortung dieser Frage ist zunächst darauf hinzuweisen, dass Schlaf neben der körperlichen auch eine psychische Erholungsfunktion hat. In Untersuchungen konnte gezeigt werden, dass der körperliche Erholungsschlaf in den ersten sechs Stunden, der psychische Entspannungsschlaf insbesondere von der sechsten bis achten Stunde stattfindet [47]. Konkret bedeutet dies, dass Erwachsene, die dauerhaft weniger als acht Stunden schlafen, nicht nur Probleme mit ihren psychischen Ressourcen bekommen, sondern auch ebenfalls die Unfallgefahr am Arbeitsplatz steigt [163].

Das Kernproblem ist hier, dass man nicht bewusst Schlaf herbeiführen, sondern nur die erforderlichen Voraussetzungen dafür schaffen kann. Dazu gehören in erster Linie

- Entspannung,
- Gelöstheit von aufregenden Ereignissen des Tages,
- Übergangsbeschäftigungen und
- körperliche Trainingsprogramme.

Ein weiterer Ansatzpunkt zum Ausbau psychischer Ressourcen ist die Einführung eines persönlichen **Kurzpausensystems**. Man weiß heute, dass mehrere kurze Pausen einen größeren Erholungswert haben als wenige längere Pausen mit der gleichen Gesamtdauer [170]. Für wirksame Kurzpausen müssen folgende Bedingungen erfüllt sein:

- Die Pause muss zum Zwecke der Erholung eingesetzt werden.
- Die Pause muss entspannt, ohne Angst vor Missbilligung oder einem nicht erfüllten Arbeitspensum verbracht werden.
- Die körperliche Haltung muss verändert und der Arbeitsplatz verlassen werden können.
- Die Arbeitsunterbrechung muss eine Mindestdauer haben. Als Faustwert ist eine Mindestdauer von 3-5 Minuten je Arbeitsstunde zu nennen.

Keine Kurzpause liegt vor, wenn man mental und körperlich bei der Arbeit bleibt, seine Multitasking-Fähigkeit durch den Verzehr eines Snacks bei der Arbeit trainiert oder während der vermeintlichen Pause weiter über die Arbeit spricht [143].

Bei den **körperlichen Ressourcen** geht es darum, dass Mitarbeiter, die sich körperlich wohl fühlen, insgesamt freier und unbelasteter in ihren Handlungen sind. Massives körperliches Unwohlsein (Rückenschmerzen, Magenprobleme usw.) ist hingegen eine ständige Belastung und somit Beeinträchtigung der Mitarbeiter, die sich insbesondere in kritischen Situationen als problematisch erweisen kann. Mitarbeiter, die sich körperlich schlecht fühlen, haben ihre Gedanken weitestgehend auf sich selbst konzentriert und sind wenig offen für Bedürfnisse der Kunden, mit denen sie Kontakt haben. Körperliche Ressourcen sind also ebenfalls eine zentrale Voraussetzung der kundenorientierten Einstellung der Mitarbeiter.

Bei den körperlichen Ressourcen setzen wir an zwei Bereichen an [136], [170]: Ernährung und körperlicher Bewegung. Die mangelnde Disziplin in diesen zwei Bereichen ist die Hauptursache dafür, dass Mitarbeiter bezüglich ihrer körperlichen Ressourcen „auf dem Zahnfleisch" laufen.

Im Bereich der **Ernährung** geht es in erster Linie darum, eine gewisse Regelmäßigkeit und Ausgewogenheit zu schaffen [176]. In Bezug auf die Regelmäßigkeit der Ernährung ist heute insbesondere Folgendes bekannt:

- Das Einnehmen mehrerer kleiner Mahlzeiten ist magenschonender als eine große Mahlzeit und
- langsames und ruhiges Essen schont den Magen und fördert die Gesundheit.

In Bezug auf die Ausgewogenheit der Ernährung ist insbesondere Folgendes zu beachten:

- ausreichend Vitamine durch Obst und Salate zu sich nehmen,
- große Mengen an Fastfood vermeiden sowie
- 2-3 Liter Flüssigkeit am Tag trinken.

Auch durch ein gewisses Maß an **Bewegung** lassen sich körperliche Ressourcen aufbauen. Hierbei sind folgende Maßnahmen förderlich:

- kurze Wege zu Fuß oder per Fahrrad zurücklegen anstatt mit dem Auto,
- regelmäßige Spaziergänge unternehmen,
- regelmäßig Sport (Joggen usw.) treiben sowie
- an betrieblichen Fitnessprogrammen teilnehmen.

Wir haben nun die zentralen Ansatzpunkte zum Ausbau der sozialen, psychischen bzw. körperlichen Ressourcen dargestellt und verdeutlicht, wie man erkennen kann, ob ein Mitarbeiter Defizite in diesen Bereichen aufweist. Nun stellt sich die Frage, inwieweit die Führungskraft auf die verschiedenen Bereiche Einfluss nehmen kann.

Zuvor möchten wir an dieser Stelle allerdings noch eine weitere Art von Ressourcen anfügen – **organisationale Ressourcen**. Diese gehören nicht zu den persönlichen Ressourcen und sind deshalb umso mehr durch Führungskräfte und das Management beeinflussbar. Im Rahmen des Health Care Managements werden dazu drei Ansatzpunkte behandelt, um psychische Probleme und damit die Belastung des Ressourcenhaushalts von Mitarbeitern und Führungskräften zu vermeiden [195]:

- Eine gesundheitsförderliche Unternehmenskultur, die sich dadurch auszeichnet, dass psychische Probleme nicht als Schwäche der Betroffenen für das Unternehmen interpretiert werden.
- Ausgewählte Bereiche der Personalentwicklung wie Maßnahmen der Arbeitsstrukturierung oder die Wiedereingliederung von Mitarbeitern, die temporär aufgrund psychischer Probleme aus dem Unternehmen ausgeschieden sind,

stellen die Basis für einen ausgeglichenen Ressourcenhaushalt dar oder wieder her.

- Zur Arbeitsgestaltung zählt vor allem die Flexibilisierung der Arbeitsorganisation. Sie zielt darauf ab, die Arbeitstätigkeiten in zeitlicher und räumlicher Hinsicht so zu organisieren, dass Mitarbeiter ihre Ressourcen optimal nutzen können.

Dieser Ansatzpunkte sollten sich Führungskräfte unabhängig von der individuellen Betreuung im Rahmen des Ressourcen Managements bewusst sein, um die Leistungsfähigkeit und das Wohlbefinden der Mitarbeiter zu wahren und auszubauen.

3.5.2 Die Führungskraft als Ressourcen-Coach

Wir haben die zentralen Ansatzpunkte zum Ausbau sozialer, psychischer bzw. körperlicher Ressourcen dargestellt und verdeutlicht, wie man erkennen kann, ob ein Mitarbeiter Defizite in diesen Bereichen aufweist. Nun stellt sich die Frage, inwieweit die Führungskraft auf die verschiedenen Bereiche Einfluss nehmen kann.

Bevor wir das Coaching-Konzept zum Ressourcen-Management darstellen, ist noch folgender Hinweis zu beachten: Innerhalb des Coaching-Prozesses darf sich die Führungskraft keineswegs als Hobby-Psychologe verstehen. Sind z. B. extreme Defizite in den persönlichen Ressourcen der Mitarbeiter festzustellen, so ist diesen Mitarbeitern dringend psychologische oder medizinische Hilfe anzuraten. Dies ist beispielsweise bei Alkoholabhängigkeit der Fall. Es geht bei dem Coaching-Prozess lediglich darum, den Mitarbeitern Hilfestellungen zu bieten, persönliche Ressourcen aufzubauen. Die Führungskraft muss sich hierbei ihrer Möglichkeiten, aber auch ihrer Grenzen bewusst sein.

Es ist grundsätzlich zu sagen, dass die Einflussmöglichkeiten der Führungskraft stark vom praktizierten Führungsstil abhängen. Je mitarbeiterorientierter der Führungsstil ist, desto stärker kann die Führungskraft Einfluss nehmen (vgl. Kapitel 3.3). Unabhängig vom Führungsverhalten sind die Ansatzpunkte des persönlichen Ressourcen-Managements der Führungskraft mehr oder weniger zugänglich. Eine diesbezügliche Einschätzung ist in Abbildung 3.11 dargestellt.

Relativ starken Einfluss kann die Führungskraft auf die folgenden Bereiche nehmen: beruflicher Wirkungskreis, Verarbeitungsstrategien, Selbstmanagement-Techniken und Kurzpausensysteme. In diesen Bereichen können direkt im beruflichen Umfeld im Rahmen eines Coaching-Prozesses (den wir später noch genauer beschreiben werden) Maßnahmen realisiert und deren Erfolg kontrolliert werden.

Abbildung 3.11 Beeinflussbarkeit der Ansatzpunkte des persönlichen Ressourcen-Managements durch die Führungskraft

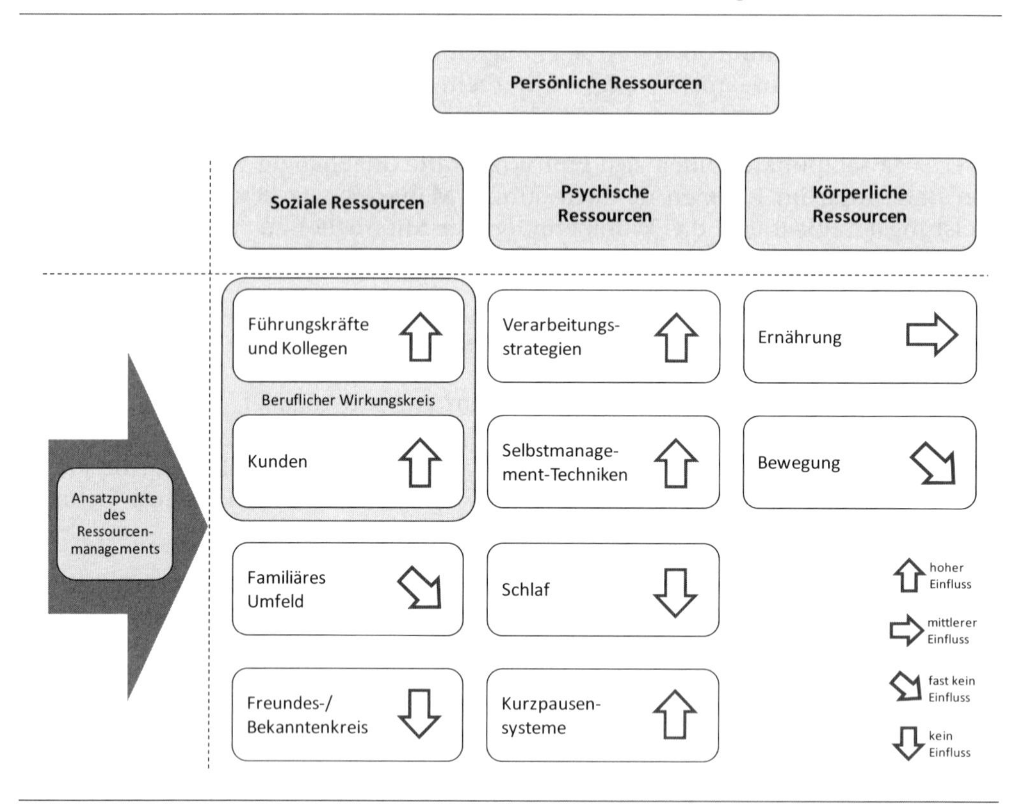

Im Gegensatz zu diesen Bereichen sind die übrigen Ansatzpunkte mehr oder weniger stark außerhalb des beruflichen Umfelds angesiedelt. Während beispielsweise die Ernährung noch teilweise im beruflichen Umfeld stattfindet, ist dies für den Schlaf (hoffentlich) nicht der Fall. Hat die Führungskraft in diesen Bereichen Defizite erkannt, so kann sie im Rahmen eines Coaching-Prozesses auf die Bedeutung dieser Ansatzpunkte für die persönlichen Ressourcen hinweisen. Eine effektive Erfolgskontrolle ist allerdings nur eingeschränkt möglich. An dieser Stelle sei auch nochmals darauf hingewiesen, dass Probleme bei einigen Ansatzpunkten des Ressourcen-Managements krankhafter Art sein können. Hier sollte sich die Führungskraft ihrer Grenzen bewusst sein und den Mitarbeitern gegebenenfalls die Einschaltung eines Psychologen nahe legen.

Nachdem nun die konzeptionellen Grundlagen des persönlichen Ressourcen-Managements behandelt sind, kommen wir zur Anwendung dieser Konzepte im Rahmen des **Coachings**. Innerhalb des Coaching-Prozesses unterscheiden wir vier Stufen, die aus Abbildung 3.12 ersichtlich sind [190], [196].

Abbildung 3.12 Stufen des Coaching-Prozesses

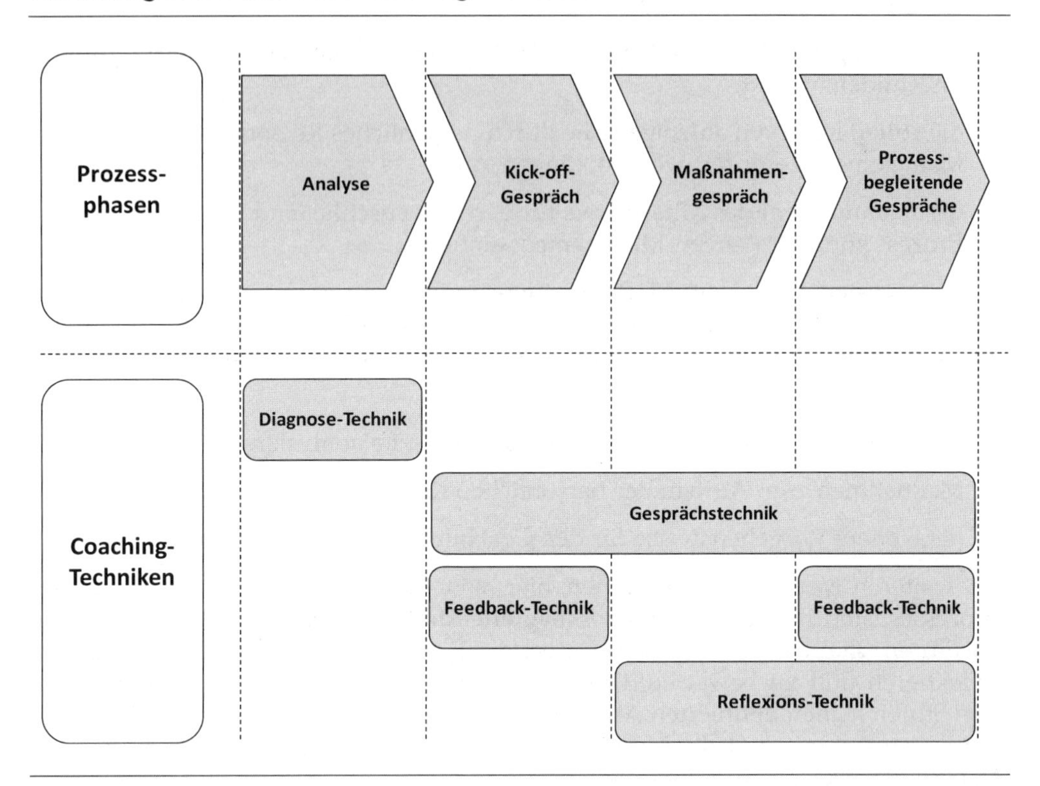

Der Coaching-Prozess des Ressourcen-Managements beginnt mit der **Analyse**. Ziel dieser Stufe ist, dass diejenigen Bereiche in den persönlichen Ressourcen der Mitarbeiter aufgedeckt werden, in denen Defizite vorhanden sind. Um eine gewisse Systematik der Analyse, aber auch Vergleichbarkeit der Ergebnisse zu erzielen, ist an dieser Stelle eine Bewertung mit Hilfe einer Checkliste vorzunehmen (vgl. hierzu die Diagnose-Technik in Abbildung 3.12, auf die wir später noch eingehen). Nur das systematische Erkennen der Defizite ermöglicht einen gezielten Einsatz von Maßnahmen.

An die Analyse der Defizite schließt sich die nächste Stufe, das **Kick-off-Gespräch**, an. In dieser relativ sensiblen Stufe des Coaching-Prozesses werden die Mitarbeiter erstmals auf mögliche Defizite im Bereich ihrer persönlichen Ressourcen hingewiesen. Für den Erfolg des Kick-off-Gesprächs sind daher ein hohes Maß an Sensibilität der Führungskraft sowie eine intensive Vorbereitung der Inhalte und des Ablaufs des Gesprächs unabdingbare Voraussetzung. In diesem Gespräch geht es um folgende Inhalte:

- den Mitarbeiter auf seine persönliche Verarbeitung negativer Erfahrungen im Kundenkontakt ansprechen,
- Feedback geben über den Umgang des Mitarbeiters mit negativen Erfahrungen im Kundenkontakt,
- die stillen Reserven aufzeigen, die durch persönliches Ressourcen-Management gefördert werden können, und
- das Commitment des Mitarbeiters für den sich anschließenden Coaching-Prozess zum Ressourcen-Management einholen.

In der nächsten Stufe, dem **Maßnahmengespräch**, geht es darum, gemeinsam mit den Mitarbeitern Maßnahmen zur Steigerung der persönlichen Ressourcen festzulegen. Hierbei sollte sich die Führungskraft insbesondere auf folgende Aspekte konzentrieren:

- gemeinsam mit dem Mitarbeiter mögliche Defizite analysieren,
- Maßnahmen zum Aufbau der persönlichen Ressourcen aufzeigen sowie
- die weitere Vorgehensweise für den Coaching-Prozess vereinbaren.

Im weiteren Verlauf, wir sprechen hier von der vierten Stufe des Coaching-Prozesses, sind regelmäßige **prozessbegleitende Gespräche** mit den Mitarbeitern zu führen. Ziel dieser Gespräche ist es, die Fortschritte im Coaching-Prozess zu reflektieren und zu bewerten. Diese letzte Stufe hat im Vergleich zu den ersten drei Stufen keinen definierten Abschluss. Sie ist vielmehr erst dann beendet, wenn die Führungskraft und die Mitarbeiter zu der Auffassung gelangt sind, dass die Mitarbeiter über ausreichende Ressourcen verfügen, um negative Erfahrungen im Kundenkontakt konstruktiv verarbeiten zu können. Diese Stufe kann sich daher durchaus über mehrere Monate, aber auch über mehrere Jahre hinweg erstrecken.

Für die Gestaltung der einzelnen Stufen des Coaching-Prozesses ist der Einsatz von **Coaching-Techniken** zu empfehlen. Nach unserer Erfahrung kommt es im Verlauf dieser vier Stufen im Wesentlichen auf vier Techniken an, die in Abbildung 3.13 dargestellt sind.

Abbildung 3.13 Coaching-Techniken als Säulen des Coaching-Erfolgs

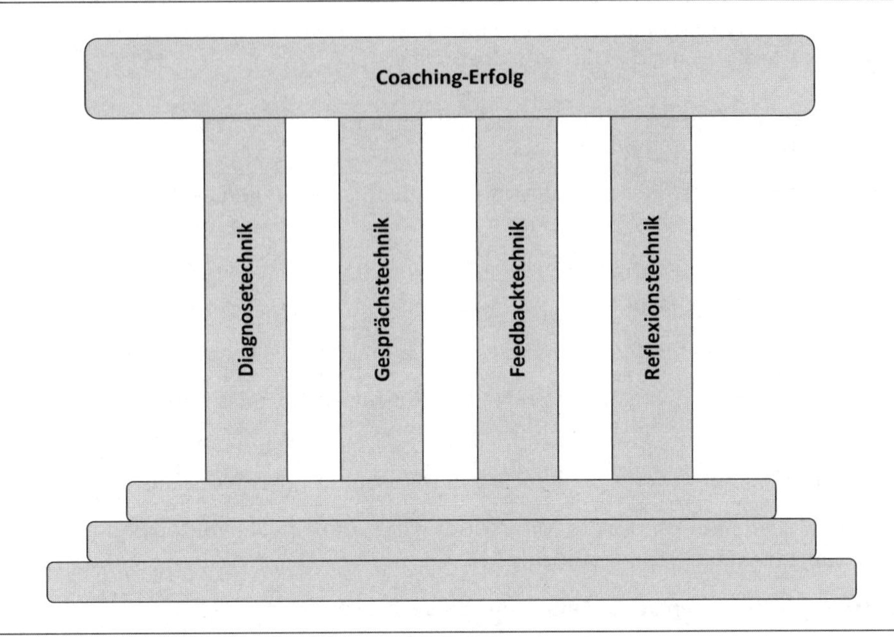

Die erste Coaching-Technik, auf die wir hier eingehen wollen, ist die **Diagnosetechnik**. Sie kommt in der ersten Stufe des Coaching-Prozesses (vgl. Abbildung 3.12) zur Anwendung. Im Kern geht es hier darum Defizite in den einzelnen Bereichen der persönlichen Ressourcen der Mitarbeiter zu erkennen. Um eine Vergleichbarkeit sowie Systematik in den Bewertungen zu erzielen, ist an dieser Stelle der Einsatz von Checklisten erforderlich. In Bezug auf das persönliche Ressourcen-Management verweisen wir auf die Checkliste in Tabelle 3.5. Mit Hilfe der dort aufgeführten Kriterien kann festgestellt werden, in welchem Bereich der persönlichen Ressourcen Defizite bei den Mitarbeitern vorliegen. Zu den dort dargestellten Kriterien ist anzumerken, dass es prinzipiell noch nicht problematisch ist, wenn einige dieser Aussagen zutreffen oder wenn auch über eine kurze Zeitdauer mehrere Aussagen zutreffen. Kritisch wird es jedoch in zwei Fällen:

- Nicht nur einige, sondern die meisten dieser Aussagen treffen zu und
- diese Aussagen beschreiben nicht nur einen vorübergehenden Zustand oder Ausnahmezustand, sondern stellen die Regel dar.

Eine ebenfalls zentrale Bedeutung im Coaching-Prozess hat die **Gesprächstechnik**, die in den letzten drei Stufen des Coaching-Prozesses zum Einsatz kommt (vgl. Abbildung 3.12). Diese Technik beinhaltet im Wesentlichen zwei Dinge: zum einen die Vorbereitung des Gesprächs und zum anderen die systematische Gestaltung einzelner Phasen des Coaching-Gesprächs.

Tabelle 3.5 Kernfragen zur Vorbereitung der Coaching-Gespräche zum Ressourcen-Management

Fragen zur Vorbereitung des Kick-off-Gesprächs:

- Welche allgemeinen Informationen liegen über den Mitarbeiter vor (Alter, Familienstand, Hobbies usw.)?
- Hat der Mitarbeiter in letzter Zeit von negativen Erfahrungen im Kundenkontakt berichtet?
- Welche negativen Erfahrungen im Kundenkontakt hat der Mitarbeiter in der Vergangenheit gemacht?
- Welche Ursachen für die negativen Erfahrungen könnte der Mitarbeiter sehen?
- Wie beurteilen evtl. Kollegen bzw. andere Führungskräfte das Verhalten des Mitarbeiters?
- Welche Argumente sprechen bei diesem Mitarbeiter für den Coaching-Prozess?
- Welche Einwände könnte der Mitarbeiter gegen den Coaching-Prozess zum Ressourcen-Management vorbringen?

Fragen zur Vorbereitung des Maßnahmengesprächs:

- Welche Informationen stehen über die persönlichen Ressourcen des Mitarbeiters zur Verfügung (vgl. hierzu die Checkliste aus Tabelle 3.2)?
- Welche Defizite in den persönlichen Ressourcen konnten im Rahmen der Analysephase festgestellt werden?
- Welche Ansatzpunkte zum Ausbau der persönlichen Ressourcen sind bei dem Mitarbeiter relevant?
- Welche Maßnahmen sind für den Mitarbeiter sinnvoll?

Fragen zur Vorbereitung der prozessbegleitenden Gespräche:

- Welche Fortschritte konnten seit dem letzten Gespräch bei dem Mitarbeiter beobachtet werden?
- An welchen Punkten sind noch Verbesserungen erforderlich und möglich?
- Wie wird der Mitarbeiter die bisherigen Veränderungen beurteilen?

Im Rahmen des Coaching-Gesprächs geht die Führungskraft teilweise auf sehr persönliche Dinge der Mitarbeiter ein. Unbedachtes bzw. unsensibles Vorgehen hat daher in der Regel den völligen Vertrauensverlust der Mitarbeiter zur Folge. Um dies zu vermeiden, ist die Vorbereitung des Coaching-Gesprächs eine unabdingbare Voraussetzung. Unsere Erfahrungen in der Praxis haben gezeigt, dass die Beantwortung der in Tabelle 3.5 aufgeführten Fragen eine gute Grundlage für die Vorbereitung des späteren Gesprächs sind.

Nachdem diese Fragen weitestgehend beantwortet sind, kann die Aufmerksamkeit auf den eigentlichen Gesprächsverlauf gerichtet werden. Innerhalb des Coaching-Gesprächs unterscheiden wir vier Phasen, die aus Abbildung 3.14 ersichtlich werden.

Abbildung 3.14 Die Phasen des Coaching-Gesprächs [205]

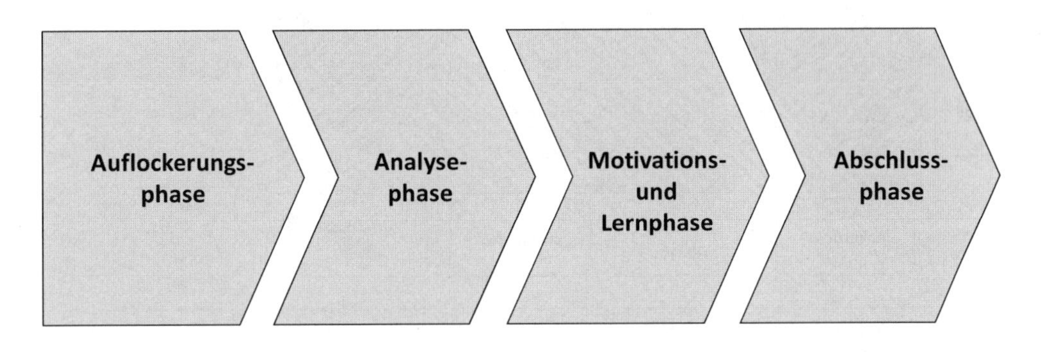

Die einzelnen Phasen unterscheiden sich neben inhaltlichen Aspekten insbesondere dadurch, dass die persönliche und sachliche Ebene unterschiedlich stark gewichtet werden. Häufig ist in der Praxis zu beobachten, dass Mitarbeitergespräche überwiegend auf der sachlichen Ebene geführt werden und die persönlich-emotionale Ebene, die insbesondere am Beginn und Ende wichtig ist, vielfach vernachlässigt wird. Die Folgen sind häufig Verunsicherung und Verschlossenheit der Mitarbeiter, wodurch der Gesprächsverlauf erheblich gestört werden kann. Wir sehen daher eine besonders hohe Bedeutung in der Berücksichtigung der Beziehungs- und Sachebene innerhalb der einzelnen Gesprächsphasen. Das Zusammenspiel dieser beiden Ebenen ist in Abbildung 3.15 dargestellt.

In der Auflockerungs- und der Abschlussphase ist es sowohl wichtig zu überzeugen als auch Vertrauen zu schaffen. Hier muss also die Beziehungsebene im Vordergrund stehen. In den anderen beiden Phasen geht es hingegen insbesondere darum, sachlich zu analysieren und Veränderungsmaßnahmen zu erarbeiten. Auf die inhaltliche Gestaltung der vier Phasen gehen wir im Folgenden ein.

Abbildung 3.15 Zusammenspiel zwischen der Beziehungs- und der Sachebene innerhalb des Coaching-Gesprächs

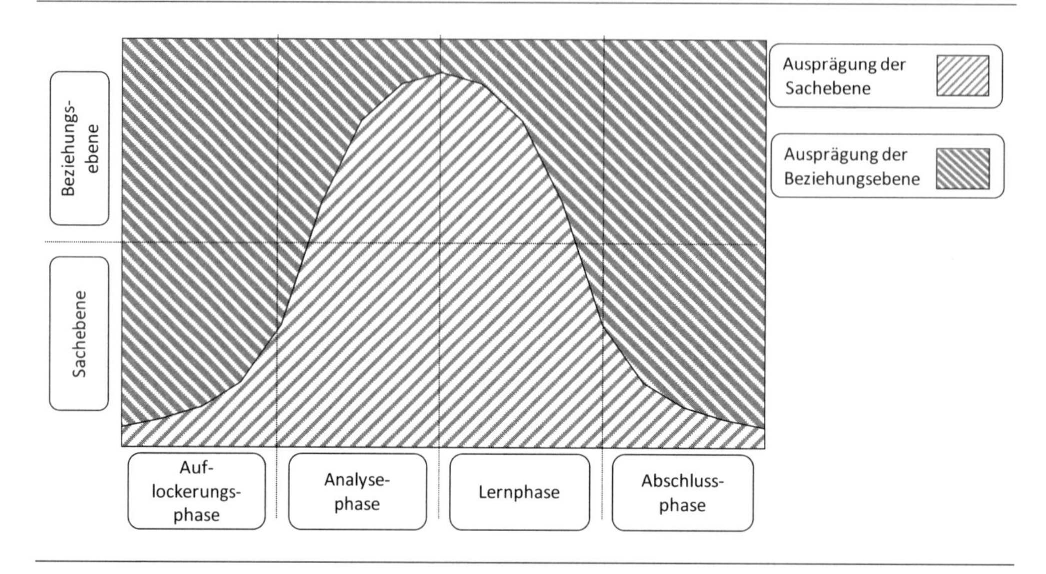

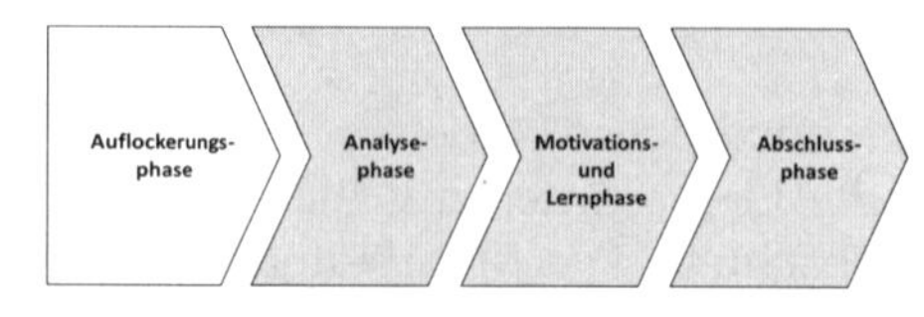

Die **Auflockerungsphase** zielt darauf ab, eine insgesamt gelöste und vertrauensvolle Gesprächsatmosphäre zu schaffen. Gelingt es der Führungskraft in dieser Phase nicht, die Ängste und Vorbehalte der Mitarbeiter abzubauen, so ist es im weiteren Gesprächsverlauf nahezu unmöglich, offene Aussagen der Mitarbeiter zu erhalten. In dieser Phase geht es also weniger darum, Fakten zu besprechen, sondern vielmehr um zwischenmenschliche Aspekte wie das

1. Begrüßen des Mitarbeiters und Erkundigen nach dessen Befinden,
2. Informieren des Mitarbeiters über den Grund des Gesprächs sowie
3. Eingehen auf mögliche Vorbehalte des Mitarbeiters.

Mit der nächsten Phase des Coaching-Gesprächs kann erst dann begonnen werden, wenn keine Einwände der Mitarbeiter mehr vorliegen.

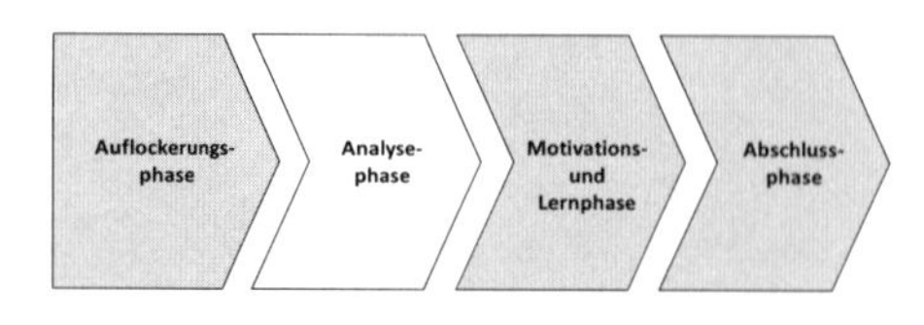

In der **Analysephase** wird ermittelt, über welche persönlichen Ressourcen die Mitarbeiter derzeit verfügen. Die systematische Analyse möglicher Problembereiche ist wichtig, damit Veränderungsmaßnahmen gezielt eingesetzt werden können. Dies setzt wiederum eine gewisse Systematik voraus, die durch das Vorgehen in folgenden Schritten gefördert wird:

1. Darstellen der (negativen) Erfahrungen im Kundenkontakt sowie deren Verarbeitung durch den Mitarbeiter,
2. Geben eines kurzen Feedbacks durch die Führungskraft,
3. gemeinsames Analysieren möglicher Defizite in den persönlichen Ressourcen des Mitarbeiters sowie
4. Zusammenfassen der gemeinsam erarbeiteten Ursachen für Defizite in den persönlichen Ressourcen durch die Führungskraft.

Je nachdem, in welcher Stufe des Coaching-Prozesses (vgl. Abbildung 3.12) das Gespräch geführt wird, sind unterschiedliche Schwerpunkte innerhalb der Analysephase zu setzen. Innerhalb des Kick-off-Gesprächs werden die negativen Erfahrungen der Mitarbeiter im Kundenkontakt sowie deren Verarbeitung analysiert. Im Maßnahmengespräch werden Ressourcen der Mitarbeiter identifiziert bzw. aufgebaut, die den Mitarbeitern helfen, besser mit negativen Erfahrungen im Kundenkontakt umzugehen. Bei den prozessbegleitenden Gesprächen stehen die bisherigen Fortschritte des Mitarbeiters sowie die Analyse der Ursachen für Störungen im Vordergrund.

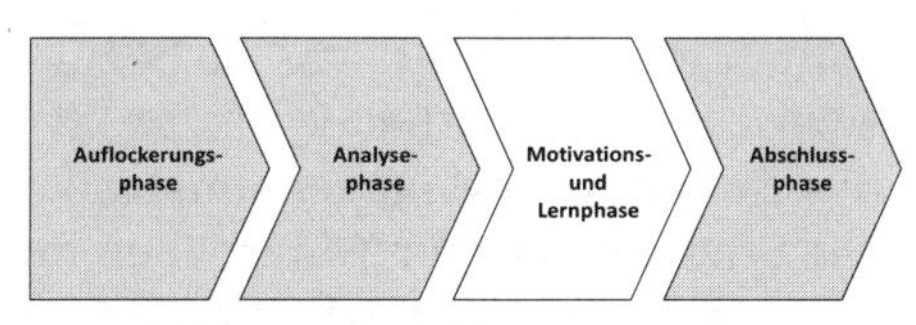

In der **Lernphase** werden den Mitarbeitern verschiedene Ansatzpunkte des Ressourcen-Managements aufgezeigt. Darüber hinaus gilt es, die Mitarbeiter dafür zu motivieren, die beschlossenen Maßnahmen auch wirklich umzusetzen.

Auch in dieser Stufe werden je nach Stufe des Coaching-Prozesses (vgl. Abbildung 3.12) unterschiedliche Schwerpunkte gesetzt. Im Rahmen des Kick-off-Gesprächs wird den Mitarbeitern zunächst die Bedeutung persönlicher Ressourcen für das Verarbeiten negativer Erfahrungen im Kundenkontakt aufgezeigt. Im Anschluss daran ist auf die Motivation des Mitarbeiters für den Coaching-Prozess hinzuwirken. Innerhalb des Maßnahmengesprächs werden Ansatzpunkte des persönlichen Ressourcen-Managements (vgl. Abbildung 3.10) sowie Maßnahmen zum Auf- und Ausbau persönlicher Ressourcen diskutiert. Darüber hinaus sind die Mitarbeiter zu motivieren, die Maßnahmen auch tatsächlich umzusetzen. Prozessbegleitende Gespräche konzentrieren sich in dieser Phase auf bisherige Erkenntnisse der Mitarbeiter aus dem Coaching-Prozess, ihre Fortschritte sowie eventuelle weitere Maßnahmen.

Am Ende dieser Phase sollte ein klares Bild des weiteren Verlaufs des Coaching-Prozesses zum Ressourcen-Management vorliegen. Erst dann kann mit der Abschlussphase des Coaching-Gesprächs begonnen werden.

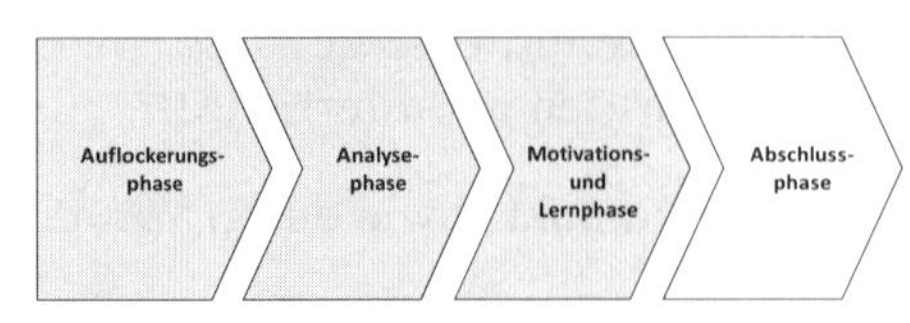

In der **Abschlussphase** sollte die Führungskraft, unabhängig davon, wie das Gespräch verlaufen ist, dafür sorgen, dass die Mitarbeiter möglichst keine Verunsicherung aus dem Gespräch mitnehmen. Dafür ist es hilfreich, die inhaltlich-sachlichen Ergebnisse des Gespräches zusammenzufassen. Wichtig ist in dieser Phase auch, dass weitere Hilfestellungen während des Coaching-Prozesses durch die Führungskraft angeboten werden. Diese Phase schließt mit der Verabschiedung der Mitarbeiter ab.

Innerhalb des Coaching-Prozesses ist die Gesprächstechnik in den letzten drei Stufen bedeutend, da hier jeweils persönliche Gespräche mit dem Mitarbeiter zu führen sind. Konkret handelt es sich hierbei um das Kick-off-Gespräch, das Maßnahmengespräch sowie prozessbegleitende Gespräche.

Eine weitere Säule des Coaching-Erfolgs (vgl. Abbildung 3.13) ist die **Feedbacktechnik**, mit deren Hilfe die Führungskraft die Kundenorientierung ihrer Mitarbeiter wesentlich steigern kann [108][208][211], [218]. Den Mitarbeitern wird Rückmeldung über ihre Eigenschaften bzw. Verhaltensweisen gegeben. Das Feedback sollte innerhalb folgender Schritte ablaufen (in Anlehnung an [130]):

1. Ansprechen besonders positiver bzw. negativer Aspekte

In diesem ersten Schritt beschreibt die Führungskraft ganz konkret, was sie bezüglich einzelner Eigenschaften bzw. Verhaltensweisen der Mitarbeiter als positiv oder negativ wahrgenommen hat. Innerhalb des Ressourcen-Managements sollte die Führungskraft an dieser Stelle auf negative Erfahrungen der Mitarbeiter im Kundenkontakt eingehen. Bei diesem Schritt sollten relevante Aspekte zusammen getragen, nicht aber interpretiert oder bewertet werden.

2. Interpretation der Ursachen

Hierbei werden die zuvor wahrgenommenen positiven und negativen Aspekte vertiefend analysiert. Dabei geht die Führungskraft auf mögliche Ursachen für die zuvor erläuterten (positiven bzw. negativen) Aspekte ein. Die Interpretation ist umso aussagekräftiger, je größer das Vertrauen zwischen den Mitarbeitern und der Führungskraft ist. Darüber hinaus muss die Führungskraft insbesondere darauf achten, dass die Interpretation auf die Mitarbeiter nicht verletzend oder gar herablassend wirkt. Im Rahmen des Ressourcen-Managements geht es darum, die zuvor angesprochenen Erfahrungen der Mitarbeiter im Kundenkontakt mit eventuellen Defiziten in ihren persönlichen Ressourcen (vgl. hierzu Tabelle 3.2) zu verbinden.

3. Emotionales Bewerten

Auf der Basis der Interpretation entwickeln sich bei der Führungskraft Emotionen (Mitleid, Ärger usw.), die gegen Ende des Gespräches den Mitarbeitern (zumindest teilweise) mitgeteilt werden sollten. Die Erfahrung hat gezeigt, dass es den Mitarbeitern eine gewisse Sicherheit gibt, wenn sie wissen, wie die Führungskraft ihr Verhalten sowie die augenblickliche Situation persönlich einschätzt. Innerhalb des Ressourcen-Managements sollte den Mitarbeitern insbesondere an dieser Stelle des Prozesses Verständnis entgegengebracht werden. Verständnis kann die Führungskraft z. B. dadurch signalisieren, dass sie kurz von eigenen Erfahrungen oder den Erfahrungen anderer Kollegen berichtet.

Neben der Berücksichtigung der drei Feedbackschritte ist es für die Führungskraft wichtig zu wissen, wie die Mitarbeiter dieses Feedback aufnehmen und darauf reagieren, d. h. welcher **Veränderungsprozess** in den Mitarbeitern abläuft. In Feedbackgesprächen konnte beobachtet werden, dass der Veränderungsprozess sich in verschiedenen Phasen vollzieht. Diese Phasen des persönlichen Veränderungsprozesses unterscheiden sich insbesondere darin, dass die Mitarbeiter ihre eigenen Kompetenzen unterschiedlich hoch einschätzen. Beispielsweise reagieren die Mitarbeiter im ersten Moment mit einem (nach außen mehr oder minder sichtbaren) Schock, wobei die wahrgenommene eigene Kompetenz relativ gering ist. Das Zusammenspiel der wahrgenommenen Kompetenz und der zeitlichen Dauer des Veränderungsprozesses wird in Abbildung 3.16 veranschaulicht.

Abbildung 3.16 Phasen des Veränderungsprozesses als Reaktion auf das Feedback der Führungskraft [66]

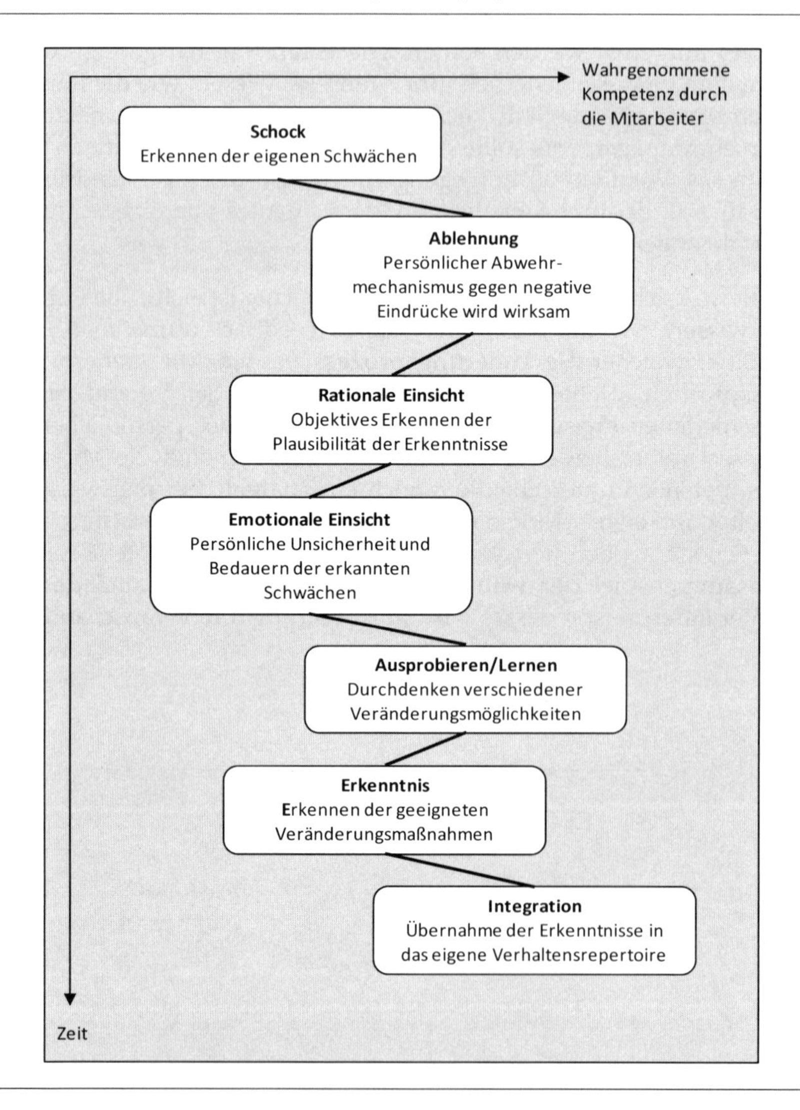

Die Kenntnis dieser Phasen ist insbesondere im Feedbackgespräch zum Ressourcen-Management bedeutend, in dem relativ persönliche Dinge der Mitarbeiter angesprochen werden. Die Führungskraft kann sich dadurch bereits im Vorfeld des Feedbacks überlegen, wie sie auf die Reaktionen der Mitarbeiter eingeht. In Abbildung 3.17 sind beispielhafte Verhaltensweisen der Führungskraft innerhalb des Veränderungsprozesses dargestellt, die sich in der praktischen Anwendung als wirksam erwiesen haben.

Abbildung 3.17 Verhalten der Führungskraft innerhalb des persönlichen Veränderungsprozesses

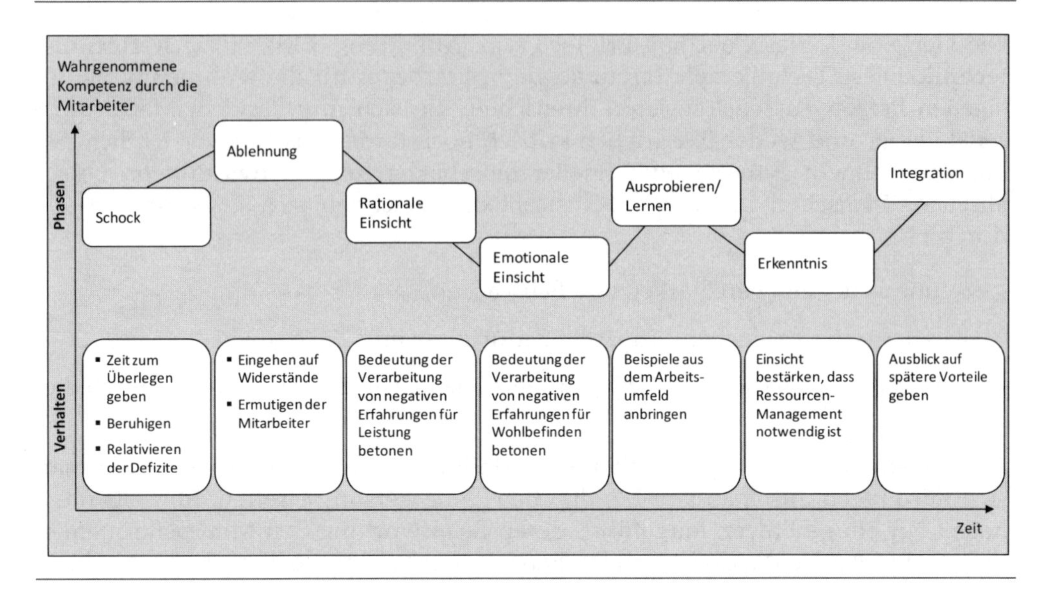

Ergänzend zu diesen Phasen gibt es eine Reihe von Regeln, die ein konstruktives Feedback unterstützen. Ein gelungenes Feedback zeichnet sich insbesondere durch folgende Merkmale aus [39], [151]:

- Ich-Botschaften anstelle von „Man-Aussagen" verwenden,
- beschreibende Äußerungen vornehmen statt Wertungen, Be- und Verurteilungen,
- Gefühle ausdrücken anstelle von rein sachlicher Gesprächsführung,
- authentische und offene Äußerungen vorbringen statt Kommunikation auf Umwegen,
- das Feedback auf Verhaltensweisen konzentrieren, welche die Mitarbeiter auch tatsächlich verändern können, statt Bohren in unveränderlichen Bereichen,
- die Schwächen der Mitarbeiter akzeptieren und Hilfsbereitschaft signalisieren statt prinzipielles Ablehnen jeglicher Schwächen der Mitarbeiter,
- auf Fairness achten statt die Schwächen der Mitarbeiter auszunutzen sowie
- Konfliktbereitschaft und -toleranz aufweisen statt Harmonie um jeden Preis anzustreben.

Die Feedbacktechnik kommt innerhalb des Coaching-Prozesses (vgl. Abbildung 3.12) in der dritten (Maßnahmengespräch) und vierten Stufe (prozessbegleitende Gespräche) zum Tragen.

Die vierte Säule des Coaching-Erfolges (vgl. Abbildung 3.13) ist die **Reflexionstechnik**. Diese Technik zielt darauf ab, den Mitarbeiter für die Wahrnehmung der eigenen Person zu sensibilisieren. Menschen, die sich in gesundem Maße selbst reflektieren, sind weder übertrieben kritisch noch unrealistisch zuversichtlich. Sie können vielmehr Situationen schneller einschätzen und Entwicklungen besser absehen. Menschen mit hoher Selbstreflexion zeichnen sich insbesondere aus durch

- Kenntnis der eigenen Stärken und Schwächen,
- Bewusstsein der eigenen Wünsche, Bedürfnisse und Ziele sowie
- realistische Einschätzung der Wahrnehmung des eigenen Verhaltens durch die Umwelt.

Die Selbstreflexion der Mitarbeiter kann dadurch unterstützt werden, dass man sich mit Fragen auseinandersetzt, die die eigene Person betreffen. Im Folgenden haben wir einige Fragen aufgeführt, deren Beantwortung den Mitarbeitern einen tieferen Einblick in die drei zentralen Bereiche der Selbstreflexion gibt.

Die Reflexion von **Stärken und Schwächen** befähigt Mitarbeiter, sich selbst im Geiste einen Spiegel vorzuhalten und sich offen und kritisch mit der eigenen Person auseinander zu setzen. Hierbei liefern folgende Fragen eine Hilfestellung:

- Welche Stärken habe ich?
- Welche Schwächen habe ich?
- Wie sind die einzelnen Stärken und Schwächen zu gewichten?

Das Ergebnis dieses Prozesses wird in einer so genannten Stärken-Schwächen-Bilanz festgehalten, in der die Stärken und Schwächen gegenübergestellt werden. Diese Bilanz kann wiederum im Ressourcen-Management für konkrete Maßnahmen zum Aufbau persönlicher Ressourcen herangezogen werden.

Im zweiten Bereich der Reflexion werden eigene **Wünsche, Bedürfnisse und Ziele** bewusst gemacht. Die langfristige Zufriedenheit mit dem eigenen Arbeitshandeln setzt voraus, dass die beruflichen Ziele der Mitarbeiter weitestgehend mit deren persönlichen Wünschen und Bedürfnissen vereinbar sind. Hinsichtlich der Wünsche und Bedürfnisse verweisen wir an dieser Stelle auf die bereits erläuterten Kategorien von Motiven (vgl. Abbildung 3.7 und Abbildung 3.8).

In Bezug auf die eigenen Ziele sind folgende Fragen zu beantworten:

- Welche kurz-, mittel- und langfristigen Ziele habe ich?
- Welche persönlichen und beruflichen Ziele habe ich?
- Warum sind mir die einzelnen Ziele wichtig?
- Wie kann ich persönliche und berufliche Ziele aufeinander abstimmen?
- Durch welche Maßnahmen kann ich diese Ziele erreichen?

Neben einer grundsätzlichen Orientierung schaffen Ziele auch einen persönlichen Anreiz. Bei Managern ist es heute weit verbreitet, sich in regelmäßigen Abständen, z. B. jährlich, einen ganz persönlichen Zielplan zu erstellen. Mitarbeiter können solche Ziele im Rahmen eines regelmäßigen Zielvereinbarungsgespräches mit der Führungsperson diskutieren und festhalten. Aus Mitarbeitersicht steigern diese Zielvereinbarungen die eigene Zufriedenheit, vermeiden Stress durch Zielkonflikte und unterstützen die Mitarbeiter durch klare Leistungsanforderungen [195].

Neben der eigenen Wahrnehmung liefert die Wahrnehmung des eigenen Verhaltens durch die **Umwelt** wichtige Informationen über die eigene Person. Hier sind folgende Fragen von Bedeutung, die man entweder sich selbst oder dritten Personen stellen kann:

- Wie habe ich mich verhalten (in bestimmten Situationen, gegenüber anderen Personen usw.)?
- Wie würde ich als Außenstehender auf dieses Verhalten reagieren?
- Was könnte ein Außenstehender als positiv bzw. negativ empfunden haben?
- Hat mein Verhalten anderen Personen weitergeholfen?

Es stellt sich nun die Frage, wie die Fähigkeit zur Selbstreflexion der Mitarbeiter aufgebaut werden kann. Diese Fähigkeit kann insbesondere dadurch gefördert werden, dass man gewisse Rahmenbedingungen schafft, welche die Selbstreflexion begünstigen [35], [94]. Hierbei sind folgende Maßnahmen förderlich:

- Zeiträume freihalten, um mit den Gedanken allein zu sein,
- regelmäßige Pausen einlegen, um über verschiedene Dinge im Allgemeinen nachzudenken,
- die Motive für das eigene Handeln herausfinden,
- regelmäßig die eigenen Gedanken und Gefühle analysieren sowie
- regelmäßig die Gedanken und Gefühlen mit Freunden austauschen.

Innerhalb des Ressourcen-Managements kommt die Reflexionstechnik in der dritten (Maßnahmengespräch) und vierten Stufe (prozessbegleitende Gespräche) zur Anwendung (vgl. Abbildung 3.12).

3.6 Kundenorientierung erfordert Persönlichkeit

3.6.1 Kundenorientierte Persönlichkeitsmerkmale

Wir kommen nun zur dritten Einflussgröße (vgl. Abbildung 3.2) der kundenorientierten Einstellung: den Persönlichkeitsmerkmalen des Mitarbeiters. Die Bedeutung von Persönlichkeitsmerkmalen für die innere Einstellung eines Mitarbeiters gegenüber seinen Kunden ist den meisten Führungskräften auf Anhieb plausibel [28][84], [173]. Etwas kritischer wird hingegen die Möglichkeit gesehen, einzelne Persönlichkeitsmerkmale der Mitarbeiter zu verändern. Dieser Einwand ist nicht ganz unberechtigt: Die Veränderung von Persönlichkeitsmerkmalen ist schwierig und langwierig. Dennoch kann die Führungskraft innerhalb des Coaching-Prozesses einzelne Persönlichkeitsmerkmale fördern und dadurch die Persönlichkeitsentwicklung der Mitarbeiter unterstützen. Sicherlich kann man durch die hier dargestellten Vorgehensweisen Persönlichkeiten nicht vollkommen umkrempeln. Andererseits haben wir immer wieder festgestellt, dass in Persönlichkeiten erhebliche nicht genutzte Potenziale verborgen sind. Diese bereits vorhandenen Potenziale der Mitarbeiter zu fördern und auszubauen, ist zentrale Zielsetzung der im Folgenden vorgestellten Instrumente.

Wie Mitarbeiter die Kunden wahrnehmen und demzufolge auch wertschätzen, hängt von drei Persönlichkeitsmerkmalen ab: Selbsteinschätzung, Einfühlungsvermögen und Kontaktfreude. Wir sprechen hier auch von **dem Dreieck der kundenorientierten Persönlichkeitsmerkmale** (vgl. Abbildung 3.18).

Die drei Persönlichkeitsmerkmale stehen in engem Zusammenhang zueinander. So ist ein gewisses Maß an positiver Selbsteinschätzung Voraussetzung dafür, anderen zu vertrauen und dadurch eine gewisse Freude am Umgang mit Menschen (z. B. Kunden) zu entwickeln.

Abbildung 3.18 Das Dreieck der kundenorientierten Persönlichkeitsmerkmale

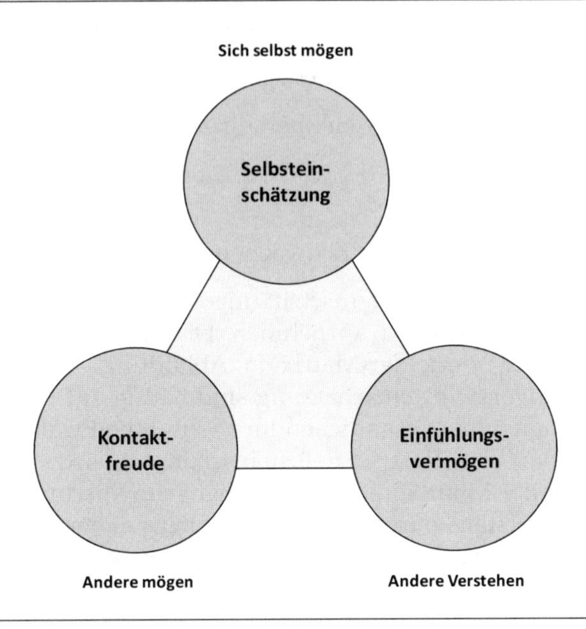

Bei der **Selbsteinschätzung der Mitarbeiter** geht es darum, wie Mitarbeiter sich selbst wahrnehmen und auf ihre persönlichen und fachlichen Fähigkeiten vertrauen. Es gibt eine alte Weisheit, die sagt: „Wer sich selbst nicht vertraut, der kann auch anderen Menschen nicht vertrauen." Folglich ist ein gewisses Maß an positiver Selbsteinschätzung unabdingbare Voraussetzung für die kundenorientierte Einstellung der Mitarbeiter. Die Selbsteinschätzung untergliedert sich in vier Facetten [117], [118]:

- Das *Selbstwertgefühl* bezeichnet dabei die grundlegende Wertschätzung der eigenen Person.
- Die *Selbstwirksamkeit* stellt das Vertrauen in die eigenen Fähigkeiten dar, Situationen und Herausforderungen im gesamten Leben beeinflussen und meistern zu können. Dazu gehören auch die vielen Aufgaben im Rahmen des Umgangs mit Kunden.
- *Selbstbestimmung* ist die dritte Facette der Selbsteinschätzung. Sie bringt zum Ausdruck, in welchem Maße Mitarbeiter davon überzeugt sind, einen Großteil der Ereignisse ihres Lebens selbst kontrollieren und bestimmen zu können.
- *Emotionale Stabilität* charakterisiert als vierte Facette, inwieweit Mitarbeiter positiv über sich und ihre Umwelt denken und nicht Gefühle der Angst oder Hilflosigkeit empfinden. Für Kundenkontaktmitarbeiter ist in diesem Zusammenhang vor allem entscheidend, Kunden nicht als Feinde zu verstehen.

Wie kann man nun die Facetten der Selbsteinschätzung der Mitarbeiter fördern? Diese Frage führt unmittelbar zu den Ursachen für eine negative Selbsteinschätzung. Eine negative Selbsteinschätzung beruht insbesondere darauf, dass

- Mitarbeiter ihre Stärken nicht angemessen einzuschätzen wissen,
- Mitarbeiter ihre eigenen Schwächen überbewerten,
- sie davon überzeugt sind, diese Schwächen kaum oder gar nicht verändern zu können, und
- sie Angst davor haben, dass diese Schwächen zum Vorschein kommen.

Folglich kann eine präzisiere Selbsteinschätzung dadurch erzielt werden, dass die Mitarbeiter sich selbst realistisch wahrnehmen. Die notwendigen Veränderungen lassen sich anhand der Vierfelder-Matrix in Abbildung 3.19 veranschaulichen. Mitarbeiter mit negativer Selbsteinschätzung sind häufig auf das Feld links unten konzentriert. Sie nehmen im Wesentlichen ihre Schwächen wahr und stufen diese als nicht veränderbar ein. Präzise Selbsteinschätzung setzt voraus, dass die Selbstwahrnehmung der Mitarbeiter eine ausgewogene Mischung aller vier Felder umfasst. Es geht also erstens darum, den Mitarbeitern eigene Stärken bewusst zu machen, und zweitens darum, den Mitarbeitern aufzuzeigen, welche Schwächen veränderbar sind.

Wir unterscheiden in der Vierfelder-Matrix zwischen vier verschiedenen Bereichen: Kraft-, Potenzial-, Verbesserungs- und Akzeptanzbereich. Im **Kraftbereich** sind unveränderbare Stärken angesiedelt (d. h. sie sind nicht ausbaubar und können auch nicht verloren werden). Hier handelt es sich z. B. um frühere Erfolge. Gelingt es der Führungsperson, Mitarbeiter für diese Stärken zu sensibilisieren, so lässt sich deren Selbstwahrnehmung in ein ganz anderes Licht rücken. Aus dem Wissen um diese Stärken können Mitarbeiter Kraft schöpfen. Dieser Bereich wird von Menschen mit einer negativen Selbsteinschätzung häufig übersehen.

Neben dem Bewusstmachen der eigenen Stärken ist eine weitere Maßnahme zur Verbesserung der Selbsteinschätzung der gezielte Ausbau veränderbarer Stärken (vgl. den **Potenzialbereich** in Abbildung 3.19). Die Konzentration auf diesen Bereich ist motivierender und bringt in der Regel schnellere Erfolgserlebnisse als wenn man sich ausschließlich auf eigene Schwächen fixiert.

Der dritte Bereich ist der **Verbesserungsbereich**. Hier sind Faktoren angesiedelt, die zwar Schwächen der Mitarbeiter darstellen, aber veränderbar sind. Diese Faktoren können mit geeigneten Personalentwicklungsmaßnahmen verbessert werden.

Schließlich sind Schwächen, die nicht veränderbar sind, im **Akzeptanzbereich** angesiedelt. Hierbei handelt es sich zumeist um negative Tatsachen aus der Vergangenheit (Misserfolge, Niederlagen usw.) oder äußerliche Merkmale (z. B. geringe Körpergröße oder Sprachfehler). Die eigene Erkenntnis, dass an diesen

Schwächen nichts mehr zu ändern ist, wirkt sich besonders negativ auf die Selbsteinschätzung der Mitarbeiter aus.

Die in Abbildung 3.19 dargestellte Vierfelder-Matrix ist eine Systematisierungsmöglichkeit, um ein persönliches Stärken-Schwächen-Profils der Mitarbeiter zu erstellen. Die Erarbeitung eines solchen Profils stützt sich, wie bereits erwähnt, auf die Beantwortung folgender Fragen:

- Welche Stärken habe ich?
- Welche Schwächen habe ich?
- Inwieweit sind die einzelnen Stärken und Schwächen veränderbar?

Abbildung 3.19 Die Vierfelder-Matrix der Selbsteinschätzung

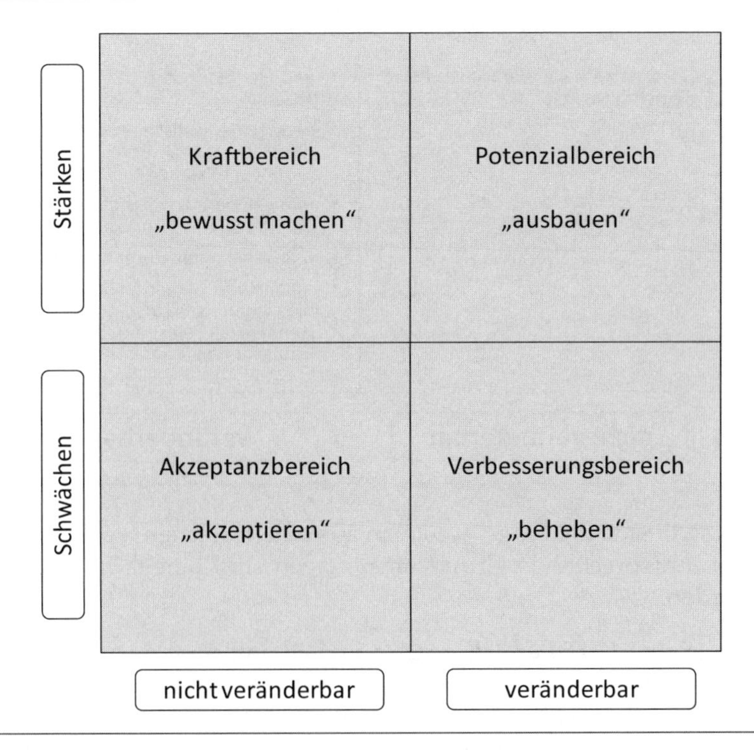

Das resultierende Stärken-Schwächen-Profil kann anhand der Vierfelder-Matrix dargestellt werden. Wichtig ist es, dass die Führungskraft bei der Erarbeitung eines solchen Stärken-Schwächen-Profils darauf hinarbeitet, dass alle vier Felder der Matrix belegt sind. Ein Beispiel für ein solches persönliches Stärken-Schwächen-Profil ist in Abbildung 3.20 dargestellt.

Abbildung 3.20 Persönliches Stärken-Schwächen-Profil eines Außendienstmitarbeiters

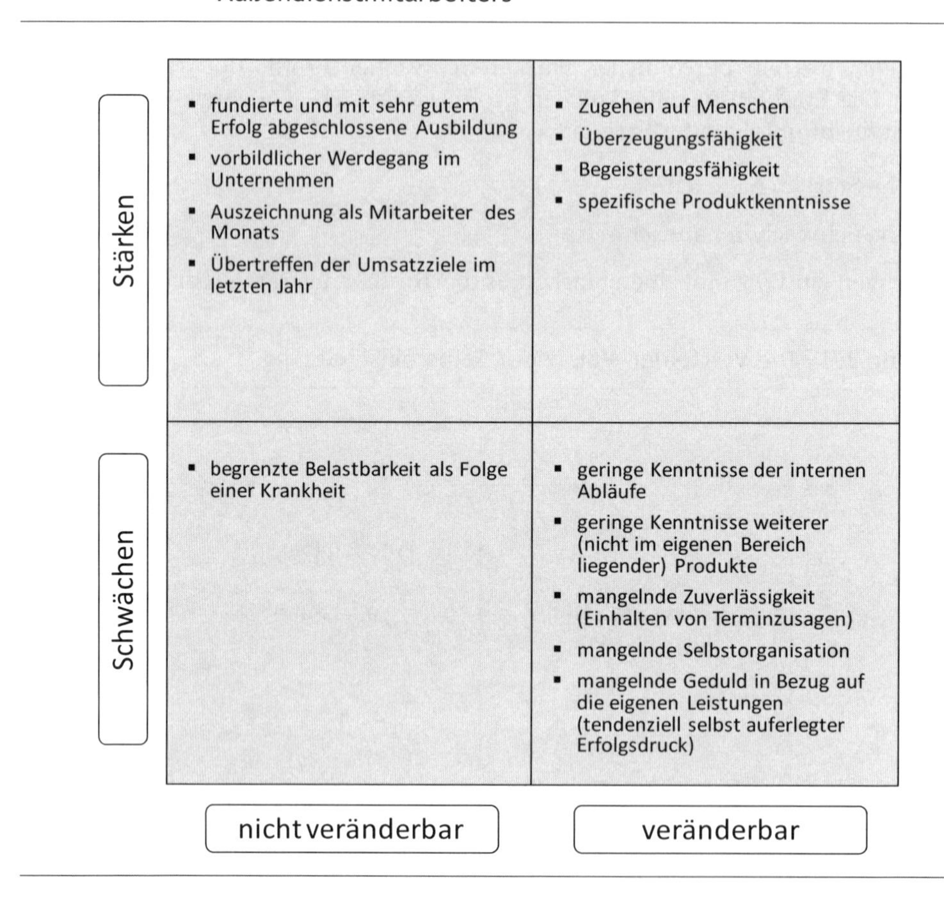

Als Nächstes stellt sich die Frage, was man aus einem solchen Stärken-Schwächen-Profil ableitet. Entsprechende Grundsatzaussagen sind bereits in Abbildung 3.19 getroffen worden.

Im Hinblick auf den **Kraftbereich** geht es im Wesentlichen darum, sich diese unveränderbaren Stärken bewusst zu machen. Dies sind Dinge, die einem „niemand mehr nehmen kann". Es geht also gewissermaßen darum, sich der erzielten Erfolge bewusst zu werden, sich gleichsam selbst auf die Schulter zu klopfen. Regelmäßige Hinweise der Führungskraft auf diese Stärken können ausgesprochen hilfreich sein.

Im **Potenzialbereich** sind Maßnahmen zu beschließen, die den Ausbau schon vorhandener Stärken beinhalten. Im Kern geht es hier darum, „*noch* besser zu werden".

Mit den nicht veränderbaren Schwächen im **Akzeptanzbereich** kann man dadurch konstruktiv umgehen, dass man beginnt, sie als Teil von sich selbst zu akzeptieren und vielleicht sogar positiv umzubewerten. Die Akzeptanz persönlicher Schwächen erfordert einen Entwicklungsprozess, der sich über Jahre hinweg erstrecken kann. Die Führungsperson kann diesen Entwicklungsprozess dadurch anstoßen und unterstützen, dass sie gemeinsam mit den Mitarbeitern Maßnahmen und Verhaltensweisen definiert, wie die Mitarbeiter in Situationen reagieren können, in denen diese Schwächen entweder offen zutage treten oder offen (von Kunden) angesprochen werden. Geeignete Maßnahmen für Mitarbeiter im Umgang mit derartigen Situationen sind in Tabelle 3.6 dargestellt.

Tabelle 3.6 Maßnahmen für den Umgang mit nicht veränderbaren Schwächen

Maßnahme	Beispiele
Einüben von bestimmten Verhaltensweisen bzw. Reaktionen	▪ Anspielungen durch andere Personen konsequent ignorieren ▪ Verhaltensweisen bzw. Fähigkeiten aneignen, welche die Schwäche (zumindest zum Teil) ausgleichen ▪ kurze und sachliche Erklärung abgeben
Verwenden von bestimmten Formulierungen	▪ „Das ist meine besondere Note." ▪ „Es gibt Dinge, die wichtiger sind im Leben." ▪ „Der Mensch sollte immer im Mittelpunkt stehen und nicht seine Schwächen." ▪ „Dieser Punkt wird die Qualität der Leistung sicherlich nicht negativ beeinträchtigen."
Verbinden der Schwäche mit einem positiven Sachverhalt	▪ „Ich habe viel aus diesem Fehler gelernt." ▪ „In fast jeder Schwäche steckt eine Chance."

Im **Verbesserungsbereich** sind Maßnahmen zu beschließen, die den Abbau vorhandener (aber veränderbarer) Schwächen fördern. Von zentraler Bedeutung ist hier, dass die Mitarbeiter an die Veränderbarkeit dieser Schwächen glauben. Ist dies nicht der Fall, so werden die Maßnahmen mit Sicherheit erfolglos verpuffen.

Abbildung 3.21 zeigt den entsprechenden Maßnahmenkatalog für den Außendienstmitarbeiter, dessen Stärken-Schwächen-Profil in Abbildung 3.20 dargestellt ist.

Abbildung 3.21 Maßnahmenkatalog auf der Basis des Stärken-Schwächen-Profils aus Abbildung 3.20

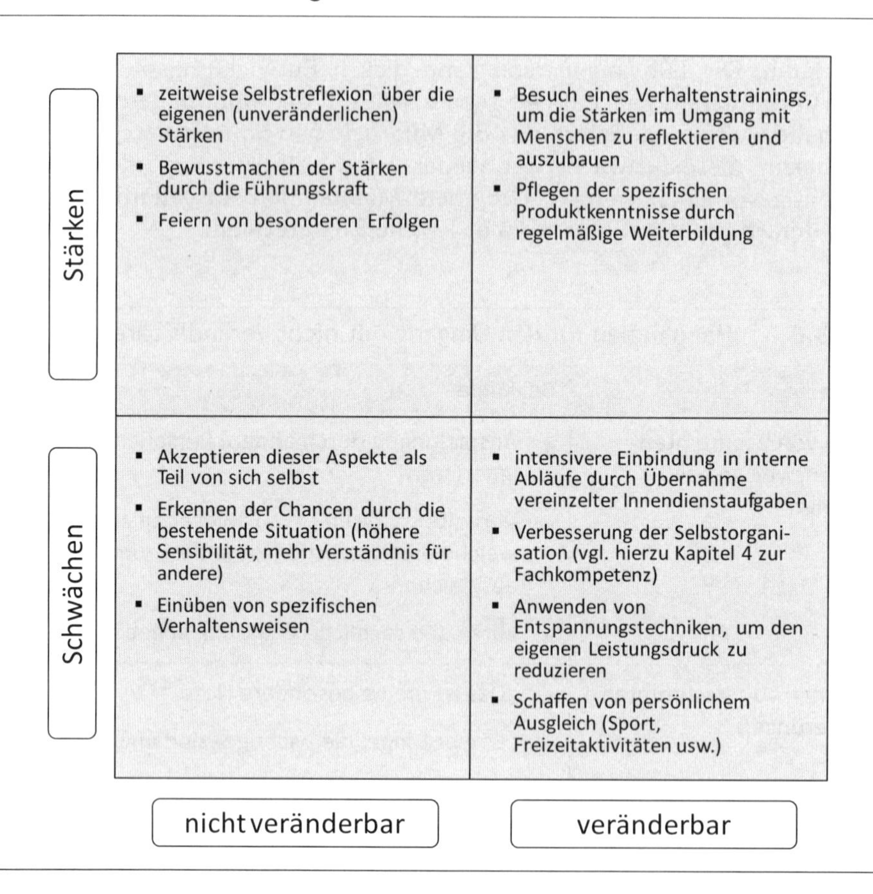

Nachdem wir das erste für Kundenorientierung relevante Persönlichkeitsmerkmal betrachtet haben, kommen wir nun zu einem weiteren wichtigen Persönlichkeitsmerkmal – dem **Einfühlungsvermögen** der Mitarbeiter (vgl. Abbildung 3.18). Hierunter wird die Fähigkeit verstanden, sich in die Lage anderer Menschen (z. B. der Kunden) zu versetzen und sie zu verstehen [144][145], [182]. Man bezeichnet diese Fähigkeit auch als Empathie. Sie ist unabdingbare Voraussetzung dafür, Bedürfnisse der Kunden zu verstehen und eine positive Einstellung zu ihnen aufzubauen [2].

Im Kern geht es also um das Verständnis für die Kunden sowie die Fähigkeit, sich in die Lage des Kunden zu versetzen. In Tabelle 3.7 haben wir für diese beiden Facetten des Einfühlungsvermögens Fragen formuliert. Die systematische Auseinandersetzung mit diesen Fragen ist eine geeignete Methode, um das Einfühlungsvermögen zu fördern.

Tabelle 3.7 Zentrale Fragen zur Steigerung des Einfühlungsvermögens

Facetten des Einfühlungsvermögens	Zentrale Fragen
Verständnis für die Kunden	▪ Welche Bedürfnisse haben die Kunden? ▪ Warum haben die Kunden diese Bedürfnisse? ▪ Gibt es weitere Bedürfnisse der Kunden, die auf Anhieb nicht erkennbar sind? ▪ Wie ist das Verhalten der Kunden zu interpretieren? ▪ Welche möglichen Ursachen gibt es für das Verhalten der Kunden (Unsicherheit, Zielkonflikte, Verärgerung usw.)? ▪ Was geht in den Kunden vor, wenn sie sich in bestimmter Weise verhalten?
Einnehmen der Perspektive der Kunden	▪ Was wäre mir anstelle der Kunden wichtig? ▪ Welche Bedürfnisse hätte ich anstelle der Kunden? ▪ Was würde ich anstelle der Kunden denken? ▪ Wie hätte ich anstelle der Kunden reagiert?

Menschen mit hohem Einfühlungsvermögen stellen sich diese und ähnliche Fragen mehr oder minder automatisch und unbewusst. Während des Trainings des eigenen Einfühlungsvermögens muss man sich diese Fragen am Anfang noch sehr bewusst stellen. Ziel ist es, dass diese Fragen nach einiger Zeit automatisch gestellt werden und damit ein größeres Verständnis für die Bedürfnisse der Kunden erzielt wird. Der Führungskraft obliegt es, im Rahmen des Coachings diese Fragen den Mitarbeitern regelmäßig nahezulegen.

Das dritte Persönlichkeitsmerkmal ist die **Kontaktfreude** der Mitarbeiter (vgl. Abbildung 3.18). Von einem hohen Maß an Kontaktfreude sprechen wir, wenn Mitarbeiter den Umgang mit Menschen als angenehm oder gar als persönliche Bereicherung empfinden [81], [105]. Für derartige Mitarbeiter haben Kundenkontakte eine relativ hohe Bedeutung, weil es ihnen Spaß macht, mit Kunden umzugehen [75], [100]. Auch werden Kundenkontakte nicht als Belastung empfunden, sondern regelrecht gesucht. In der Regel verstehen es diese Menschen auch, auf andere Menschen zuzugehen und mit ihnen umzugehen.

Bei der Steigerung der Kontaktfreude geht es daher zum einen darum, Spaß am Umgang mit Menschen und zum anderen Sicherheit im Umgang mit Menschen zu gewinnen. In Tabelle 3.8 werden die beiden Facetten sowie entsprechende Maßnahmen zur Förderung dargestellt. Derartige Maßnahmen können Führungskräfte ihren Mitarbeitern im Rahmen eines Coaching-Prozesses nahe legen.

Tabelle 3.8 Facetten und Maßnahmen zur Steigerung der Kontaktfreude

Facetten der Kontaktfreude	Maßnahmen zur Verbesserung
Spaß am Umgang mit Menschen	▪ Gehen Sie auf andere Menschen zu. ▪ Lehnen Sie andere Menschen nicht aufgrund von Vorurteilen oder ersten Eindrücken ab. ▪ Interessieren Sie sich für Dinge, die andere Menschen Ihnen erzählen. ▪ Seien Sie tolerant gegenüber Dingen, die andere Menschen Ihnen erzählen. ▪ Wirken Sie aktiv bei der Vorbereitung und Durchführung von geselligen Veranstaltungen mit.
Sicherheit im Umgang mit andern Menschen	▪ Lassen Sie persönliche Kontakte zu, wenn Menschen auf Sie zugehen. Gehen Sie regelmäßig unter Menschen. ▪ Holen Sie Rückmeldung bei Ihren Gesprächspartnern ein („Was meinen Sie dazu?"). ▪ Werten Sie die Rückmeldung nicht als persönlichen Angriff. ▪ Versuchen Sie, konstruktiv mit offener Kritik umzugehen.

Durch die konsequente Umsetzung der zuvor dargestellten Maßnahmen können die drei Persönlichkeitsmerkmale, die sich am stärksten auf die kundenorientierte Einstellung auswirken, ausgebaut werden. Bei der Persönlichkeitsentwicklung handelt es sich jedoch um einen relativ langfristigen Prozess, den Mitarbeiter in den seltensten Fällen aus eigener Kraft vollziehen können. Daher ist die Unterstützung der Mitarbeiter durch die Führungskraft innerhalb eines Coaching-Prozesses zentral für die Persönlichkeitsentwicklung. Auf diesen Coaching-Prozess gehen wir im folgenden Abschnitt 3.6.2 ein.

3.6.2 Persönlichkeitsentwicklung: Auch hier hilft Coaching

Der Prozess des Coaching zur Persönlichkeitsentwicklung ist im Wesentlichen der Gleiche wie bei dem Coaching zum Ressourcen-Management (vgl. Abbildung 3.12). Im Folgenden gehen wir daher nicht mehr auf die grundsätzlichen Aspekte ein, sondern konzentrieren uns auf spezifische Aspekte des Coaching-Prozesses zur Persönlichkeitsentwicklung.

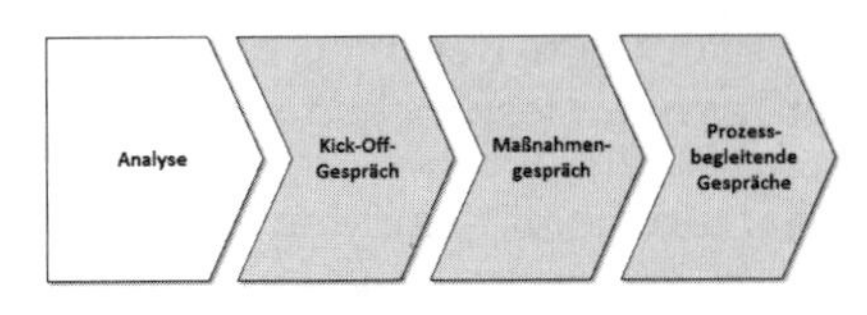

In der ersten Stufe des Prozesses, der **Analyse**, werden Defizite in den Persönlichkeitsmerkmalen der Mitarbeiter festgestellt. Hierbei konzentrieren wir uns auf die bereits angesprochenen drei Merkmale: Selbsteinschätzung, Einfühlungsvermögen und Kontaktfreude.

Defizite lassen sich mit Hilfe der Diagnosetechnik identifizieren (vgl. Abbildung 3.13). Hierbei kann die Führungsperson auf die in Tabelle 3.3 dargestellte Checkliste zurückgreifen.

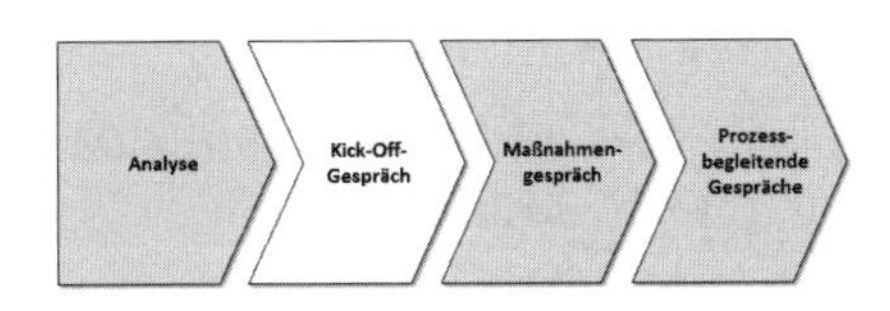

In der zweiten Stufe, dem **Kick-off-Gespräch**, werden die Mitarbeiter erstmals auf einen sich möglicherweise anschließenden Coaching-Prozess zur Persönlichkeitsentwicklung angesprochen. In dieser Stufe des Coaching-Prozesses spielt die Gesprächstechnik, und zwar insbesondere die Vorbereitung des Gesprächs, eine besondere Rolle. Unsere Erfahrungen haben gezeigt, dass die Beantwortung der folgenden Fragen eine gute Grundlage für die Vorbereitung des späteren Gesprächs ist:

- Welche allgemeinen Informationen liegen über den Mitarbeiter vor (Alter, Familienstand, Hobbies usw.)?
- Welche Indizien (Aussagen, Verhaltensweisen usw.) weisen auf Defizite in den Persönlichkeitsmerkmalen des Mitarbeiters hin?
- Welche Persönlichkeitsmerkmale weisen Defizite auf?
- Wie drücken sich diese Defizite in der Einstellung des Mitarbeiters gegenüber Kunden aus?
- Welche Einwände könnte der Mitarbeiter gegen einen Coaching-Prozess zur Persönlichkeitsentwicklung vorbringen?
- Welche Argumente sprechen bei diesem Mitarbeiter für den Coaching-Prozess?

Über die Beantwortung dieser Fragen hinaus ist zudem bedeutend, wie das Kick-off-Gespräch gestaltet wird (vgl. hierzu die Phasen in den Abbildung 3.16). Zur

Gestaltung der Auflockerungs- und Abschlussphase verweisen wir auf die bereits im Zusammenhang mit dem Ressourcen-Management vorgenommenen Erläuterungen. An dieser Stelle konzentrieren wir uns auf die inhaltliche Ausgestaltung der Analysephase sowie der Lernphase.

In der Analysephase des Kick-off-Gesprächs werden gemeinsam mit den Mitarbeitern Stärken und Schwächen in dessen Persönlichkeit untersucht. Hierbei werden die Mitarbeiter erstmals auf verschiedene Indizien angesprochen, die Aufschluss über ihre Persönlichkeit geben. Die Ausprägungen der hier relevanten Persönlichkeitsmerkmale können z. B. in folgender Form angesprochen werden:

- Wie sicher fühlen Sie sich (fachlich/persönlich), wenn Sie mit Kunden zu tun haben (Selbstwertgefühl)?
- Wie gut können Sie sich in die Lage Ihrer Kunden versetzen und ihre Bedürfnisse nachvollziehen (Einfühlungsvermögen)?
- Haben Sie gerne mit Menschen, insbesondere Kunden, zu tun (Kontaktfreude)?

Bei der sich anschließenden Lernphase des Kick-off-Gesprächs geht es im Kern um drei Dinge:

- Feedback der Führungskraft zu den Persönlichkeitsmerkmalen der Mitarbeiter (vgl. hierzu die Feedbacktechnik in Verbindung mit Abbildung 3.13),
- kurzes Eingehen auf die drei Persönlichkeitsmerkmale und
- Bewusstmachen der Bedeutung der Persönlichkeitsmerkmale für die Einstellung gegenüber Kunden, aber auch für das eigene Wohlbefinden.

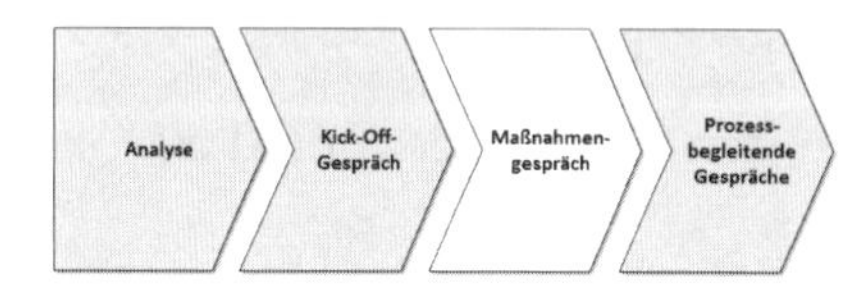

In der dritten Stufe, dem **Maßnahmengespräch**, geht es darum, gemeinsam mit dem Mitarbeiter Maßnahmen zur Persönlichkeitsentwicklung zu erarbeiten und festzulegen. Auch hierbei hat die Gesprächstechnik eine besondere Bedeutung. Zur Vorbereitung des Gesprächs sollten im Vorfeld nach Möglichkeit die folgenden Fragen beantwortet werden:

- Welche Informationen stehen über die Persönlichkeitsmerkmale des Mitarbeiters zur Verfügung?
- Welche Defizite in der Persönlichkeit konnten im Rahmen der Analysephase festgestellt werden (vgl. hierzu die Checkliste aus Tabelle 3.3)?
- Welche Maßnahmen zur Persönlichkeitsentwicklung sind für den Mitarbeiter hilfreich?

Neben emotionalen Aspekten, die insbesondere in der Auflockerungs- und Abschlussphase wichtig sind, sollten ausgewählte inhaltliche Schwerpunkte berücksichtigt werden. In der Analysephase des Maßnahmengesprächs kann die Führungskraft die Mitarbeiter unterstützen, indem sie ihnen Techniken zur Selbstreflexion vermittelt. Für die einzelnen Persönlichkeitsmerkmale sollte dabei wie folgt vorgegangen werden:

- Selbsteinschätzung: Stärken-Schwächen-Analyse anhand der Vierfelder-Matrix des Selbstwertgefühls durchführen (Abbildung 3.19).
- Einfühlungsvermögen: Indizien (z. B. Aussagen des Mitarbeiters) ansprechen, die auf Defizite im Einfühlungsvermögen hindeuten. Hierbei kann die Führungskraft auf die Checkliste in Tabelle 3.3 zurückgreifen.
- Kontaktfreude: Indizien ansprechen, die auf Defizite in der Kontaktfreude hindeuten. Auch hier kann die Führungskraft auf die Checkliste in Tabelle 3.3 zurückgreifen.

Zusätzlich sollte die Führungsperson in dieser Phase Maßnahmen zur Persönlichkeitsentwicklung aufzeigen. Je nachdem, bei welchen der drei Persönlichkeitsmerkmale Defizite vorliegen, wird alternativ auf die Maßnahmen zur Selbsteinschätzung (vgl. Abbildung 3.19), zum Einfühlungsvermögen (vgl. Tabelle 3.7) oder zur Kontaktfreude (vgl. Tabelle 3.8) eingegangen.

Am Ende dieser Phase wird festgelegt, wie im weiteren Coaching-Prozess vorgegangen wird. Konkret werden durchzuführende Maßnahmen festgelegt und ein Zeitplan für den weiteren Coaching-Prozess verabschiedet.

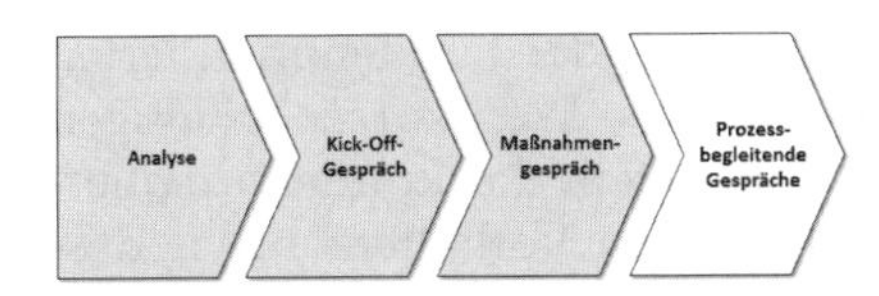

Zum Zeitpunkt der **prozessbegleitenden Gespräche** (vierte Stufe des Coaching-Prozesses) haben die Mitarbeiter bereits einige Maßnahmen zur Persönlichkeitsentwicklung angewendet.

Auch in dieser Phase ist es wichtig, Gesprächstechniken einzusetzen. Zunächst können diese hilfreich sein, um das Gespräch vorzubereiten. Hierbei sollten folgende Fragen beantwortet werden:

- Welche Fortschritte konnten seit dem letzten Gespräch bei dem Mitarbeiter verzeichnet werden?
- An welchen Punkten sind noch Verbesserungen erforderlich und möglich?
- Wie wird der Mitarbeiter die bisherigen Veränderungen beurteilen?

Neben der Gesprächsvorbereitung sind auch bei den prozessbegleitenden Gesprächen gewisse Schwerpunkte während des Gesprächs zu legen. Während die Auflockerungs- und Abschlussphase im Wesentlichen ähnlich wie bei den anderen Phasen des Coaching-Prozesses verlaufen, sind in der Analysephase sowie der Lernphase jeweils inhaltliche Akzente zu setzen.

Innerhalb der Analysephase der prozessbegleitenden Gespräche analysieren Führungsperson und Mitarbeiter gemeinsam die bisherigen Veränderungsfortschritte der Mitarbeiter. Dabei sollte die Reflexionstechnik (vgl. Abbildung 3.13) eingesetzt werden. Anhand der Vierfelder-Matrix der Selbsteinschätzung (vgl. Abbildung 3.19) lassen sich beispielsweise Stärken und Schwächen der Mitarbeiter analysieren.

In der Lernphase der prozessbegleitenden Gespräche sollte Feedback gegenüber den Mitarbeitern (Feedbacktechnik) angemessen dosiert erfolgen. Hierbei empfehlen wir, in den bereits erläuterten drei Schritten vorzugehen (vgl. die Erläuterungen zu Abbildung 3.13).

Wir haben bisher drei durch die Mitarbeiter beeinflussbare Einflussgrößen der kundenorientierten Einstellung behandelt: Motivation zur Kundenorientierung, Erfahrungen im Umgang mit Kunden und Persönlichkeitsmerkmale. Die Führungsperson hat hier in erster Linie eine begleitende Rolle als Moderator (Motivations-Workshop) oder Coach (Coaching zum Ressourcen-Management oder zur Persönlichkeitsentwicklung).

Die vierte Einflussgröße – das kundenorientierte Führungsverhalten – hängt dagegen nahezu ausschließlich von der Führungsperson ab. Mit dem kundenorientierten Führungsverhalten setzte sich der erste Abschnitt 3.3 dieses Kapitels zur Steigerung der kundenorientierten Einstellung auseinander.

Hiermit haben wir die zentralen Ansätze zur Steigerung der kundenorientierten Einstellung behandelt. Dies ist jedoch lediglich der halbe Weg zur nachhaltigen Kundenorientierung der Mitarbeiter. Die zweite Hälfte stellt das kundenorientierte Verhalten dar. Auf die Facetten des kundenorientierten Verhaltens sowie dessen Veränderung gehen wir in Kapitel 4 ausführlich ein.

4 Der Weg zum kundenorientierten Verhalten

Nachdem wir uns ausführlich mit einem relativ schwer greifbaren Bereich – der Beeinflussung der kundenorientierten Einstellung – beschäftigt haben, wenden wir uns nun der Veränderung des kundenorientierten Verhaltens zu. Diese ist weniger komplex als die Einstellungsbeeinflussung, da das Verhalten von außen beobachtbar ist. Dennoch bedarf es auch hier einer systematischen Vorgehensweise.

Abbildung 4.1 Einordnung von Kapitel 4 in das Gesamtkonzept

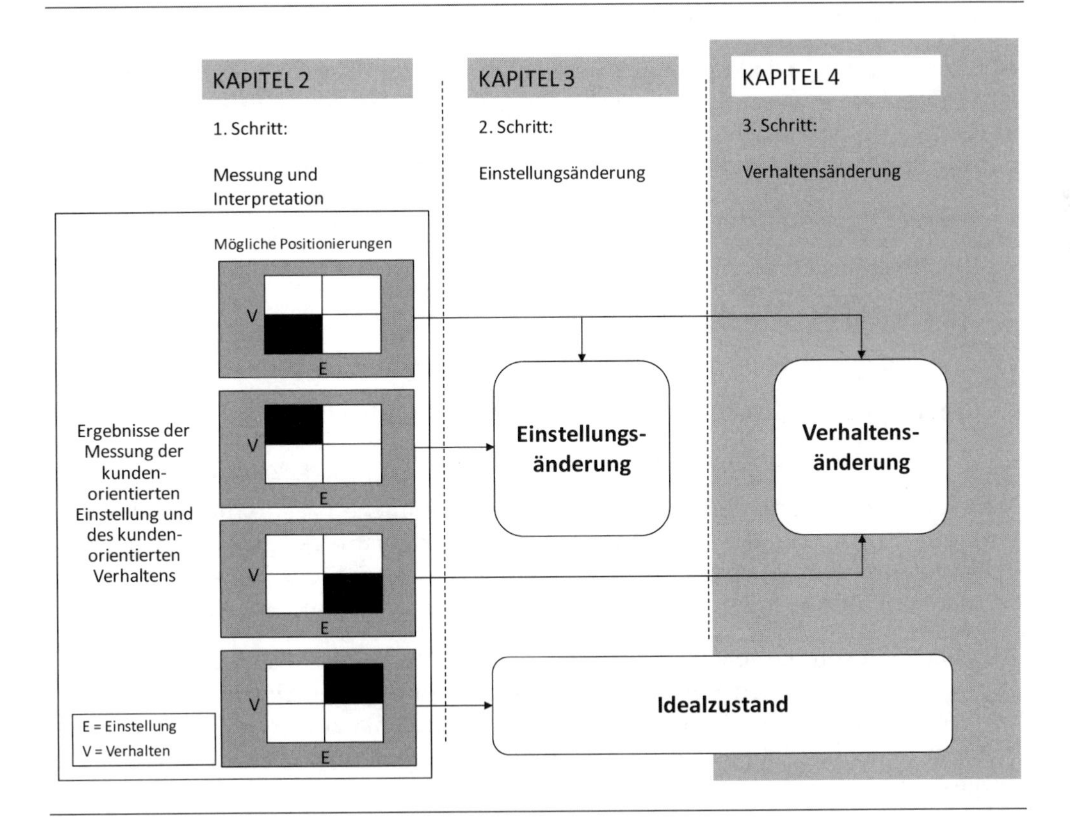

Die Phase der Verhaltensänderung kann sich zum einen sofort an den ersten Schritt, die Messung der Kundenorientierung, anschließen (vgl. Abbildung 4.1). Dies ist der Fall, wenn die kundenorientierte Einstellung bei den Mitarbeitern hoch, das Verhalten jedoch niedrig ausgeprägt ist. Die Verhaltensänderung kann zum anderen im Anschluss an die Maßnahmen zur Einstellungsänderung durchgeführt werden (vgl. Abbildung 4.1). Dies ist dann der Fall, wenn sowohl bei der Einstellung als auch beim Verhalten deutliche Defizite erkannt wurden.

Im Zusammenhang mit der Verhaltensänderung stellt sich zunächst die Frage, an welchen Größen man ansetzen kann, um das kundenorientierte Verhalten zu steigern. Eine Antwort auf diese Frage liefert der erste Abschnitt dieses Kapitels *„Wovon hängt kundenorientiertes Verhalten ab?"*.

Im Anschluss geht es darum, wie man Defizite erkennt. Typische Indizien, die auf Defizite des kundenorientierten Verhaltens hindeuten, werden im zweiten Abschnitt dieses Kapitels *„Die zentralen Problemfelder erkennen"* behandelt.

Im nächsten Schritt geht es darum, konkrete Veränderungsmaßnahmen durchzuführen. Ein breites Spektrum von Maßnahmen zur Steigerung des kundenorientierten Verhaltens wird in den folgenden Abschnitten dieses Kapitels vorgestellt.

In Bezug auf die Sozialkompetenz werden zunächst im Kapitel *„Sozialkompetenzen im Überblick"* die wesentlichen Facetten der Sozialkompetenz im Kundenkontakt vorgestellt. In den anschließenden Unterkapiteln werden Maßnahmen zur Veränderung dieser einzelnen Bereiche diskutiert. Hierbei geht es um sechs Bereiche:

- besseres Verstehen der Kunden durch intensives Zuhören und Beobachten,
- Erkennen des Persönlichkeitstyps der Kunden,
- Sprechen in der Sprache der Kunden,
- Anwenden von Techniken der nicht-verbalen Kommunikation,
- Reagieren und Eingehen auf Widerstände der Kunden und die
- Gestaltung eines erfolgreichen Gesprächsverlaufs.

Neben der Sozialkompetenz kann auch eine wesentliche Facette der Fachkompetenz zur Steigerung des kundenorientierten Verhaltens genutzt werden – die Selbstorganisation. Maßnahmen zu einer Verbesserung der Selbstorganisation werden im Kapitel *„Selbstorganisation: Das Chaos besiegen"* vorgestellt.

Abschließend soll dargelegt werden, inwiefern Mitarbeiterzufriedenheit den Weg zum kundenorientierten Verhalten ebnen kann. Im Kapitel *„Durch zufriedene Mitarbeiter Kunden begeistern"* werden nicht nur Instrumente zur Erfassung der Mitarbeiterzufriedenheit aufgezeigt, sondern auch Maßnahmen zu ihrer Steigerung vorgestellt.

4.1 Wovon hängt kundenorientiertes Verhalten ab?

Bei der Steigerung des kundenorientierten Verhaltens setzten wir – ebenso wie bei der kundenorientierten Einstellung – an den zentralen Einflussgrößen an. Diese sind in Abbildung 4.2 dargestellt. Gleichzeitig vermittelt diese Abbildung auch einen Überblick der zentralen Instrumente zur Steigerung des kundenorientierten Verhaltens, die wir in diesem Kapitel behandeln.

Abbildung 4.2 Einflussgrößen des kundenorientierten Verhaltens und Instrumente zur Steigerung

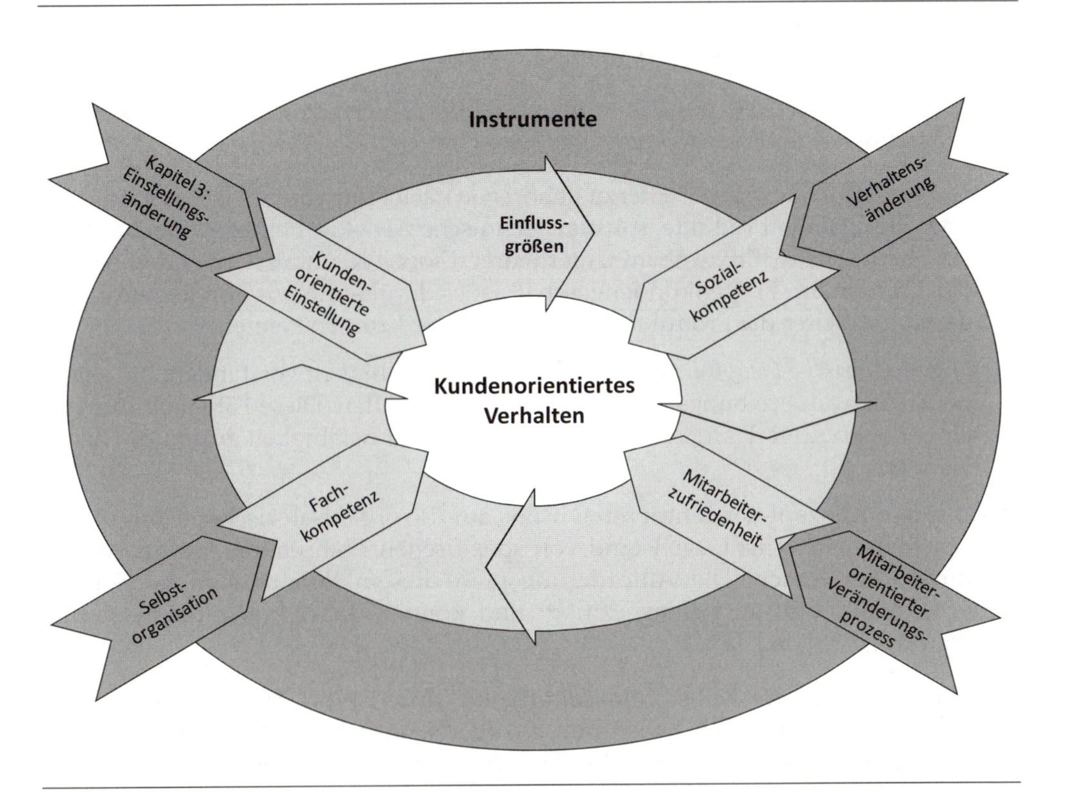

Die wichtigste Einflussgröße des kundenorientierten Verhaltens ist die **kundenorientierte Einstellung**. Die Maßnahmen zur Veränderung der kundenorientierten Einstellung wurden bereits in Kapitel 3 ausführlich behandelt und sind nicht Gegenstand dieses Kapitels. Es ist allerdings darauf hinzuweisen, dass die Anwendung der in Kapitel 3 behandelten Instrumente *indirekt* auch einen Beitrag zur Steigerung des kundenorientierten Verhaltens leistet (vgl. Abbildung 1.5).

Eine weitere wichtige Einflussgröße des kundenorientierten Verhaltens ist die **Sozialkompetenz** im Kundenkontakt. Bei der Sozialkompetenz geht es im Kern um zwei Dinge:

1. *Wahrnehmungsfähigkeit*: Hierunter wird die Fähigkeit der Mitarbeiter verstanden, die verbalen Informationen und nicht-verbalen Signale der Kunden wahrzunehmen. Konkret geht es hierbei um das Wahrnehmen der gesprochenen Worte durch aktives Zuhören, das Verstehen nicht-verbaler Signale durch bewusstes Beobachten sowie das Erkennen des Kundentyps.
2. *Kommunikationsfähigkeit*: Im Mittelpunkt stehen hierbei Aspekte wie kundenorientierte Sprache, der Umgang mit Widerständen, aber auch die Gestaltung des Gesprächsverlaufs.

Als wirksamste Methode zur Steigerung der Sozialkompetenz hat sich in der Praxis das systematische Verhaltenstraining erwiesen.

Die dritte Einflussgröße auf das kundenorientierte Verhalten ist die **Fachkompetenz**. Sie umfasst im Wesentlichen zwei Bereiche:

1. *Fachspezifische Kenntnisse*: Hierzu gehören je nach Aufgabe gewisse Kenntnisse über die eigenen Produkte, sonstige technische Aspekte, betriebswirtschaftliche Sachverhalte, Prozesse im Unternehmen sowie Kenntnisse über den Bedarf der Kunden. Im Firmenkundengeschäft ist es darüber hinaus von Bedeutung, dass Mitarbeiter die Produkte und Prozesse der Kunden kennen.
2. *Organisatorische Fähigkeiten*: Hierunter wird die Fähigkeit verstanden, die eigene Arbeitsweise reibungslos und effizient zu gestalten. Diese Fähigkeit führt zu einer hohen Zuverlässigkeit und schnellen Reaktionsfähigkeit gegenüber den Kunden.

In unserem Konzept konzentrieren wir uns auf die organisatorischen Fähigkeiten. Die Fachkompetenz ist Gegenstand von spezifischen Fachseminaren und Weiterbildungsprogrammen. Die Anforderungen in diesem Bereich sind hochgradig unternehmens- und aufgabenspezifisch und können daher hier nicht behandelt werden [15][120][151], [195].

Die Verbesserung der Selbstorganisation kann durch Workshops und/oder Coaching erreicht werden. Wir haben fünf Kernbereiche festgestellt, welche die organisatorischen Fähigkeiten eines Mitarbeiters ausmachen. Für jeden Bereich wird ein breites Spektrum von Maßnahmen vorgestellt.

Die vierte Einflussgröße auf das kundenorientierte Verhalten ist die **Mitarbeiterzufriedenheit**. Nur wirklich zufriedene Mitarbeiter sind in der Lage, die Kunden durch ihr Verhalten zu begeistern [200]. Andererseits ist darauf hinzuweisen, dass Unzufriedenheit immer ausstrahlt. Selbst wenn Mitarbeiter, die mit ihrem Arbeitsumfeld unzufrieden sind, sich vornehmen, die Kunden dies nicht merken zu lassen, wird ihre Unzufriedenheit sich auf ihr Verhalten (Wortwahl, Körpersprache usw.) im Kundenkontakt auswirken.

Die Mitarbeiterzufriedenheit kann am wirkungsvollsten durch einen systematischen Prozess gesteigert werden. Ausgangspunkt dieses Prozesses ist eine systematische Messung der Mitarbeiterzufriedenheit durch Befragung.

4.2 Die zentralen Problemfelder erkennen

In diesem Abschnitt gehen wir darauf ein, wie man bei Mitarbeitern erkennt, bei welchen Einflussgrößen des kundenorientierten Verhaltens Defizite existieren und folglich Maßnahmen ergriffen werden müssen. Hierbei orientieren wir uns an in der Praxis häufig beobachteten Verhaltensweisen bzw. getroffenen Aussagen von Mitarbeitern, die auf Defizite schließen lassen.

Defizite in der **Sozialkompetenz** äußern sich in typischen Verhaltensweisen, von denen wir die wichtigsten in Tabelle 4.1 aufgeführt haben. Je stärker diese Verhaltensweisen bei Mitarbeitern ausgeprägt sind, desto größer ist der Handlungsbedarf, die Sozialkompetenz im Kundenkontakt zu steigern.

Tabelle 4.1 Typische Verhaltensweisen von Mitarbeitern mit Defiziten in der Sozialkompetenz

Die Mitarbeiter ...
▪ lassen die Kunden kaum zu Wort kommen.
▪ achten nicht auf die Körpersprache der Kunden.
▪ drücken sich relativ umständlich bzw. kompliziert aus.
▪ zeigen den Kunden in erster Linie Probleme auf, anstatt ihnen Lösungen anzubieten.
▪ können den Persönlichkeitstyp ihrer Kunden nur schwierig einschätzen.
▪ setzen ihre eigene Körpersprache nicht bewusst ein.
▪ können mit Widerständen von Kunden schlecht umgehen.
▪ führen selbst wichtige Kundengespräche zumeist ohne Vorbereitung.
▪ sprechen in Kundengesprächen (ohne persönliche Aufwärmphase) sofort sachliche Aspekte an.

Bei der **Fachkompetenz** geht es darum, Defizite in den fachspezifischen Kenntnissen und der Selbstorganisation des Mitarbeiters aufzudecken. Defizite in der Fachkompetenz führen zu typischen Verhaltensweisen und Symptomen, von denen wir die wichtigsten in Tabelle 4.2 dargestellt haben. Je regelmäßiger derartige Phänomene auf Mitarbeiter zutreffen, desto größer ist die Notwendigkeit, ihre Fachkompetenz zu steigern.

Tabelle 4.2 Typische Verhaltensweisen von Mitarbeitern mit Defiziten in der Fachkompetenz

Mangelnde fachliche Kenntnisse [29]:

Die Mitarbeiter...

- nehmen Weiterbildungsmaßnahmen selten oder gar nicht in Anspruch.
- kennen die Produkte und/oder Dienstleistungen des Unternehmens nicht sehr gut.
- haben keinen Überblick über die relevanten Prozesse, die für die Leistungserstellung von Bedeutung sind.
- können vielfach den Bedarf ihrer Kunden nicht einschätzen.
- kennen sich nicht sehr gut mit den für die Leistungserstellung relevanten technischen Aspekten aus.
- machen häufiger Fehler als andere Mitarbeiter.
- kennen die angebotenen Leistungen ihrer Kunden nicht (Firmenkundengeschäft).
- kennen die Prozesse ihrer meisten Kunden nicht (Firmenkundengeschäft).

Mangelnde Fähigkeiten der Selbstorganisation [172]:

Die Mitarbeiter...

- wirken häufig gehetzt.
- haben zumeist einen unaufgeräumten Schreibtisch (Papierstapel usw.).
- schließen Vorgänge nicht ab.
- vergessen häufig Termine.
- klagen über zeitliche Probleme bei der Bewältigung ihrer Aufgaben.
- planen nur wenige oder keine Puffer für Unvorhergesehenes ein.

- machen häufig Arbeiten doppelt, weil sie keinen ausreichenden Überblick mehr über ihre Vorgänge und Arbeitsprozesse haben.
- betreiben kein aktives Zeitmanagement.
- planen selten die Bearbeitung von Vorgängen bzw. Arbeitsaufgaben, sondern geht diese eher sporadisch an.
- haben ihren Arbeitsbereich nicht systematisch organisiert.
- haben die kundenbezogenen Prozesse in ihrem Arbeitsbereich nicht optimal gestaltet.

Bei den bisherigen beiden Einflussgrößen ging es im Kern darum, welche Fähigkeiten (sozial oder fachlich) die Kundenorientierung der Mitarbeiter ausmachen. Einen weiteren zentralen Einfluss hat das Befinden der Mitarbeiter im Unternehmen, das sich in erster Linie durch die **Mitarbeiterzufriedenheit** ausdrückt. Defizite in der Mitarbeiterzufriedenheit können anhand von typischen Aussagen ermittelt werden, die sich in aller Regel auf Merkmale des Arbeitsumfeldes beziehen. Die wichtigsten diesbezüglichen Aussagen sind in Tabelle 4.3 zusammengestellt.

Tabelle 4.3 Typische Aussagen, die auf Defizite in der Mitarbeiterzufriedenheit hindeuten [200]

Die Mitarbeiter machen Aussagen dahingehend, dass ...

- es grundlegende Dinge gibt, mit denen sie in Bezug auf ihr Arbeitsumfeld nicht zufrieden sind.
- ihnen ihre Arbeit insgesamt wenig Spaß macht.
- sie nicht sehr zufrieden mit der Unternehmensleitung sind.
- sie kein gutes Verhältnis zu ihren direkten Führungskräften haben.
- sie kein gutes Verhältnis zu den meisten ihrer Kollegen haben.
- sie die Bezahlung nicht als leistungsgerecht empfinden.
- sie die physischen Arbeitsbedingungen (Arbeitszeit, Arbeitsmittel usw.) als mangelhaft ansehen.
- sie sich insgesamt interessantere und abwechslungsreichere Arbeitsinhalte (Vorgänge, Projekte usw.) wünschen.
- ihre Leistungen relativ selten anerkannt werden.
- sie wenige persönliche Entwicklungsmöglichkeiten für sich im Unternehmen sehen.

Nachdem die Symptome bekannt sind, mit deren Hilfe die Defizite erkannt werden können, kann mit den Maßnahmen zur Steigerung des kundenorientierten Verhaltens begonnen werden. Wir haben jeweils spezielle Maßnahmen entwickelt, die in der Praxis vielfach eingesetzt wurden.

4.3 Sozialkompetenzen im Überblick

Bei der Sozialkompetenz geht es im Wesentlichen um die Wahrnehmungs- und Kommunikationsfähigkeit der Mitarbeiter. Diese Fähigkeiten spiegeln sich in sechs Facetten wider, die im Überblick in Abbildung 4.3 dargestellt werden.

Abbildung 4.3 Facetten der Sozialkompetenz im Kundenkontakt

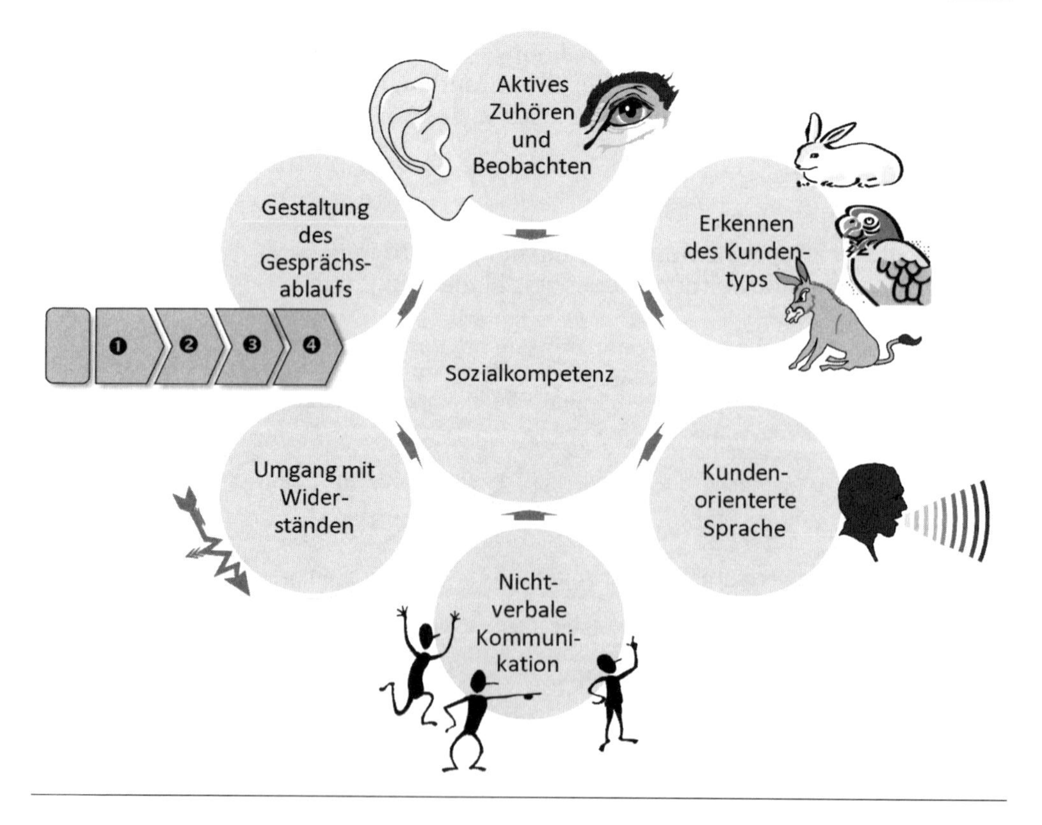

Bevor wir jedoch dazu kommen wollen, die einzelnen Facetten näher zu betrachten, stellt sich gerade in der Zeit digitaler Medien die Frage, wann Sozialkompetenzen im persönlichen Kontakt überhaupt noch wichtig sind. Viele Unternehmen sind dazu übergegangen, einen Großteil ihrer kundenbezogenen Prozesse mit

Hilfe digitaler Medien zu standardisieren. Dies kann zu Nachteilen in der Kundenbetreuung führen, wenn Kunden beispielsweise als Reaktion auf Beschwerden standardisierte Mails erhalten. Es stellt sich also die Frage, in welchen Situationen Mitarbeiter persönlich mit ihren Kunden in Kontakt treten sollten und wann zeit- und kostensparende digitale Medien zur Kommunikation eingesetzt werden.

Nach unseren Erfahrungen hat sich gezeigt, dass eine Differenzierung des **Kommunikationsinhaltes** nach Emotionalität und Komplexität zur Beantwortung dieser Frage zielführend ist. Dabei beschreibt die Ausprägung der **Emotionalität**, inwiefern zum einen der Auslöser der Kommunikation starke Emotionen des Kunden sind. Eine hohe Ausprägung wäre beispielsweise gegeben, wenn der Kunde aufgrund eines Produktfehlers sehr verärgert ist. Zum anderen können aber auch aus der Kommunikation resultierende Emotionen der Grund für eine hohe Ausprägung sein. Müssen Kunden über Lieferengpässe kurz vor Weihnachten informiert werden, so ist mit einer emotionalen Reaktion der Kunden zu rechnen – die Ausprägung der emotionalen Komponente des Kommunikationsinhaltes ist entsprechend hoch.

Die **Komplexität** des Kommunikationsinhaltes gibt an, wie leicht verständlich die zu übermittelnde Information für die Kunden ist. Die Bestätigung des Zahlungseingangs würde dabei eine geringe Ausprägung der Komplexität bedeuten, Informationen zu einer völlig neuen Maschine dagegen eine hohe Ausprägung.

Mit den zwei Dimensionen des Kommunikationsinhaltes ergibt sich somit eine Matrix mit vier Feldern, die in Abbildung 4.4 dargestellt ist. Sind Emotionalität und Komplexität des Kommunikationsinhaltes relativ niedrig ausgeprägt, so können meist unbedenklich digitale Medien als Kommunikationskanal eingesetzt werden. Die Kommunikation trägt dazu bei, dass Informationen möglichst schnell vermittelt werden. Steigt jedoch die Komplexität des Inhaltes, sollte zumindest auf standardisierte Kanäle wie Massenmails verzichtet werden. Kunden verbleiben sonst wenige Möglichkeiten für Rückfragen. Bei relativ hoher Emotionalität des Inhaltes und einer niedrigen Ausprägung der Komplexität empfiehlt sich zwar eine standardisierte, jedoch trotzdem persönliche Kommunikation. Kundenkontaktmitarbeiter können mit zwar vorbereiteten Aussagen an ihre Kunden herantreten, deren möglicherweise emotionale Reaktion jedoch trotzdem individuell abfangen. Die individualisierte, persönliche Kommunikation ist jedoch unumgänglich, wenn sowohl Komplexität als auch Emotionalität des Kommunikationsinhaltes hoch ausgeprägt sind. In diesem Fall ist die Sozialkompetenz der Mitarbeiter wichtig.

Abbildung 4.4 Kommunikationskanal in Abhängigkeit von Emotionalität und Komplexität des Kommunikationsinhaltes

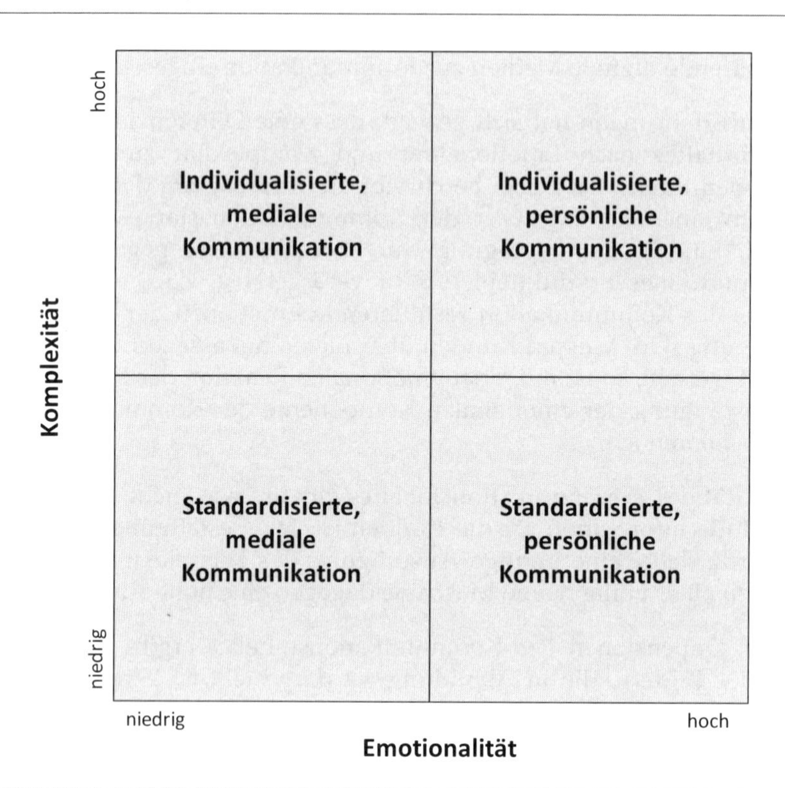

Kommen wir also nun zu den Facetten der wichtigen Sozialkompetenz im persönlichen Kontakt mit den Kunden. Eine der wichtigsten Facetten ist das **aktive Zuhören und Beobachten**. Hierbei geht es im Kern darum, einerseits die Aussagen der Kunden vollständig aufzunehmen und andererseits die nicht-verbalen Signale, die die Kunden durch ihre Körpersprache aussenden, zu erkennen. Die beobachtbaren Signale können jedoch nur eine wertvolle Ergänzung zum aktiven Zuhören darstellen, nicht aber einen Ersatz bieten.

Bei dem **Erkennen des Kundentyps** geht es darum, relativ schnell im Kundenkontakt den Persönlichkeitstyp der Kunden herauszufinden. Wir haben die Erfahrung gemacht, dass man mit unterschiedlichen Kundentypen jeweils in anderer Weise umzugehen hat, um dadurch den Erfolg des Gespräches zu steigern. Beispielsweise ist auf eher schüchterne Kunden völlig anders einzugehen als auf redselige Kunden.

Während es bei den zuvor genannten Facetten der Sozialkompetenz um die Wahrnehmung der Signale des Kunden ging, konzentrieren sich die weiteren Facetten auf die Kommunikation der Mitarbeiter mit den Kunden.

Bei der **kundenorientierten Sprache** geht es im Kern darum, die eigene Sprache so zu gestalten, dass die Botschaft in der gewünschten Form bei den Kunden ankommt. Unsere Erfahrungen haben gezeigt, dass es hierbei insbesondere auf Aspekte wie Einfachheit und Verständlichkeit, aber auch Lösungsorientierung in der Sprache ankommt.

Eine weitere Facette der Sozialkompetenz ist die **nicht-verbale Kommunikation**. Hierbei geht es um die bewusste Gestaltung von vier Bereichen: Körperhaltung und -bewegung, Gestik und Mimik sowie Sprache und nicht-verbale Kommunikation am Telefon. Die bewusste Gestaltung dieser (zumeist unbewusst bleibenden) Bereiche leistet einen wesentlichen Beitrag zum Erfolg des Kundengesprächs.

Beim **Umgang mit Widerständen** geht es um Verhaltensweisen, mit deren Hilfe auf Widerstände von Kunden reagiert werden kann (z. B. Puffermethode). Darüber hinaus kann durch Anwendung bestimmter Techniken (z. B. Bumerang-Methode) der Widerstand der Kunden auch in ein positives Argument umgewandelt werden.

Die **Gestaltung des Gesprächsverlaufs** umfasst die Vorbereitung und Durchführung des Kundengesprächs. Dabei wird das Kundengespräch in vier Phasen unterteilt, in denen unterschiedliche inhaltliche Schwerpunkte gesetzt werden.

Wenn wir diese Facetten in Unternehmen diskutieren, werden wir häufig gefragt, ob diese Dinge nicht einfach mit dem gesunden Menschenverstand gemeistert werden können. Dieser Aussage stimmen wir nur zum Teil zu. Richtig ist sicher, dass es sich hier um relativ plausible Dinge handelt, die offensichtlich auf den Erfolg des Kundenkontakts wirken. Gerade diese Tatsache führt jedoch häufig dazu, dass diese Bereiche von vielen Mitarbeitern unterschätzt werden. So konnten wir in der Praxis immer wieder massive Defizite bei diesen sechs Facetten der Sozialkompetenz feststellen – übrigens auch bei sehr exponierten Managern. Deshalb ist es besonders wichtig diese Fähigkeiten zu trainieren.

In den folgenden Unterkapiteln gehen wir auf die sechs Facetten näher ein. Anhand konkreter Anwendungsbeispiele wird gezeigt, wie die einzelnen Bereiche ausgebaut werden können.

4.3.1 Aktives Zuhören und Beobachten: Die Kunden besser verstehen

Die Kosten, die Unternehmen durch mangelndes Zuhören entstehen, sind gigantisch [30], [188]. Zudem ist schlechtes Zuhören einer der Hauptgründe dafür, dass zahlreiche Besprechungen mit Kunden nicht zum gewünschten Ergebnis führen [109]. In vielen Kundengesprächen wird das Zuhören geradezu sträflich vernachlässigt, obwohl es gerade im Verkauf als eine der wichtigsten Kompetenzen angesehen wird [12]. Ein Bereich, in dem die Prinzipien des aktiven Zuhörens geradezu systematisch verletzt werden, sind viele politische oder wirtschaftliche Diskussionsrunden, z. B. Talkshows. Hier kommt es den Teilnehmern in erster Linie darauf an, sich selbst darzustellen und ihre Meinung zu äußern, und weniger darauf, von anderen Gesprächspartnern Informationen zu erhalten. Ein Kundengespräch hat bei einer derartigen Vorgehensweise jedoch kaum Aussichten auf Erfolg.

Es gibt mehrere Gründe, warum es so wichtig ist, den Kunden aktiv zuzuhören. Abgesehen davon, dass mangelndes Zuhören wie angesprochen zu hohen Kosten und wenig erfolgreichen Gesprächen führt, hat es vor allem positive Auswirkungen, wenn Kunden Mitarbeiter als gute Zuhörer wahrnehmen. Nicht nur, dass die Zufriedenheit der Kunden mit den Mitarbeitern und der Interaktion mit ihnen steigt; auch das Vertrauen in sie nimmt zu [166]. Daneben kann es vor allem im Umgang mit stark verärgerten Kunden von großer Bedeutung sein, zuerst zu verstehen, was die Kunden sagen und fühlen, bevor ein vermeintlicher Auslöser des Ärgers behoben wird [25].

Eine der weitreichendsten Konsequenzen mangelnden Zuhörens ist, dass nur Bruchstücke der von Kunden in irgendeiner Form „ausgesendeten" Informationen aufgenommen werden. Die Wahrnehmung stützt sich dann auf wenige besonders auffällige Aussagen oder Merkmale der Kunden (Äußerlichkeiten, Sympathie usw.). Es kommt in solchen Situationen nicht selten zu systematischen **Wahrnehmungsverzerrungen**, deren Tragweite nicht unterschätzt werden sollte. Die wichtigsten Wahrnehmungsverzerrungen im Kundenkontakt sind in Abbildung 4.5 dargestellt [56][67][86], [138].

Abbildung 4.5 Wahrnehmungsverzerrungen im Überblick

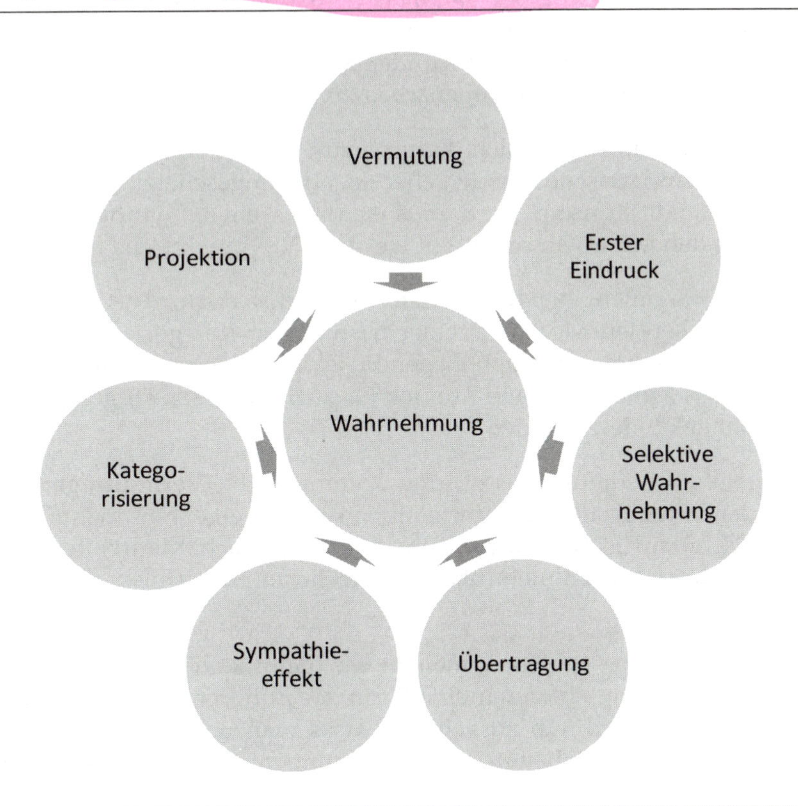

Die am häufigsten anzutreffende Wahrnehmungsverzerrung ist der **erste Eindruck**. Die Wahrnehmung beruht hierbei auf äußerlich hervorstechenden Merkmalen der Kunden, wie beispielsweise Mimik oder Sprache bei der ersten Begegnung. Dieses häufig in Unternehmen beobachtete Phänomen verdeutlicht folgendes Beispiel: Der Kunde eröffnet das Gespräch eher zurückhaltend und der Mitarbeiter schließt daraus, dass der Kunde nicht weiß, was er will.

Die **selektive Wahrnehmung** kommt dadurch zustande, dass die Mitarbeiter in einem Kundengespräch unbewusst eine Auswahl zwischen den zahlreichen auf sie einfließenden Informationen vornehmen. Eine häufig beobachtete Form der selektiven Wahrnehmung ist die ausschließliche (unbewusste) Berücksichtigung einer bestimmten Kategorie von Informationen. Beispielsweise werden lediglich die negativen Aussagen der Kunden wahrgenommen, wohingegen andere sachliche Aussagen völlig unbeachtet bleiben. Die Mitarbeiter stufen Kunden dann tendenziell in die Kategorie „nie zufrieden" ein, ohne auf die wirklichen Ursachen der Unzufriedenheit einzugehen.

Bei der **Übertragung** werden frühere Erlebnisse und Erfahrungen mit Kunden von den Mitarbeitern auf gleiche oder ähnliche Situationen angewendet. Ein Beispiel hierfür ist, dass der Mitarbeiter aufgrund früherer Erfahrungen mit einem angekündigten Grundsatzgespräch der Kunden verbindet, dass die Kunden sich mit dem Gedanken tragen, die Zusammenarbeit zu beenden.

Der **Sympathie-Effekt** drückt sich dadurch aus, dass sympathische Kunden eher positiv und unsympathische Kunden eher negativ eingeschätzt werden. Eine häufig zu beobachtende Konsequenz daraus ist, dass weniger sympathische Kunden schlechter von den Mitarbeitern betreut werden als sympathische Kunden.

Ein weiteres Phänomen, die **Kategorisierung**, führt dazu, dass Kunden wegen eines herausstechenden Merkmals einer bestimmten Kategorie zugeordnet werden. In einem Autohaus mit gehobener Preisklasse konnten wir beispielsweise beobachten, dass leger gekleidete Kunden bis zu 15 Minuten länger warten mussten als elegant gekleidete Kunden.

Eine weitere Wahrnehmungsverzerrung kommt durch **Vermutungen** zustande. Dabei werden unvollständige Informationen durch eigene Annahmen ergänzt. Gerade bei sehr zurückhaltenden Kunden stützen sich Mitarbeiter häufig auf Vermutungen, anstatt noch mehr über die wirklichen Bedürfnisse ihrer Kunden in Erfahrung zu bringen.

Wenn wir von Zuhören sprechen, meinen wir damit keine ausschließlich passive Aktivität. Vielmehr empfehlen wir eine Form des Zuhörens, die sich neben erhöhter Aufmerksamkeit dadurch auszeichnet, dass man dem Gesprächspartner gezielt Signale gibt. Wir sprechen in diesem Zusammenhang vom **aktiven Zuhören**.

Neben dem Vermeiden der soeben dargestellten Wahrnehmungsverzerrungen bringt das aktive Zuhören einen zweiten Vorteil mit sich: das Gewinnen von Zeit. Durch das Wiederholen der Kernaussagen der Kunden im Gespräch gewinnen die Mitarbeiter Zeit, um sich Klarheit über den Sachverhalt zu verschaffen. Außerdem wird dadurch verhindert, dass, während die Kunden sprechen, die eigenen Gedanken bereits um das nächste *eigene* Argument kreisen und dadurch wertvolle Informationen verloren gehen. Dies führt zu einer höheren Gesprächsqualität.

Ein weiterer zentraler Vorteil des aktiven Zuhörens liegt darin, dass den Kunden im Gespräch Interesse signalisiert wird. Interesse kann beispielsweise durch akustisches Kopfnicken („aha", „hm") oder vertiefende Fragen signalisiert werden.

In Untersuchungen konnte gezeigt werden, dass aktives Zuhören drei Phasen umfasst [30][107][166], [188]: Erkennen, Verarbeiten und Reagieren. Während es beim Erkennen darum geht, möglichst alle Worte und nicht-verbale Signale des Kunden aufzunehmen, steht bei der Verarbeitung das Interpretieren der Nachricht und das Einfühlen in den Gesprächspartner im Vordergrund. Bei der dritten Phase, dem Reagieren, steht das Ermutigen des Gesprächspartners zum Weitersprechen im Vordergrund. Die Mitarbeiter können den Kunden ihre Aufmerksamkeit in allen drei Phasen des Prozesses durch unterschiedliche Verhaltensweisen signalisieren. Dabei gehört zur Phase des Erkennens vor allem der Blickkontakt, zur Phase des Verarbeitens das Nachfragen und die Vermeidung von Unterbrechungen und zur letzten Phase – dem Reagieren – eine angemessene Antwortzeit [166].

Die Fähigkeit, aktiv zuzuhören, ist nur wenigen Menschen von Grund auf gegeben. Vielmehr ist es erforderlich, das aktive Zuhören gezielt zu trainieren. Im Wesentlichen geht es hierbei um vier einfache **Grundregeln des aktiven Zuhörens** (vgl. Tabelle 4.4).

Tabelle 4.4 Grundregeln des aktiven Zuhörens

Regel	Beispielhafte Formulierungen
Fassen Sie die Aussagen des Gesprächspartners mit eigenen Worten zusammen.	▪ „Wenn ich Sie richtig verstanden habe, meinen Sie ...“ ▪ „Ich habe den Eindruck, Sie ...“ ▪ „Ich höre aus Ihrer Aussage heraus, Sie legen besonderen Wert auf ..., ist das richtig?“
Sprechen Sie die Gefühle Ihres Gesprächspartners an.	▪ „Aus Ihrer Sicht kann ich das gut verstehen.“ ▪ „Ich kann mich gut in Ihre Lage hineinversetzen.“ ▪ „An Ihrer Stelle würde ich genauso reagieren.“
Geben Sie Signale ab („akustisches Kopfnicken“).	▪ „hm“ ▪ „ja“ ▪ „aha“
Stellen Sie vertiefende Fragen und finden Sie Beweggründe, Meinungen und Einstellungen heraus.	▪ „Was ist Ihre Meinung über ...?“ ▪ „Wie sehen Sie diese Angelegenheit?“ ▪ „Was ist Ihnen besonders wichtig?“ ▪ „An welche Lösung denken Sie?“ ▪ „Warum ist dieser Aspekt für Sie so wichtig?“

Neben dem aktiven Zuhören ist auch das **Beobachten der Körpersprache** des Kunden von entscheidender Bedeutung für den Gesprächserfolg. Man könnte sogar fast sagen, dass die Fähigkeit, die Körpersprache der Kunden erkennen und deuten zu können von größerer Bedeutung ist. Der Wahrheitsgehalt der Körpersprache und damit der nicht-verbalen Kommunikation ist nämlich in manchen Fällen höher als das tatsächlich gesprochene Wort [165]. Durch die Gestik und Mimik geben die Kunden wichtige Informationen über sich selbst preis. In der Psychologie hat man sich mit der Körpersprache des Menschen sehr intensiv beschäftigt [1][177], [178], weil sie

- Auskunft über die Einstellungen eines Menschen gibt,
- Aufschluss über Gefühle des Menschen gibt,
- Gespräche begleitet und
- Rückschlüsse auf Persönlichkeitszüge eines Menschen ermöglicht.

Es konnte gezeigt werden, dass Kunden bevorzugt mit Mitarbeitern zu tun haben, die die gleiche Stimmung wie sie selbst ausstrahlen. Kunden, die sich in einer eher negativen Stimmung befinden, werden also eher negativ auf Mitarbeiter reagieren, die mit sehr guter Laune an sie herantreten. Mitarbeiter, die die Stimmung ihres Kunden erkennen und sich dieser anpassen können, finden also schneller einen Zugang zu ihren Kunden [164].

Bevor wir uns mit den Besonderheiten der Körpersprache befassen, möchten wir noch einen Hinweis geben: Die Körpersprache liefert lediglich *ergänzende* Informationen zu den gesprochenen Worten. Beobachten ersetzt folglich nicht das aktive Zuhören. Eine alleinige Einschätzung der Befindlichkeit der Kunden anhand der Körpersprache kann zu erheblichen Fehlinterpretationen führen. Falls aber beispielsweise im Gespräch nicht eindeutig erkennbar wird, welches die Meinung der Kunden zu einem bestimmten Thema ist, kann man anhand der Körpersprache zumindest auf Stimmungen schließen (verschränkte, angespannte Haltung vs. offene, lockere Haltung). Ein weiterer Hinweis zu den folgenden Ausführungen ist erforderlich: Die im Folgenden vorgenommenen Interpretationen von Körpersprache beziehen sich auf Menschen im westlichen Kulturkreis (Europa und Nordamerika). Sie sind nicht zwangsläufig auf andere Kulturkreise (wie z. B. Japan) übertragbar [5], [142].

Körpersprache umfasst im Wesentlichen die Haltung und die Gestik [13]. Im Folgenden gehen wir auf einige grundsätzliche Interpretationshilfen zur Körpersprache ein. Sie sind in Tabelle 4.5 aufgeführt.

Tabelle 4.5 Interpretationshilfen für die wichtigsten Ausdrucksformen der Körpersprache

Ausdrucksformen	Mögliche Interpretation
Reiben der Hände	▪ Selbstgefälligkeit ▪ Erfolgsbewusstsein
„Pistolenhaltung" der Hände	▪ Drohung ▪ Abwehr
Geballte Faust	▪ Drohung ▪ Aggressivität ▪ Durchsetzungswille ▪ Verärgerung
Erhobener Zeigefinger	▪ Oberlehrer-Syndrom (charakteristisch für Besserwisser) ▪ Belehrung
Verschränkte Arme	▪ Verschlossenheit ▪ Widerspruch ▪ Distanziertheit
Übereinandergeschlagene Beine	▪ Lockerheit und Entspanntheit ▪ Distanziertheit (bei sichtbarer Anspannung)
Umklammern der Stuhlbeine mit den Beinen	▪ Angespanntheit ▪ Verkrampfung ▪ Unsicherheit ▪ Angst

Wir haben die Erfahrung gemacht, dass man ein wirkliches Gefühl für die Körpersprache der Kunden am besten dadurch bekommt, dass die eigene Beobachtungsfähigkeit aktiv trainiert wird. Es hat sich gezeigt, dass das Beobachten von Bildern und die Interpretation der Körpersprache ein sehr wirksames Training sind. Wir haben daher einige häufig in Verhaltenstrainings verwendete Beispiele eines sehr bekannten Trainers für Körpersprache [148] ausgewählt. Wir werden nun zwei Gruppen von Bildern zeigen, die zu interpretieren sind.

Die erste Gruppe konzentriert sich insbesondere auf die Haltung (vgl. Abbildung 4.6), wohingegen die zweite Gruppe ihren Schwerpunkt auf die Gestik setzt (vgl. Abbildung 4.7). Wir fordern den Leser an dieser Stelle auf, die in Abbildung 4.6 dargestellten Bilder zu interpretieren. Wie erwähnt, geht es hier um die **Haltung** des Darstellers.

Abbildung 4.6 Die Haltung als Ausdrucksform der Körpersprache [148]

Bei dem Betrachten der Bilder wird erkennbar, dass jedes einzelne Bild eine Grundstimmung des Darstellers widerspiegelt. Zu jedem dieser Bilder können einige zentrale Aussagen getroffen werden:

Bild 1 signalisiert in erster Linie

- Lockerheit und Entspanntheit (übereinandergeschlagene Beine) sowie
- Selbstsicherheit und ein wenig Selbstgefälligkeit (lockeres Öffnen der Jacke).

Bild 2 signalisiert im Wesentlichen

- Sicherheit und Vertraulichkeit (offener, lockerer Sitz),
- Dominanz und Anspruchsdenken (ausgestrecktes Bein) sowie
- Überlegenheit (ausgestreckte Hand mit gestrecktem Finger).

Bild 3 signalisiert im Wesentlichen

- Anspannung und erhöhte Aufmerksamkeit (Umschlingen der Stuhlbeine).
- Vorsicht und Bereitschaft zur Abwehr (Handhaltung).

Bild 4 signalisiert im Wesentlichen

- Anspannung bis hin zu Verkrampfung (Verknoten der Beine),
- Unsicherheit (Festhalten am Stuhl) sowie
- Desinteresse bzw. geistige Abwesenheit (angehobener, leicht weggedrehter Kopf).

In den vorhergehenden Beispielen ging es in erster Linie darum, die Körperhaltung zu beurteilen. Die Beispiele in Abbildung 4.7 beziehen sich nun auf die **Gestik und Mimik** . Die Gestik gibt nach psychologischen Erkenntnissen insbesondere Auskunft über das angestrebte Ziel und die jeweiligen Gefühle des Menschen (in Anlehnung an [129]). Auch hier ist der Leser aufgefordert, die vier Bilder zu interpretieren.

Abbildung 4.7 Gestik und Mimik als Ausdrucksformen der Körpersprache [148]

Jedes dieser Bilder beinhaltet im Kern einige zentrale Botschaften.

Bild 1 signalisiert in erster Linie

- das Oberlehrer-Syndrom (erhobener Finger),
- Aggressivität und Durchsetzungswillen (geballte Faust) und
- erhöhte Aufmerksamkeit (angehobene Augenbrauen).

Bild 2 signalisiert

- Entgegenkommen (offene Haltung der linken Gefühlshand) und
- Durchsetzungswillen (geballte rechte Vernunftshand).

Bild 3 signalisiert im Wesentlichen

- Aggressivität und Verärgerung (geballte Fäuste) sowie
- Aufmerksamkeit und Überraschung, Verärgerung (hochgezogene Augenbrauen).

Bild 4 signalisiert

- Misstrauen (zugespitzter Mund und zusammengekniffene Augen) und
- Drohung (Pistolenhaltung der Hände).

Neben der Ergänzung der Aussagen der Kunden können anhand der Körpersprache auch nicht wirklich gemeinte Aussagen entlarvt werden. Sprechen Kunden beispielsweise ihre Zustimmung aus, verschränken jedoch ihre Arme und Beine vor dem Körper, so deutet dies auf eine gewisse Zurückhaltung hin, die nicht zu der Zustimmung passt. Eine Diskrepanz kann beispielsweise vorliegen, wenn Kunden auf die Frage, wie sie einen Sachverhalt empfinden, gesprochen überschwänglich, von der Körpersprache her aber ablehnend reagieren. In solchen Situationen ist das gesprochene Wort mit Vorsicht zu genießen. Es gibt drei Möglichkeiten, mit der Diskrepanz zwischen Körpersprache und gesprochenem Wort umzugehen [165]: ① Erstens können Mitarbeiter den Kunden beipflichten und näher auf die Sache eingehen. ② Theoretisch können Mitarbeiter die Kunden direkt darauf ansprechen, dass sie das ja nur so sagen, und ihnen aus Höflichkeit widersprechen. ③ Schließlich können Mitarbeiter erkennen, dass die Kunden sich unwohl fühlen und das Gespräch bewusst auf ein anderes Thema lenken. Die wirklich kundenorientierten Mitarbeiter werden sich für Lösung ③ entscheiden.

Wie können nun die in diesem Abschnitt behandelten Techniken des aktiven Zuhörens und des Beobachtens erlernt bzw. vermittelt werden?

Zur Beantwortung dieser Frage wenden wir ein Workshop-Konzept an, das dem bereits in Kapitel 3.3 dargestellten Führungsverhaltens-Workshop entspricht. Auch hier werden vier Phasen unterschieden: Einleitungsphase, Lernphase, Anwendungsphase und Abschlussphase. Da die Schwerpunkte der Einleitungs- und Abschlussphase inhaltlich im Wesentlichen den Phasen des Motivations-Workshops entsprechen, verweisen wir auf die dort vorgenommenen Erläuterungen. Im Folgenden konzentrieren wir uns auf die zweite und dritte Phase des Verhaltenstrainings.

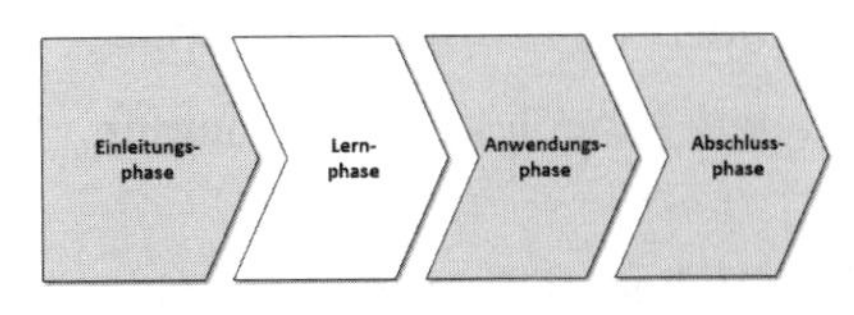

In der **Lernphase** geht es in erster Linie darum, gewisse Grundlagen des aktiven Zuhörens und Beobachtens zu vermitteln. Es sollten im Rahmen dieser Phase insbesondere Antworten auf die folgenden Fragen gegeben werden:

- Was heißt aktives Zuhören und warum ist aktives Zuhören wichtig? An dieser Stelle sollte insbesondere auf die folgenden Aspekte eingegangen werden:
  - Vermeiden von Wahrnehmungsverzerrungen,
  - Gewinnen von Zeit und
  - Signalisieren von Interesse.
- Welche Regeln für aktives Zuhören gibt es? Zur Beantwortung dieser Frage werden die Grundregeln in Tabelle 4.4 erläutert.

- Was heißt bewusstes Beobachten und was bringt es? Hierbei ist insbesondere darauf einzugehen, dass aktives Beobachten sich auf die Körpersprache der Kunden bezieht und eine – wenn auch wertvolle – *Ergänzung* zu den gesprochenen Worten darstellt.
- Welche Interpretationshilfen für die Körpersprache gibt es? Bei der Beantwortung dieser Frage werden die Kriterien in Tabelle 4.5 erläutert.

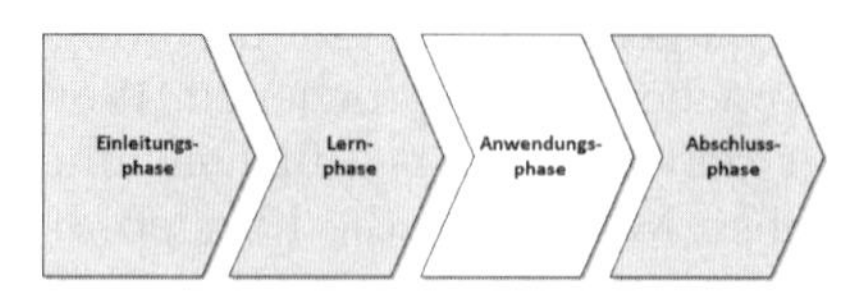

Innerhalb der **Anwendungsphase** geht es darum, die Techniken des aktiven Zuhörens und Beobachtens einzuüben. Dabei können zum einen ein Gespräch zwischen zwei Personen und zum anderen eine Gruppendiskussion simuliert werden. Bei dem Gespräch werden zwei Teilnehmer gebeten, ein Verkaufsgespräch zu simulieren. In diese Übung kann auch das Einüben der Beobachtungsfähigkeit einfließen. Im Anschluss an das Gespräch, das etwa 15 Minuten dauern sollte, geben zunächst die beiden Beteiligten und anschließend die Gruppe ihre Eindrücke wieder. Danach gibt der Moderator ein Feedback über den Gesprächsverlauf. Zur besseren Veranschaulichung einzelner Gesprächssituationen empfehlen wir bei dieser Übung den Einsatz von Videoaufzeichnungen.

Eine weitere Möglichkeit aktives Zuhören einzuüben, ist das Gruppentraining. Hierbei werden die Teilnehmer gebeten, zu einem frei gewählten Thema eine Gruppendiskussion durchzuführen. Zur Unterstützung der Themenfindung kann der Moderator einige Themen zur Wahl stellen.

Bei der Durchführung des Gruppentrainings sind insbesondere folgende Dinge zu beachten:

- klares und verständliches Formulieren der Aufgabenstellung an die Gruppe,
- Anhalten der Teilnehmer, nach Möglichkeit längere Monologe zu vermeiden, und
- Eingreifen bei Störungen in der Diskussion (Streitigkeiten unter den Teilnehmern usw.).

Nach der Diskussion, für die etwa 20 Minuten angesetzt werden sollten, geben die Teilnehmer ihre persönlichen Eindrücke wieder. Anschließend gibt der Moderator ein Feedback zum Gesprächsverlauf. Auch hier ist die Verwendung von Videoaufzeichnungen empfehlenswert.

Das bewusste Beobachten kann am ehesten durch das Interpretieren der Körpersprache eingeübt werden. Hierzu kann der Moderator den Teilnehmern beispielsweise die bereits dargestellten Bilder (vgl. Abbildung 4.6 und Abbildung 4.7) zeigen und sie interpretieren lassen.

4.3.2 Erkennen des Kundentyps: Von Redseligen, Alleswissern und Streitsüchtigen

Neben dem aktiven Zuhören und dem bewussten Beobachten der Kunden im Kundenkontakt sollten die Mitarbeiter auch erkennen können, mit welchem Persönlichkeitstyp sie es bei den einzelnen Kunden zu tun haben. Voraussetzung dafür sind Kenntnisse über die verschiedenen Persönlichkeitstypen der Kunden, auf die wir in diesem Abschnitt eingehen. Das Erkennen des Kundentyps bietet drei wesentliche Vorteile: Die Mitarbeiter können

- die Verhaltensweisen der Kunden besser einschätzen,
- besser auf die Kunden und ihre Bedürfnisse eingehen sowie
- bewusst und relativ gefasst auf kritische Verhaltensweisen der Kunden reagieren.

In der Psychologie beschäftigt man sich seit vielen Jahren mit verschiedenen Persönlichkeitstypen [71], [80]. Zur Beschreibung dieser Typen werden die Kunden nach Charaktereigenschaften unterschieden [79], die aus Abbildung 4.8 ersichtlich sind. Auf die einzelnen Persönlichkeitstypen gehen wir im Folgenden näher ein.

Abbildung 4.8 Die Persönlichkeitstypen im Überblick

Ein häufig auf Anhieb erkennbarer Kundentyp ist der **Streitsüchtige**. Dieser Kundentyp offenbart sich oft bereits am Anfang eines Gesprächs anhand seiner Gestik und Mimik. Der wichtigste Verhaltensgrundsatz zum persönlichen Umgang ist das ruhige und sachliche Eingehen auf diese Kunden. Auf keinen Fall darf man sich hier auf eine offene Konfrontation einlassen. In Tabelle 4.6 sind die typischen Kennzeichen sowie Empfehlungen zum Umgang mit diesem Kundentyp aufgeführt.

Tabelle 4.6 Der Streitsüchtige: Typische Kennzeichen und Empfehlungen zum persönlichen Umgang

Typische Kennzeichen	Empfehlungen zum persönlichen Umgang
■ reklamiert ■ ist unzufrieden ■ ist zum Teil erregt ■ unterbricht öfter ■ unterstreicht Ärger durch seine Mimik und Gestik ■ erwartet Zugeständnisse	■ zunächst reden lassen ■ Interesse und Verständnis zeigen für die Situation der Kunden ■ auf nichts einlassen und Ruhe bewahren ■ stets sachlich bleiben ■ die Kunden beruhigen ■ öffnende Fragen stellen ■ Vertrauensbasis schaffen

Ein völlig anderes Verhalten legt der **Positive** an den Tag. Er kommt häufig lächelnd mit offener Körperhaltung auf seine Gesprächspartner zu. Eine freundliche Ansprache sowie die Bestätigung der Kunden sind hier die wichtigsten Verhaltensregeln für den Kundenkontakt. Auch für diesen Persönlichkeitstyp gibt es typische Kennzeichen, mit deren Hilfe diese Kunden erkannt werden können. Auch hier können konkrete Empfehlungen für den persönlichen Umgang gegeben werden (vgl. Tabelle 4.7).

Tabelle 4.7 Der Positive: Typische Kennzeichen und Empfehlungen zum persönlichen Umgang

Typische Kennzeichen	Empfehlungen zum persönlichen Umgang
▪ geht lächelnd auf Gesprächspartner zu ▪ hat zumeist eine offene Körperhaltung ▪ zeigt Interesse ▪ lässt sich gerne beraten	▪ freundliche Ansprache der Kunden ▪ Bestätigung des Selbstwertgefühls der Kunden ▪ verbindliche sachliche Aussagen treffen ▪ den Kunden ausreichend Zeit geben

Der **Alleswisser** ist ebenfalls oft bereits anhand seiner Gestik (erhobener Zeigefinger usw.) zu erkennen. Dieser Typ Kunde zeichnet sich dadurch aus, dass er deutlich seine Meinung zum Ausdruck bringt und gerne darauf beharrt. Inwieweit er auf einem Gebiet wirklich kompetent ist, ist für ihn von sekundärer Bedeutung. Für Mitarbeiter ist es wichtig, ruhig zu bleiben und die Kunden zu bestätigen. Belehrungen der Kunden im Sinne eines „Kräftemessens" sollten hingegen unbedingt vermieden werden: Niemand hat je einen solchen Disput mit einem Alleswisser für sich entscheiden können. Die typischen Kennzeichen und Empfehlungen zum persönlichen Umgang werden in Tabelle 4.8 dargestellt.

Tabelle 4.8 Der Alleswisser: Typische Kennzeichen und Empfehlungen zum persönlichen Umgang

Typische Kennzeichen	Empfehlungen zum persönlichen Umgang
▪ weiß alles besser	▪ ruhig bleiben
▪ beharrt auf seiner Meinung	▪ auf kurze Gesprächsführung achten
▪ energisches Auftreten	▪ viel Zustimmung und Lob geben
▪ hohes Geltungsbedürfnis	▪ Geltungsbedürfnis befriedigen
▪ sucht Auseinandersetzung	▪ Belehrungen vermeiden
▪ neigt zu endlosen Monologen	▪ nicht auf Randgebiete abschweifen

Den **Redseligen** erkennt man spätestens dann, wenn man nach mehreren Minuten des „Gespräches" selbst noch kaum ein Wort geäußert hat. Diesen Typ Kunden gilt es, nach einiger Zeit ruhig und taktvoll zu unterbrechen. Ein einigermaßen ausgeglichener Wortwechsel kann durch überwiegend geschlossene Fragen herbeigeführt werden, das heißt Fragen, auf die die Kunden mit „ja" oder „nein" antworten können. Auch für diesen Kundentyp gibt es typische Kennzeichen und Empfehlungen zum persönlichen Umgang für Mitarbeiter (vgl. Tabelle 4.9).

Tabelle 4.9 Der Redselige: Typische Kennzeichen und Empfehlungen zum persönlichen Umgang

Typische Kennzeichen	Empfehlungen zum persönlichen Umgang
▪ lässt Gesprächspartner kaum oder gar nicht zu Wort kommen ▪ unterbricht Gesprächspartner öfter ▪ sucht Selbstbestätigung ▪ schweift vom Thema ab ▪ erzählt gerne von sich selbst	▪ zunächst reden lassen ▪ interessiert zuhören ▪ in ruhigem, aber bestimmtem Ton ansprechen ▪ bei sich bietender Möglichkeit taktvoll unterbrechen ▪ Selbstwertgefühl positiv ansprechen ▪ durch geschlossene Fragen zum Kern führen

Der **Schüchterne** hat ein relativ unsicheres und zurückhaltendes Auftreten. Auf unangemessene Ansprache reagiert er sehr empfindlich und wird noch zurückhaltender. Bei diesem Kundentyp kommt es insbesondere darauf an, ihm Bestätigung und Sicherheit zu geben und deutliches Interesse zu signalisieren. Die typischen Kennzeichen sowie geeignete Verhaltensweisen für Mitarbeiter sind in Tabelle 4.10 aufgeführt.

Tabelle 4.10 Der Schüchterne: Typische Kennzeichen und Empfehlungen zum persönlichen Umgang

Typische Kennzeichen	Empfehlungen zum persönlichen Umgang
▪ wirkt unsicher ▪ spricht mit Unterbrechungen ▪ ist eher wortkarg ▪ ist relativ unentschlossen ▪ errötet manchmal ▪ vermeidet längere Gespräche ▪ ist sehr vorsichtig	▪ nicht drängen ▪ nicht zu viele Details ansprechen ▪ Meinung der Kunden, sofern vertretbar, bejahen, um Erfolgserlebnisse zu vermitteln ▪ Sicherheit vermitteln durch Bestätigung ▪ Bedürfnisse durch Fragen ermitteln ▪ Selbstvertrauen heben ▪ zum Reden ermuntern ▪ nicht auf Entscheidungen drängen

Der **Widerspenstige** zeichnet sich durch eine tendenziell ablehnende oder desinteressierte Haltung aus. Bei diesen Kunden ist die wichtigste Verhaltensregel, ihr Wissen und ihre Erfahrungen hervorzuheben. Kunden dieses Typs lassen sich zunächst schwer überzeugen. Gewinnt man sie jedoch für sich haben sie ein hohes Loyalitätspotential. Typische Kennzeichen und Empfehlungen zum persönlichen Umgang sind in Tabelle 4.11 aufgeführt.

Tabelle 4.11 Der Widerspenstige: Typische Kennzeichen und Empfehlungen zum persönlichen Umgang

Typische Kennzeichen	Empfehlungen zum persönlichen Umgang
▪ starre Mimik und abrupte Gestik ▪ meist schlechte Laune ▪ provoziert sehr gerne ▪ aufbrausender Tonfall ▪ skeptisch	▪ ruhig bleiben ▪ beim Ehrgeiz packen ▪ ihr Wissen und ihre Erfahrungen hervorheben ▪ Formulierungen verwenden, die Übereinstimmung signalisieren

Der **Dickfellige** zeichnet sich durch relativ unbeteiligtes Verhalten aus. Dieser Kundentyp ist besonders freundlich und ruhig anzusprechen. Typische Kennzeichen und Empfehlungen zum persönlichen Umgang sind aus Tabelle 4.12 ersichtlich.

Tabelle 4.12 Der Dickfellige: Typische Kennzeichen und Empfehlungen zum persönlichen Umgang

Typische Kennzeichen	Empfehlungen zum persönlichen Umgang
▪ spricht wenig und ist tendenziell verschlossen ▪ antwortet häufig mit einzelnen Worten statt mit Sätzen ▪ wirkt unbeteiligt ▪ demonstriert Passivität	▪ besonders freundlich und ruhig ansprechen ▪ auffordern, von sich zu erzählen ▪ Interesse signalisieren ▪ ausreichend Zeit zum Antworten geben

Der **Überhebliche** zeichnet sich durch augenscheinlich selbstsichere Gestik und Mimik aus. Er lässt den Gesprächspartner gerne seine Überlegenheit spüren. Dies muss jedoch nicht zwingend mit fachlicher Kompetenz zusammenhängen. Durch aktives Zuhören sowie ausführliche und kompetente Beratung kann hier der Erfolg des Kundengesprächs gefördert werden (vgl. Tabelle 4.13).

Tabelle 4.13 Der Überhebliche: Typische Kennzeichen und Empfehlungen zum persönlichen Umgang

Typische Kennzeichen	Empfehlungen zum persönlichen Umgang
▪ lässt den Gesprächspartner gerne seine Überlegenheit spüren ▪ betont selbstsicher ▪ ist sehr anspruchsvoll ▪ verträgt keinen Widerspruch ▪ legt Wert auf Status	▪ Interesse zeigen ▪ ausführlich und kompetent beraten ▪ intensiv auf die persönlichen Bedürfnisse der Kunden eingehen ▪ häufig zustimmen ▪ nicht kritisieren

Der **listige Frager** verhält sich im Gespräch zunächst wachsam und abwartend. Er versucht, in der Argumentation der Gesprächspartner Widersprüche aufzudecken. Durch aktives Zuhören, behutsame Gesprächsführung und das Ausstrahlen von Sicherheit können Mitarbeiter am besten mit diesen Kunden umgehen. Die typischen Kennzeichen sowie die geeigneten Verhaltensweisen im Umgang mit diesem Kundentyp sind in Tabelle 4.14 dargestellt.

Tabelle 4.14 Der listige Frager: Typische Kennzeichen und Empfehlungen zum persönlichen Umgang

Typische Kennzeichen	Empfehlungen zum persönlichen Umgang
▪ wachsam und abwartend ▪ ziemlich wortkarg ▪ sucht den Punkt, wo er einhaken kann, dann penetrant bohrend ▪ will überzeugt werden	▪ kurz, präzise und prägnant formulieren ▪ Vertrauen aufbauen ▪ Sicherheit ausstrahlen ▪ sich nicht durch Fragen hereinlegen lassen ▪ aktiv zuhören ▪ Fragen durch Gegenfragen beantworten ▪ im Gespräch wachsam sein

An dieser Stelle ist darauf hinzuweisen, dass die Kunden nicht immer exakt einem Typ zugeordnet werden können. Zum einen sind die vorgestellten Kundentypen extreme Formen, die im Gespräch mehr oder minder stark ausgeprägt (z. B. sehr oder etwas streitsüchtig) sein können. Zum zweiten vereint ein Mensch üblicherweise die Merkmale von mehreren Kundentypen in sich. Beispielsweise können Kunden gleichzeitig das Verhalten des Widerspenstigen und des listigen Fragers in sich vereinen. Drittens können Kunden in verschiedenen Gesprächen die Charakteristika unterschiedlicher Kundentypen annehmen. Beispielsweise kann sich ein umgestimmter und überzeugter Alleswisser im nächsten Gespräch durchaus positiv verhalten.

Beobachtungen haben jedoch gezeigt, dass eine gewisse Grundveranlagung bei allen Kunden vorliegt. Ein tendenziell Streitsüchtiger reagiert schneller mit Verärgerung als ein Positiver. Für Mitarbeiter ist es daher wichtig, diese Grundveranlagung zu erkennen, um auf die Eigenheiten der verschiedenen Kunden angemessen zu reagieren.

Nachdem wir die verschiedenen Kundentypen kennen gelernt haben, stellt sich nun die Frage: Wie kann das Erkennen des Kundentyps und der Umgang mit diesen verschiedenen Kundentypen trainiert werden?

Auch in diesem Bereich des kundenorientierten Verhaltens haben wir die Erfahrung gemacht, dass ein systematisch aufgebauter Verhaltens-Workshop der beste Weg ist, um den Mitarbeitern ein gewisses Gefühl für die verschiedenen Kundentypen zu vermitteln. Diesen Workshop unterteilen wir, wie bereits beim Führungsverhaltens-Workshop dargestellt (vgl. Abbildung 3.6), in vier Phasen: Einleitungsphase, Lernphase, Anwendungsphase und Abschlussphase. Zum Gestalten der Aufwärm- und Abschlussphase, in denen zwischenmenschliche Aspekte relativ stark betont werden, verweisen wir auf die Erläuterungen zum Führungsverhaltens-Workshop. Im Folgenden beschäftigen wir uns mit der Lernphase sowie der Anwendungsphase.

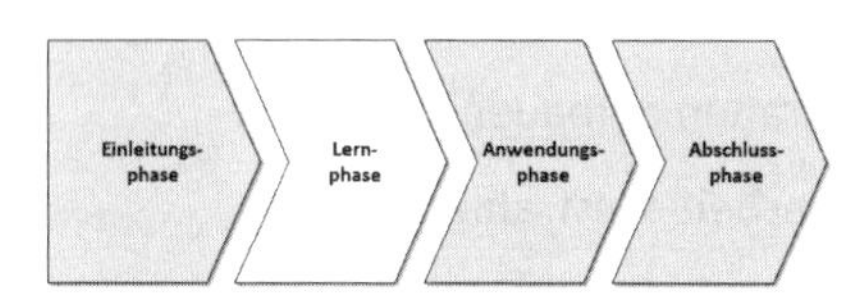

In der **Lernphase** wird den Teilnehmern des Workshops ein Überblick über die verschiedenen Kundentypen vermittelt. Der Moderator sollte insbesondere auf die folgenden Fragen eingehen:

1. Warum ist das Erkennen des Kundentyps im Kundenkontakt wichtig? Hierbei sind Vorteile zu nennen wie besseres Reagieren in kritischen Situationen sowie Eingehen auf Kunden.
2. Welche Kundentypen gibt es? Zur Beantwortung dieser Frage ist ein Überblick über die verschiedenen Kundentypen zu geben (vgl. Abbildung 4.8).
3. Wie kann man diese Kundentypen erkennen und wie geht man mit ihnen um? Auf diese beiden Fragen kann der Moderator durch das Erläutern der Tabelle 4.6 bis 4.14 eingehen.

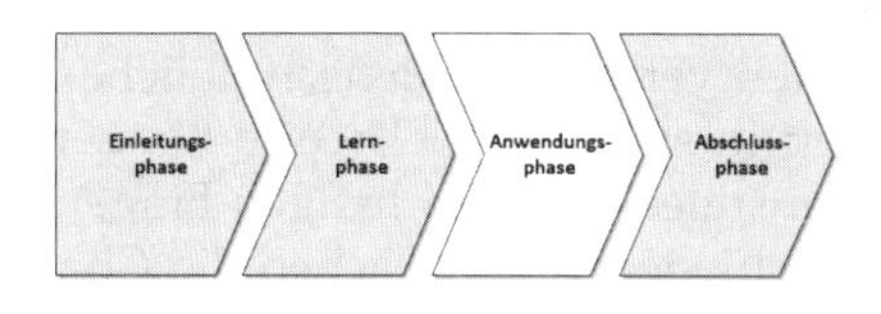

In der **Anwendungsphase** geht es darum, den Teilnehmern ein Gefühl für die verschiedenen Kundentypen durch praktische Übungen zu vermitteln. Hierzu eignet sich nach unseren Erfahrungen am besten das Rollenspiel.

Hierbei werden beispielsweise zwei Teilnehmer gebeten, ein Kundengespräch zu simulieren. Vor dem Rollenspiel wird einer der beiden Teilnehmer durch den Moderator in Bezug auf einen Kundentyp oder einen Mischtyp (aus mehreren Kunden) eingewiesen. Bei dieser Übung kommt es insbesondere auf drei Dinge an:

1. Erkennen des Kundentyps und Umgang mit diesem Kundentyp (Rolle Mitarbeiter),

2. Verstehen einzelner Kundentypen durch eigenes Simulieren (Rolle Kunde) sowie

3. Erkennen des Kundentyps und Analysieren des Umgangs mit diesem Kundentyp innerhalb des Rollenspiels (übrige Teilnehmer).

Für das Gelingen des Rollenspiels ist es wichtig, dass die Teilnehmer im Vorfeld eine klare und verständliche Aufgabenstellung erhalten und anschließend die Ergebnisse umfassend analysiert werden. Im Anschluss an das Rollenspiel geben zunächst die Beteiligten des Rollenspiels ihre Eindrücke wieder. Anschließend nehmen die übrigen Teilnehmer (Beobachter) eine Einschätzung des dargestellten Kundentyps vor. Zum Schluss kommentiert der Moderator die verschiedenen Rollen und den Gesprächsverlauf und fasst die wesentlichen Erkenntnisse zusammen.

Als vertiefende Übung empfehlen wir, durchaus mehrere Rollenspiele mit verschiedenen Kundentypen (oder Mischtypen) durchzuführen. Bei den Rollenspielen ist der Einsatz von Videotechniken zur späteren Veranschaulichung zu empfehlen.

Neben dem bewussten Wahrnehmen der Kunden durch aktives Zuhören und Beobachten sowie dem Erkennen des Kundentyps ist die Kommunikationsfähigkeit der Mitarbeiter im Kundenkontakt von Bedeutung. Auf die Facetten der Kommunikation gehen wir in den folgenden Abschnitten ein. Wir beginnen dabei mit der kundenorientierten Sprache.

4.3.3 Kundenorientierte Sprache: Einfachheit und Verbindlichkeit

Ein wichtiger Erfolgsfaktor innerhalb des Kundenkontakts ist die kundenorientierte Sprache [22], [83]. In Untersuchungen konnte festgestellt werden, dass zwischen der Gestaltung der Sprache und der Fähigkeit, andere Menschen zu beeinflussen, ein enger Zusammenhang besteht [125]. Dennoch reden in mehr als 50 % aller Gespräche die Mitarbeiter und Kunden eines Unternehmens regelrecht aneinander vorbei. Eine entscheidende Ursache hierfür ist, dass die Sprache der Mitarbeiter nicht kundenorientiert ist. Häufig drücken sie sich zu kompliziert aus oder entschuldigen sich bei Kunden, anstatt Lösungen anzubieten. Dadurch gewinnen die Kunden das Gefühl, nicht ernst genommen zu werden. Gerade in Verbindung mit Verkaufsgesprächen wirkt in diesem Zusammenhang die Tatsache verstärkend, dass die Kunden die Mitarbeiter mit dem Motiv der Überzeugung zu einem Kauf assoziieren und ihnen eher negativ gegenüber eingestellt sind. Aus diesem Grunde ist es besonders wichtig, kundenorientierte Sprache zu trainieren. Nach unseren Erfahrungen sind sechs einfache Regeln für die kundenorientierte Sprache förderlich:

1. Reden Sie einfach und verständlich.
2. Sprechen Sie lösungs- statt problemorientiert.
3. Zeigen Sie den Kunden, dass Sie sie ernst nehmen.
4. Machen Sie die Kunden nicht zum Sündenbock.
5. Argumentieren Sie überzeugend statt entschuldigend.
6. Setzen Sie Fragen zielgerichtet ein.

Im Folgenden gehen wir auf die sechs Verhaltensregeln näher ein. Bevor wir nun einzelne Formulierungen vorstellen, wollen wir noch auf einen Aspekt hinweisen: Voraussetzung für die Überzeugungskraft der kundenorientierten Sprache ist, dass Mitarbeiter zum einen die gesagten Dinge *ehrlich* meinen und nicht nur anerzogene Verhaltensweisen gegenüber den Kunden einsetzen. Zum anderen müssen die Formulierungen an den Sprachstil der Mitarbeiter angepasst werden, das heißt *authentisch* sein. In keinem Fall soll jedoch die kundenorientierte Sprache als das Anwenden von angelernten Phrasen verstanden werden.

Die erste wichtige Regel, die im Kontakt mit den Kunden zu beachten ist, ist die **einfache und verständliche Sprache**. Auch die noch so gut gemeinte und fachlich kompetente Beratung ist für Kunden letztendlich nutzlos, wenn sie sie nicht verstehen. In Tabelle 4.15 sind einige häufig auftretende gesprächshemmende Formulierungen dargestellt. Diesen gesprächshemmenden Formulierungen sind Empfehlungen zur Gesprächsförderung gegenübergestellt.

Zu den in Tabelle 4.15 aufgeführten Regeln ist anzumerken, dass sie in erster Linie darauf abzielen, hohe Komplexität und dadurch entstehende Missverständnisse im Kundengespräch zu reduzieren. Je nach Gesprächssituation können jedoch auch etwas komplexere Formulierungen taktisch sinnvoll sein. Beispielsweise ist beim erstmaligen Ansprechen eines Kundenbedürfnisses eine vorbereitende Frage wie „Dürfte ich Sie einmal etwas fragen?“ sinnvoll.

Tabelle 4.15 Beispielhafte Formulierungen zur ersten Regel der kundenorientierten Sprache

Gesprächshemmende Formulierungen	Empfehlungen zur Gesprächsförderung
▪ „Ich hätte einen Vorschlag.“	▪ „Ich schlage vor, ...“
▪ „Dürfte ich Sie einmal etwas fragen?“	▪ Frage einfach stellen.
▪ „Ich würde es so formulieren wollen ...“	▪ „Ich sehe das so ...“

▪ „Ich möchte meinen ...“	▪ „Ich glaube, ...“
▪ „Ich wollte, Sie wären zufrieden ...“	▪ „Ihre Zufriedenheit ist mir wichtig.“
▪ „Ich könnte mir denken, dass es ratsam wäre ...“	▪ „Ich schlage vor, ...“
▪ „An dieser Stelle könnte man annehmen, ...“	▪ „Ich nehme an, ...“
▪ „In mir regt sich die Vermutung ...“	▪ „Ich vermute, ...“

Ein weiterer Aspekt, der häufig unbewusst im Kundenkontakt falsch gemacht wird, ist, dass Mitarbeiter gegenüber Kunden problemorientiert anstatt **lösungsorientiert sprechen**. In diesem Fall werden die Kunden selbst als Problem angesehen, wobei sie in Wirklichkeit diejenigen sind, die eine Lösung für ein Problem suchen. In Tabelle 4.16 haben wir häufig anzutreffende problemorientierte Formulierungen mit entsprechenden lösungsorientierten Formulierungen gegenübergestellt.

Tabelle 4.16 Beispielhafte Formulierungen zur zweiten Regel der kundenorientierten Sprache

Gesprächshemmende Formulierungen	Empfehlungen zur Gesprächsförderung
▪ „Da muss ich mal nachschauen.“	▪ „Da schaue ich gerne für Sie nach.“
▪ „Schildern Sie mir bitte Ihr Problem.“	▪ „Schildern Sie mir bitte die Angelegenheit.“
▪ „Das Problem können Sie durch unser Produkt lösen.“	▪ „Das Produkt bringt Ihnen folgenden Nutzen ...“
▪ „Lassen Sie sich das Problem noch einmal durch den Kopf gehen.“	▪ „Die neue Lösung bedeutet einen Vorteil für Sie. Sie sparen ...“

Ein ebenfalls häufig zu beobachtendes Phänomen im Kundenkontakt ist, dass die **Kunden** sich von den Mitarbeitern nicht **ernst genommen** fühlen. Auch hier gibt es immer wieder zu beobachtende gesprächshemmende Formulierungen, denen wir Empfehlungen zur Gesprächsförderung gegenüberstellen (vgl. Tabelle 4.17).

Tabelle 4.17 Beispielhafte Formulierungen zur dritten Regel der kundenorientierten Sprache

Gesprächshemmende Formulierungen	Empfehlungen zur Gesprächsförderung
▪ „Sie müssen schon entschuldigen."	▪ „Bitte entschuldigen Sie."
▪ „Da müssen Sie sich eben gedulden."	▪ „Bitte gedulden Sie sich noch bis Ende der Woche."
▪ „Das ist doch nicht Ihr Ernst."	▪ „Sind Sie sicher? Schauen Sie bitte noch einmal nach."
▪ „Haben Sie das verstanden?"	▪ „Haben Sie noch Fragen?"
▪ „Dafür bin ich nicht zuständig."	▪ „Mein Kollege bearbeitet Ihre Angelegenheit. Einen kleinen Moment bitte, ich rufe ihn sofort."
▪ „Ich habe gleich Pause. Rufen Sie mich danach noch einmal an."	▪ Hinweis auf Pause unterlassen.
▪ „Was wollen Sie eigentlich über dieses Produkt noch alles wissen?"	▪ „Wenn Sie weitere Informationen wünschen, sprechen Sie mich bitte jederzeit gerne an."
▪ „Wenn Sie mir den Namen des Kollegen nicht nennen, der den Fehler gemacht hat, kann ich Ihnen auch nicht weiterhelfen."	▪ „Ich gehe der Angelegenheit sofort nach."

Ein weiteres Phänomen ist, dass **Kunden** regelrecht **zum Sündenbock** gemacht werden. Die wesentliche Ursache hierfür sehen wir darin, dass die eigene Unsicherheit hinsichtlich eines Sachverhaltes auf Kunden abgewälzt wird. Ein derartiges Verhalten führt in den meisten Fällen zu starker Verärgerung der Kunden. In Tabelle 4.18 haben wir einige gesprächshemmende Formulierungen und Empfehlungen zur Gesprächsförderung gegenübergestellt.

Tabelle 4.18 Beispielhafte Formulierungen zur vierten Regel der kundenorientierten Sprache

Gesprächshemmende Formulierungen	Empfehlungen zur Gesprächsförderung
▪ „Das stimmt nicht."	▪ „Das ist Ihre Ansicht."
▪ „Sie müssen mir doch Recht geben."	▪ „Ich kann Ihre Verärgerung verstehen, es ist jedoch so, dass ..."
▪ „Da haben Sie mich falsch verstanden."	▪ „Da haben wir aneinander vorbeigeredet."
▪ „Jetzt passen Sie mal auf ..."	▪ „Darf ich Ihnen das erläutern?"
▪ „Haben Sie das verstanden?"	▪ „Haben Sie noch Fragen?"
▪ „So eine Reklamation habe ich noch nie gehört."	▪ „Gut, dass Sie uns Ihre Reklamationen mitteilen. Wir werden uns sofort um die Regelung der Angelegenheit kümmern."
▪ „Das hätten Sie vorher sagen müssen. Jetzt kann ich auch nichts mehr ändern."	▪ „Es tut mir leid. Kann ich Ihnen als Lösung Folgendes anbieten ...?"

Entscheidend für den Verlauf eines Kundengesprächs ist weiterhin die **überzeugende Argumentation** der Mitarbeiter im Kundengespräch. Es macht die Kunden nicht zufrieden, wenn sie eine Entschuldigung zu hören bekommen. Die Kunden müssen vielmehr von einer Leistung überzeugt werden. Unsere fünfte Regel lautet daher: „Argumentieren Sie überzeugend statt entschuldigend!" Auch hier gibt es gesprächshemmende Formulierungen sowie entsprechende Empfehlungen zur Gesprächsförderung (vgl. Tabelle 4.19).

Tabelle 4.19 Beispielhafte Formulierungen zur fünften Regel der kundenorientierten Sprache

Gesprächshemmende Formulierungen	Empfehlungen zur Gesprächsförderung
▪ „Ja, aber das können Sie auf anderem Wege besser lösen."	▪ „Gerade deshalb sollten Sie den anderen Weg wählen." ▪ „Ja, und wenn Sie den anderen Weg nehmen, dann ..."
▪ „Sie haben Recht, aber ich kann auch nichts ändern."	▪ „Auf den ersten Blick haben Sie Recht. Bei genauem Hinsehen werden folgende Vorteile deutlich ..."
▪ „Tut mir leid, aber ich habe die Preise nicht gemacht."	▪ „Dieser Preis ist durchaus gerechtfertigt. Hier handelt es sich auch um ein qualitativ hochwertiges Produkt."
▪ „Da kann ich nichts für, das hat mein Kollege zu verantworten."	▪ „Ich versuche, die Angelegenheit für Sie zu klären."

Der letzte Aspekt ist der gezielte **Einsatz von Fragen** im Kundengespräch. Es heißt nicht umsonst: „Wer fragt, führt das Gespräch.". In Tabelle 4.20 werden verschiedene Fragetechniken dargestellt. Durch das Beherrschen dieser Techniken kann der Erfolg des Kundengesprächs erheblich gesteigert werden.

Wie aus Tabelle 4.20 ersichtlich, unterscheiden sich die Fragen je nach Situation und Zielsetzung. Für den Erfolg des Kundengespräches ist es daher wichtig, in der jeweiligen Situation mit den richtigen Fragen auf die Kunden zuzugehen.

Tabelle 4.20 Beispielhafte Formulierungen zur sechsten Regel der kundenorientierten Sprache

Frage-techniken	Ziel	Beispiel(e)
Informations-Fragen	Einholen von Informationen und Erfahren von Einzelheiten über die Kunden bzw. deren Bedürfnisse.	„Welche Eigenschaften sind für Sie bei einem Produkt besonders wichtig?"

Kontroll-Fragen	Erkennen, ob Kunden noch zuhören bzw. ob sie die Erläuterungen verstehen.	„Was meinen Sie dazu?" „Sind Sie nicht auch der Meinung?" „Finden Sie nicht auch?"
Ja-Fragen	Zustimmung der Kunden einholen.	„Ich bin sicher, dass Sie mir zustimmen, oder?" „Sie wollen doch sicher auch, ...?" „Sie werden mit mir einer Meinung sein, dass ...?"
Orientierungs-Fragen	Herausfinden der Meinung der Kunden zu einem Sachverhalt.	„Haben Sie noch eine Frage hierzu?" „Welche Erfahrungen haben Sie damit gemacht?"
Öffnende Fragen	Bewirken von Offenheit der Gesprächspartner für die weitere Gesprächssituation.	„Wie sind Sie mit ... zufrieden?" „Welchen Nutzen würden Sie von ... erwarten?" „Welche Ziele verfolgen Sie?"
Gegen-Fragen	Umwandeln einer Frage in ein Argument.	„Sind Sie nicht auch der Meinung, dass der Nutzen unseres Angebotes für Sie deutlich höher ist?" „Welche bessere Alternative gibt es?"
Alternativ-Fragen	Lenken der Kunden auf bestimmte Leistungen.	„Zu welcher Produktvariante tendieren Sie: A, B oder C?" „Welches Produkt sagt Ihnen am ehesten zu: 1, 2 oder 3?"
Gleichpolige Fragen	Vermeiden von Missverständnissen und Gewinnen von Zeit.	„Wenn ich Sie richtig verstanden habe, ...?" „Sie möchten gerne wissen, ob ..."
Dirigierende Fragen	Lenken des Gesprächs in eine bestimmte Richtung	„Ist es in Ordnung, dass wir insbesondere über diesen Aspekt sprechen ...?" „Können wir uns bitte besonders auf diesen Aspekt konzentrieren?"
Provozierende Fragen	Herausfordern einer Reaktion der Kunden.	„Glauben Sie wirklich ...?"

Nachdem wir uns nun mit der kundenorientierten Sprache als wesentlichem Bestandteil der Sozialkompetenz beschäftigt haben, stellt sich die Frage, wie diese Techniken Mitarbeitern vermittelt werden können.

Die Regeln zur kundenorientierten Sprache können am besten innerhalb eines Verhaltens-Workshops vermittelt werden. Auf die Lernphase sowie die Anwendungsphase dieses in vier Phasen unterteilten Workshops (vgl. Abbildung 3.6) gehen wir im Folgenden näher ein.

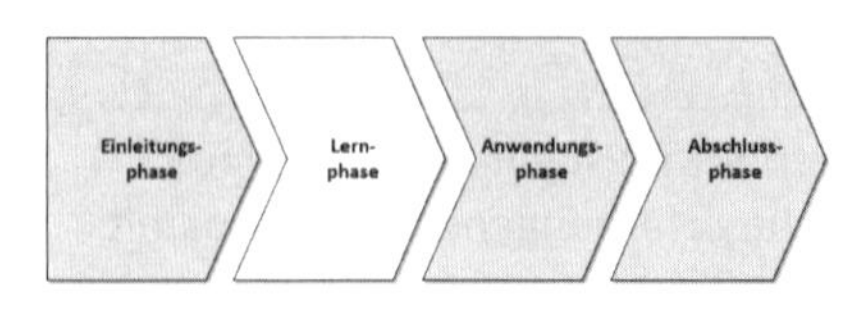

In der **Lernphase** geht es darum, den Teilnehmern zum einen die Bedeutung der kundenorientierten Sprache für den Gesprächserfolg und zum anderen die sechs Regeln der kundenorientierten Sprache zu vermitteln. Innerhalb dieser Phase sind insbesondere zwei Fragen zu beantworten:

- Warum ist die kundenorientierte Sprache wichtig für den Erfolg im Kundenkontakt? Hierbei sind Vorteile zu nennen wie
  - Vermeiden von Missverständnissen durch Einfachheit,
  - Signalisieren von Interesse durch lösungsorientierte Sprache sowie
  - Lenken des Gesprächsverlaufs durch gezielte Fragen.
- Wie kann die eigene Sprache kundenorientiert gestaltet werden? Zum Beantworten dieser Frage sind die sechs Regeln der kundenorientierten Sprache (vgl. Tabelle 4.15 bis 4.20) zu erläutern.

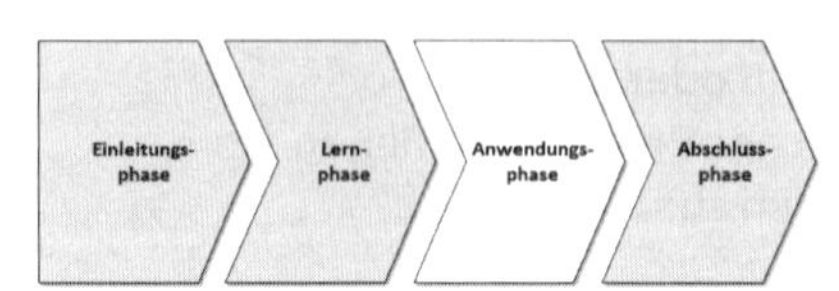

In der **Anwendungsphase** geht es nun darum, diese Regeln durch praktische Anwendungen einzuüben. Hierfür ist das Rollenspiel am ehesten geeignet.

Im Vorfeld des Rollenspiels werden zwei Teilnehmer gebeten, ein Kundengespräch zu einem bestimmten Anlass zu simulieren. Bei dieser Übung geht es im Wesentlichen um drei Dinge:

1. Eingehen auf Kunden durch kundenorientierte Sprache (Rolle Mitarbeiter),
2. Einnehmen der Perspektive der Kunden (Rolle Kunde) und
3. Interpretieren der kundenorientierten Sprache durch Analyse des Gesprächsverlaufs (beobachtende Teilnehmer).

Im Vorfeld des Rollenspiels sind bestimmte Rahmenbedingungen (Produkt, Unternehmen, Stellung des Kunden usw.) festzulegen. Begleitend zum Rollenspiel ist der Einsatz von Videotechnik empfehlenswert.

4.3.4 Kommunikation heißt nicht nur reden

Bei der nicht-verbalen Kommunikation steht die Ausdrucksfähigkeit der Körpersprache im Kundengespräch im Vordergrund. Durch die eigene Körpersprache bringen die Mitarbeiter zum einen ihre Gefühle zum Ausdruck und zum anderen unterstreichen sie dadurch ihre verbalen Argumente. Die nicht-verbale Kommunikation umfasst vier Bereiche, die aus Abbildung 4.9 ersichtlich sind.

Abbildung 4.9 Bereiche der nicht-verbalen Kommunikation

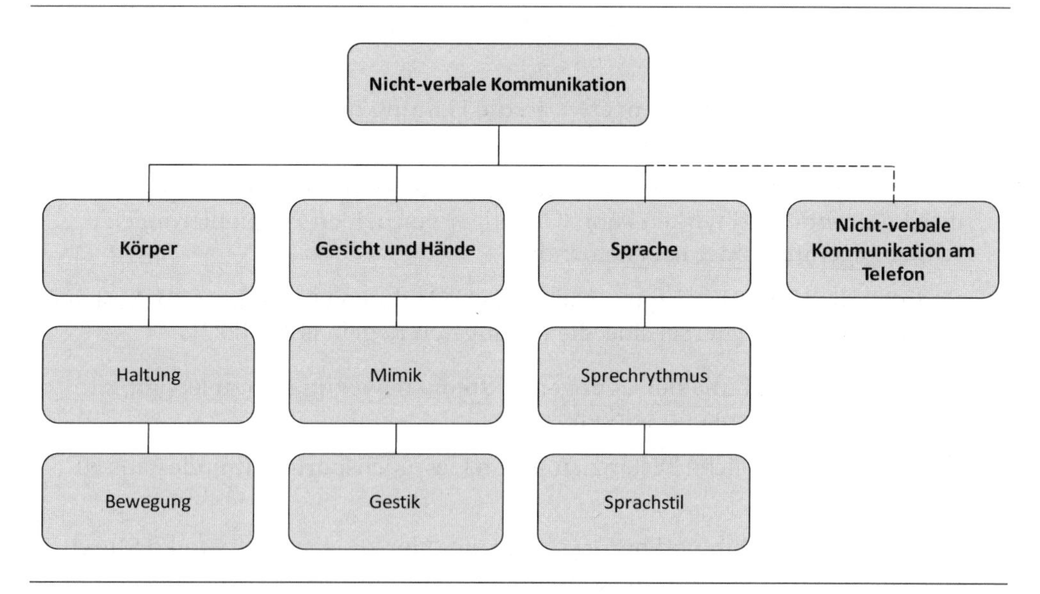

Der erste Bereich ist die **Körperhaltung und -bewegung**. Vielen Mitarbeitern ist nicht bewusst, dass sie den Kunden durch ihre eigene Körpersprache wichtige Signale geben. Bewusst eingesetzte Körpersprache bewirkt insbesondere Sicherheit im Umgang mit Kunden sowie Glaubwürdigkeit und Vertrauen der Kunden durch positive und kompetente Ausstrahlung.

Die eigene Körpersprache kann verbessert werden, indem einige einfache Regeln beachtet werden. Hierbei geht es zum einen darum, ein gesundes Maß an Sicherheit und damit Vertrauenswürdigkeit auszustrahlen. Zum anderen sollten extreme Gegensätze zwischen der eigenen Körpersprache (z. B. sehr aufmerksam aufgerichtet) und der der Kunden (z. B. sehr entspannt) vermieden werden. In Bezug auf die Haltung sind folgende Regeln zu beachten [70]:

- Achten Sie bei wichtigen Gesprächen auf eine aufrechte (aber nicht steife) Körperhaltung. Das vermittelt Aufmerksamkeit.
- Stehen Sie gerade. Das gibt Ihnen Sicherheit und weckt ebenso Vertrauen bei den Kunden.
- Sitzen Sie gerade und halten Sie mit den Füßen Bodenkontakt, oder stellen Sie sich sicher und fest (aber nicht steif) hin.
- Vermeiden Sie eine übermäßig angespannte Haltung, da hierdurch Unsicherheit signalisiert wird.
- Vermeiden Sie eine extrem legere Haltung, da hierdurch Langeweile und Desinteresse vermittelt werden.
- Passen Sie Ihre Sitzhaltung in etwa an die Haltung der Kunden an und vermeiden Sie so extreme Gegensätze.
- Vermeiden Sie Positionierungen direkt gegenüber Ihren Gesprächspartnern, da dies konfrontierend wirken kann. Günstiger erscheinen Positionierungen schräg gegenüber oder nebeneinander.

Auch durch die Körperbewegung kann eine Vielzahl von Gefühlen und Absichten ausgedrückt werden. Hierbei sind die wichtigsten Regeln [129], [223]:

- Vermeiden Sie extreme Bewegungen. Extreme Bewegungen (zu lebhaft/zu leblos) können ablenkend wirken.
- Wahren Sie persönliche Distanz zu Ihrem Gesprächspartner (mindestens 50 cm).
- Vermeiden Sie es, hin und her zu schaukeln oder zu „tänzeln“, weil dadurch Unsicherheit und Unruhe ausgestrahlt werden.
- Bewegen Sie sich, dann bleiben auch Gespräche lebendig. „Festgefahrene“ Dialoge können Sie durch Bewegung wieder in Gang bringen (z. B. durch Veränderung der Haltung).

Im nächsten Bereich geht es um die **Gestik und Mimik** im Kundenkontakt. Der wohl wichtigste Grundsatz ist auch hier, dass die Gestik und Mimik mit den gesprochenen Worten kongruent sein müssen. Ist dies nicht der Fall, bauen die Kunden relativ schnell intuitiv Misstrauen auf. Darüber hinaus ist es auch hier hilfreich, die zentralen Botschaften zu kennen, die durch die Körpersprache (unbewusst) gegeben werden.

Die Gestik steht hierbei in engem Zusammenhang mit der Körperbewegung. Vor allem die Nutzung der Hände im Rahmen der Körpersprache spielt dabei eine große Rolle. Grundsätzlich werden drei Arten von Handbewegungen unterschieden [58]: ① *Sinnbilder*, also feststehende Gesten wie ein hochgestreckter Daumen oder ein aus Daumen und Zeigefinger gebildeter Kreis, ② *Illustratoren*, die gesprochene Worte beispielsweise durch Zeigen oder in der Luft nachzeichnen unterstreichen, und ③ *Anpasser*, die körperliche Bedürfnisse befriedigen oder helfen, emotionale Spannungen auszugleichen. Dazu gehören beispielsweise das Augenreiben, das Herumspielen mit einem Kugelschreiber oder das Händekneten.

Bei der **Gestik** sind deshalb und darüber hinaus insbesondere folgende Dinge zu beachten [57], [111]:

- Bleiben Sie kongruent. Die Gestik muss mit der Botschaft übereinstimmen. Nicht: „Ich sage ganz offen ..." und die Hände sind auf dem Rücken.
- Vermeiden Sie den Einsatz von Sinnbildern, da sie von Kulturkreis zu Kulturkreis von unterschiedlicher Bedeutung sein können.
- Vermeiden Sie den Einsatz von Anpassern, da sie nicht nur Unsicherheit vermitteln, sondern auch von Ihrer eigentlichen Botschaft ablenken.
- Vermeiden Sie dominante Gesten (erhobener Zeigefinger, Zeigefingerstoßbewegungen usw.). Dies signalisiert Drohung, Abwehr und Abwertung.
- Vermeiden Sie es, längere Zeit die Hände hinter dem Rücken zu halten, da hierdurch der Eindruck von Verschlossenheit und Unehrlichkeit entsteht.
- Achten Sie auf offene Arm- und Beinhaltung (vs. verschränkte Arme und Beine). Damit signalisieren Sie Offenheit und Entgegenkommen.

Der ausdrucksfähigste und am besten steuerbare Bereich der Körpersprache ist das Gesicht des Menschen. Die Mimik wurde im Rahmen der Körpersprache in der Psychologie mit Abstand am häufigsten untersucht [13]. Im Bereich der **Mimik** sind folgende Regeln hilfreich, um Gefühle bzw. Absichten zum Ausdruck bringen [13][26], [132]:

- Halten Sie Blickkontakt mit Ihren Gesprächspartnern. Das signalisiert Aufrichtigkeit.
- Wenden Sie Ihren Blick nicht ab, wenn Sie Vereinbarungen treffen, weil dadurch der Eindruck von Unehrlichkeit entsteht.
- Lächeln Sie im Gespräch, wenn Ihnen danach zumute ist. Ein ehrlich gemeintes Lächeln signalisiert Freundlichkeit und Entgegenkommen.
- Vermeiden Sie Gewohnheitsmimiken (Augenblinzeln, Lippenknabbern usw.), da sie ablenkend wirken.
- Vermeiden Sie drohende Mimik (Zusammenbeißen der Zähne, extremes Hochziehen der Augenbrauen usw.), da hierdurch Aggressivität und Abwehr signalisiert werden.

Gerade dem Blickkontakt kommt im Rahmen der Mimik eine große Bedeutung zu, er dient vor allem der Gesprächskontrolle. Man kann an der Intensität des Blickkontaktes ablesen, inwiefern die Gesprächspartner folgen können und wollen. Bricht der Blickkontakt immer häufiger ab, so kann dies ein Zeichen dafür sein, dass die Gesprächspartner einen selbst nicht verstehen, das Gespräch uninteressant finden oder dass eine gewisse Spannung zwischen den Gesprächspartnern herrscht. An dieser Stelle ist zu erwähnen, dass es individuelle Unterschiede im Blickkontaktverhalten gibt. Extrovertierte Menschen suchen in der Regel ähnlich wie Frauen mehr Blickkontakt [59], [63]. Bei der Interpretation des Verhaltens sollten diese Umstände also berücksichtigt werden.

Die **Sprache** stellt einen weiteren Bereich der nicht-verbalen Kommunikation dar. Auf den ersten Blick scheint das nicht logisch. Betrachtet man jedoch verbale Kommunikation als einen Austausch von Informationen mit Hilfe von Wörtern, so fließen Aspekte wie Lautstärke oder Geschwindigkeit nicht in die Betrachtung ein. Sie gehören deshalb auch in den Bereich der nicht-verbalen Kommunikation.

Während des Sprechens gibt es typische Bewegungsmuster, die beispielsweise thematische Wechsel im Gespräch oder eine Aufforderung zum Sprechen unterstreichen. In diesem Zusammenhang spricht man vom sogenannten **Sprechrythmus** [43]. Folgende Dinge sind dabei zu beachten [55]:

- Passen Sie sich dem Sprechrythmus Ihrer Kunden an. Sie erzeugen so Synchronität, die zu einem positiven Gesprächsklima führt.
- Folgen Sie als Zuhörer der Redeaufforderung Ihrer Kunden, beispielsweise signalisiert durch eine offene Handbewegung oder eine Frage.
- Lassen Sie als Zuhörer die Kunden ausreden, wenn sie Sie mit einer angespannten Hand- oder Körperhaltung dazu auffordern.
- Folgen Sie als Sprecher dem weiteren Informationsbedarf der Kunden, den sie durch Nicken, Nachfragen oder Aussagen wie „mhm" signalisieren.
- Lassen Sie die Kunden zu Wort kommen, wenn sie Ihnen ihren Redebedarf durch beispielsweise Seufzen oder Abgelenktheit signalisieren.

Der **Sprachstil** stellt wie der Sprechrythmus auch einen Teil der Sprache im Rahmen der nicht-verbalen Kommunikation dar. Er bezieht sich jedoch nicht auf die Interaktion zwischen den beiden Gesprächspartnern, sondern allein auf den aktiven Part des Sprechers. Dieser kann folgende Regeln beachten:

- Sprechen Sie lebendig. Das verschafft Ihnen Kontakt und Aufmerksamkeit [132].
- Senken Sie Ihre Stimme. Dadurch strahlen Sie Souveränität und Vertrauenswürdigkeit aus.
- Sprechen Sie nicht zu schnell oder langsam. Sie riskieren sonst, Ihre Gesprächspartner zu verlieren.

- Vermeiden Sie Sprechfehler, da Sie hierdurch an Überzeugungskraft verlieren [127].
- Achten Sie auf verständliche und fließende Sprache. Damit signalisieren Sie Kompetenz und gewinnen an Überzeugungskraft [127], [146].
- Passen Sie Ihre eigene Lautstärke in etwa an die der Gesprächspartner an [27].
- Vermeiden Sie unnötige Füllwörter wie beispielsweise „ähm". Sie beeinträchtigen Ihre Souveränität.

Der letzte Bereich ist die **nicht-verbale Kommunikation am Telefon**. Lange Zeit war man der irrtümlichen Auffassung, dass die Gesprächspartner am anderen Ende der Telefonleitung lediglich die gesprochenen Worte wahrnehmen. Heute ist bekannt, dass auch nicht-verbale Signale und Stimmungen einen wesentlichen Einfluss auf die Reaktionen der Gesprächspartner haben. Im Verlauf des Telefongesprächs können – zusätzlich zu den Empfehlungen zum Sprechstil – nicht-verbale Signale insbesondere ausgedrückt werden, wenn Folgendes beachtet wird:

- Überprüfen Sie, wie Sie am Telefon klingen (z. B. durch Tonbandaufnahmen).
- Hören Sie aktiv zu. Das signalisiert Interesse.
- Telefonieren Sie mit der linken Hand. Das aktiviert die rechte Gehirnhälfte und damit die gefühlsbetonten Gehirnregionen [20][127], [179]. Dadurch klingt Ihre Stimme sympathischer.
- Lächeln Sie – auch am Telefon. Die Stimme klingt dadurch freundlicher.
- Atmen Sie aus, bevor Sie den Hörer abnehmen. Entspannen Sie sich einen Moment. Ihre Stimme wirkt dann sicherer und weniger gepresst.
- Telefonieren Sie im Stehen! Die Stimme wirkt dadurch selbstbewusster. Menschen, die sitzen, sprechen leiser und wirken gehemmter – außer sie haben die Füße lässig auf dem Tisch.

Es stellt sich nun die Frage, wie die Techniken zur nicht-verbalen Kommunikation an die Mitarbeiter vermittelt werden können. Wie bei den anderen Facetten der Sozialkompetenz sehen wir den Workshop als am wirksamsten an. Im Folgenden konzentrieren wir uns auf die inhaltlichen Schwerpunkte der zweiten (Lernphase) und dritten Phase (Anwendungsphase) des Workshops. Hinsichtlich der ersten (Einleitung) und vierten Phase (Abschluss) verweisen wir auf die Erläuterungen im Zusammenhang mit dem Führungsverhalten (vgl. Abbildung 3.6).

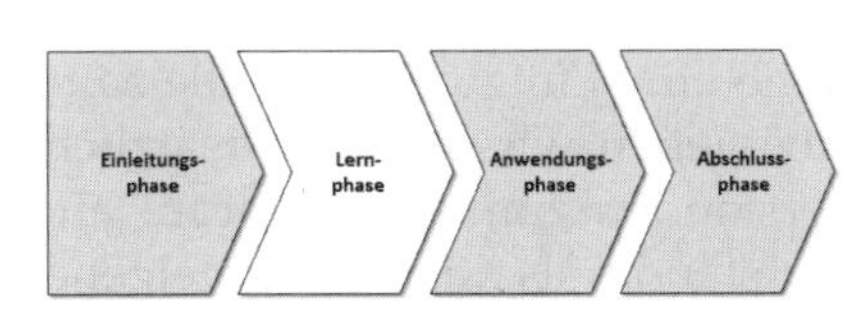

In der **Lernphase** geht es in erster Linie darum, den Teilnehmern einen Überblick über die Bereiche der nicht-verbalen Kommunikation zu geben und sie von deren Bedeutung für den Erfolg im Kundenkontakt zu überzeugen. In dieser Phase sollte der Moderator insbesondere auf folgende Fragen eingehen:

- Warum ist die nicht-verbale Kommunikation wichtig? Hier sind insbesondere das Ergänzen der gesprochenen Worte und das Ausdrücken von Gefühlen zu nennen.
- Welche Bereiche der nicht-verbalen Kommunikation gibt es und was sagen sie aus? Zur Beantwortung dieser Frage ist auf die einzelnen Bereiche (vgl. Abbildung 4.9) einzugehen.

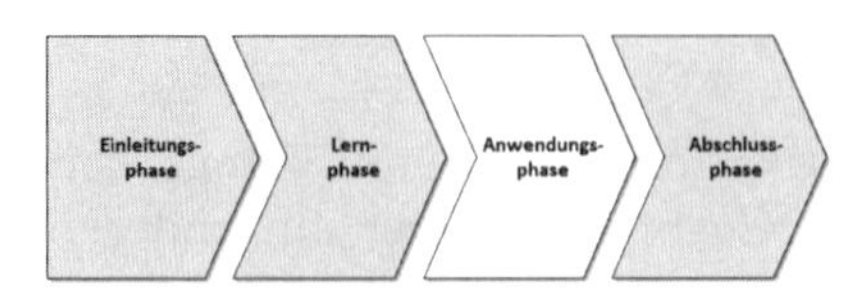

In der **Anwendungsphase** können die Ausdrucksformen der nicht-verbalen Kommunikation in zweierlei Hinsicht eingeübt werden: zum einen durch ein Rollenspiel zweier Personen und zum anderen durch ein Gruppentraining. In dem Rollenspiel werden zwei Teilnehmer des Workshops gebeten, ein Beratungsgespräch mit Kunden zu simulieren. In diesem Rollenspiel sollen Mitarbeiter und Kunden ihre verbalen Äußerungen bewusst durch ihre Körpersprache unterstreichen. Die übrigen Teilnehmer werden gebeten, den Gesprächsverlauf intensiv zu beobachten, um ihn später zu analysieren. Das Rollenspiel hat folgende Trainingseffekte zum Ziel:

1. Trainieren der eigenen Körpersprache (Rollen des Kunden und des beratenden Mitarbeiters).
2. Sensibilisieren für die Signale der Körpersprache durch Beobachtung (beobachtende Teilnehmer).

Am Ende des Rollenspiels wird der Gesprächsverlauf zunächst durch die beiden Beteiligten, danach durch die übrigen Teilnehmer und abschließend durch den Moderator kommentiert.

Eine weitere Möglichkeit zum Einüben der nicht-verbalen Kommunikation ist das Gruppentraining. Hierbei werden die Teilnehmer gebeten, etwa 15 Minuten über ein Thema ihrer Wahl zu diskutieren. Bei dieser Übung ist es wichtig, dass die Teilnehmer vorher einen möglichst klaren Standpunkt festlegen, den sie innerhalb der Diskussion vertreten. Zum Unterstreichen der hervorgebrachten Argumente werden die Teilnehmer angehalten, gezielt ihre Körpersprache einzusetzen. Bei dieser Übung ist es erforderlich, Videoaufzeichnungen vorzunehmen, um den Gesprächsverlauf sowie die Signale der Körpersprache interpretieren zu können.

4.3.5 Der Umgang mit Widerständen

Häufig enden wichtige Gespräche mit Kunden ohne eine Einigung, weil die Mitarbeiter mit Widerständen der Kunden nicht umzugehen wissen. Grundsätzlich kommt es beim erfolgreichen Umgang mit Widerständen zum einen darauf an, Ruhe zu bewahren, und zum anderen, die Widerstände als Chance für eigene

Argumente zu nutzen. Diese beiden Grundsätze spiegeln sich in sechs Techniken wider, die den Umgang mit Widerständen erleichtern [13], [217]:

- Technik der bedingten Zustimmung,
- Bumerang-Technik,
- Referenz-Technik,
- Transformations-Technik,
- Kompensations-Technik und
- Puffer-Technik.

Bei der **Technik der bedingten Zustimmung** wird dem Einwand der Kunden zunächst grundsätzlich zugestimmt, um eine Besänftigung der Kunden zu erzielen. Anschließend werden konkrete Gegenargumente zur Beseitigung der Einwände hervorgebracht. Die Technik wird in folgenden zwei Schritten durchgeführt:

1. Grundsätzliche Anerkennung. Beispielhafte Formulierungen können hier sein: „Ich stimme Ihnen im Wesentlichen zu.“ „Grundsätzlich gebe ich Ihnen Recht.“
2. Hervorbringen von Gegenargumenten. Eine beispielhafte Formulierung kann hier sein: „Als Vorteil steht diesem vermeintlichen Nachteil gegenüber ...“

Bei der Anwendung der **Bumerang-Technik** wird dem Einwand der Kunden zunächst voll zugestimmt. Anschließend wird der Einwand in ein eigenes Argument umgewandelt. Diese Vorgehensweise wird durch die folgende beispielhafte Formulierung verdeutlicht: „Diese Einschränkung sehen Sie richtig. Sie schützt Sie jedoch gleichzeitig davor ...“

Eine weitere Methode, um mit Widerständen umzugehen, ist das Bezugnehmen auf andere, den Kunden bekannte Personen oder Institutionen, wie es bei der Anwendung der **Referenz-Technik** praktiziert wird. Um Widerstände zu vermeiden oder darauf zu reagieren wird von positiven Aussagen anderer (positiv belegter) Personen berichtet. Referenzgruppen können bekannte Persönlichkeiten, aber auch Bekannte (Kollegen usw.) der Kunden sein. Die folgende beispielhafte Formulierung verdeutlicht diese Technik: „Viele Ihrer Kollegen haben sich auch für diesen Weg entschieden und sind sehr zufrieden damit.“

Bei dieser Technik ist zu beachten, dass sie nicht in jeder Situation angewendet werden kann. Ein wesentliches Kriterium für die Anwendbarkeit ist, ob es sich um Firmen- oder Privatkunden handelt. Beispielsweise kann die Referenz-Technik im Privatkundenbereich sehr wirkungsvoll sein. Hingegen kann diese Technik im Firmenkundengeschäft möglicherweise das Gegenteil bewirken, wenn den Kunden die unmittelbare Konkurrenz als Referenz genannt wird.

Die **Transformations-Technik** zielt in erster Linie darauf ab, die Schärfe des Einwandes der Kunden abzumildern. Dies kann einerseits durch das Wiederholen des Einwandes in gemilderter Form sowie das Ansprechen des erwarteten Einwandes, bevor die Kunden ihn aufgreifen, erfolgen. Eine beispielhafte Formulierung für diese Methode ist: „Hier könnte man einwenden, dass ...".

Mit dieser Technik eng verbunden ist die **Kompensations-Technik**. Auch sie zielt auf die Abmilderung der Schärfe des Einwandes ab. Sie greift jedoch auf die Strategie zurück, den Einwand der Kunden aufzugreifen und beispielsweise den Nachteil eines Produktes zuzugeben, jedoch gleichzeitig einen Vorteil aufzuzeigen, der den Einwand kompensiert: „Das sehen Sie vollkommen richtig, aber ist es nicht so, dass...?"

Die **Puffer-Technik** wird insbesondere dann angewendet, wenn Kunden emotional erregt sind. Hierbei geht es darum, den Kunden zu zeigen, dass sie verstanden werden, um sie dadurch zu beruhigen. Es kommt auf drei Dinge an:

1. Aktives Zuhören (vgl. Tabelle 4.4 in diesem Kapitel) und hierbei insbesondere das Wiederholen der Aussagen der Kunden,
2. Unterlassen von direktem Widerspruch sowie
3. Ansprechen der Gefühle der Kunden, um zu signalisieren, dass sie verstanden werden.

Auch bei dieser Technik gibt es beispielhafte Formulierungen, die deren Anwendung verdeutlichen: „Ich kann verstehen, dass Sie so denken." „Ich verstehe Ihre Bedenken." „Da habe ich auch Zweifel gehabt, als ich es zum ersten Mal gehört habe, aber ..." „Auch anderen ist es zuerst so ergangen."

Grundsätzlich lässt sich sagen, dass sich die unterschiedlichen Techniken besonders für bestimmte Situationen eignen [78]. Zusätzlich zu den oben genannten fünf Techniken, sind weitere drei Techniken für den Umgang mit Widerständen geeignet: der direkte Widerspruch, die Frage-Technik und die Technik des Verlaufenlassens. Allerdings ist anzumerken, dass diese Techniken eher in Ausnahmefällen angewendet werden sollten. Der direkte Widerspruch eignet sich beispielsweise, wenn der Widerstand der Kunden äußerst unberechtigt ist. Die Frage-Technik ist geeignet, um sich selbst Zeit zu verschaffen auf die Situation angemessen reagieren zu können, wenn beispielsweise der Widerstand der Kunden auf starker Aggressivität beruht. Nur wenn der Widerstand der Kunden von äußerst geringer Bedeutung ist, sollte die Technik des Verlaufenlassens angewendet werden. Das Gespräch sollte dann freundlich zu einem anderen Thema übergeleitet werden.

Nachdem wir nun einige Techniken zum Umgang mit Widerständen kennengelernt haben, stellt sich auch hier die Frage, wie eine Führungsperson diese Techniken an ihre Mitarbeiter vermitteln kann. Auch bei dieser Facette der Sozialkompetenz hat sich der Workshop als am wirksamsten erwiesen. Bei den folgenden Ausführungen zum Workshop (vgl. Abbildung 3.6) konzentrieren wir uns auf die zweite und dritte Phase, da hier inhaltliche Besonderheiten zu beachten sind.

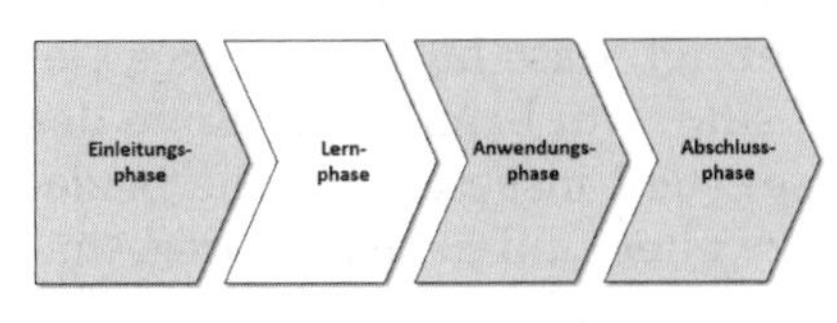

In der **Lernphase** geht es in erster Linie darum, den Teilnehmern einen Überblick über die verschiedenen Techniken zum Umgang mit Widerständen zu geben und sie von deren Bedeutung für den Erfolg im Kundenkontakt zu überzeugen. In dieser Phase sollte der Moderator insbesondere auf folgende Fragen eingehen:

- Warum ist der Umgang mit Widerständen wichtig? Hier sind insbesondere das Vermeiden von Gesprächsabbrüchen und die Steigerung des Gesprächserfolges zu nennen.
- Welche Techniken zum Umgang mit Widerständen gibt es? Auf diese Frage kann durch das Erläutern der fünf Techniken eingegangen werden.

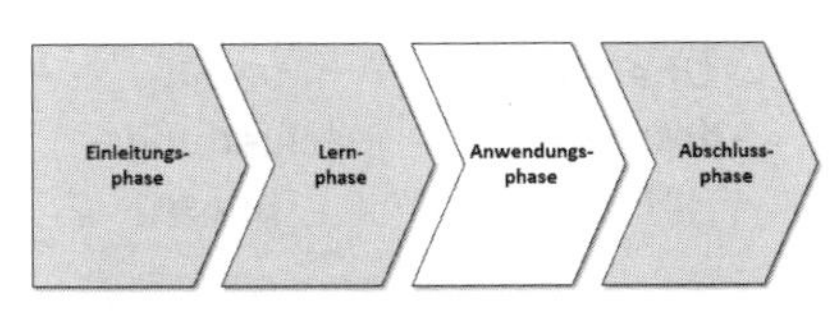

In der **Anwendungsphase** können die Techniken zum Umgang mit Widerständen am besten innerhalb eines Rollenspieles eingeübt werden. Das Rollenspiel kann beispielsweise vor folgendem Hintergrund durchgeführt werden: Bei einem sehr wichtigen Kunden gehen die Umsätze stark zurück. Auf eine Anfrage hin erhält der Vertriebsleiter die Information, dass der Einkaufsleiter kurzfristig gewechselt hat. Aus sicherer Quelle erfährt er außerdem, dass der neue Einkaufsleiter gegenüber dem Unternehmen als Anbieter sehr kritisch ist und bereits darüber nachdenkt, die Zusammenarbeit zu beenden. Der Vertriebsleiter reagiert sofort und vereinbart mit dem Kunden ein persönliches Gespräch, in dem er den Kunden von den Leistungen des Unternehmens und der weiteren Zusammenarbeit überzeugen will.

Im Vorfeld des Rollenspiels werden zunächst die Rollen des Vertriebsleiters und des Kunden festgelegt. Darüber hinaus ist es wichtig, dass gewisse Rahmenbedingungen (Produkt, Branche des Kunden usw.) festgelegt werden. Der Teilnehmer in der Rolle des Kunden sollte sich dadurch auszeichnen, dass er starke Widerstände hervorbringt, mit denen der Vertriebsleiter umzugehen hat.

Am Ende des Rollenspiels wird der Gesprächsverlauf zunächst durch die beiden Beteiligten, dann durch die übrigen Teilnehmer und abschließend durch den Moderator kommentiert.

Neben der eigenen Wahrnehmungs- und Kommunikationsfähigkeit hat die Gestaltung des Ablaufs des Kundengesprächs eine besondere Bedeutung. Auf diesen Aspekt konzentriert sich der folgende Abschnitt.

4.3.6 Kundengespräche zum Erfolg führen

Die letzte, aber nicht weniger wichtige Facette der Sozialkompetenz ist die Gestaltung des Gesprächsverlaufs. Die Erfahrung hat gezeigt, dass im Verlauf des Gesprächs unterschiedliche Aspekte von Bedeutung sind. Am Beginn und Ende des Gesprächs (Aufwärm- und Verabschiedungsphase) steht insbesondere die Beziehungsebene im Vordergrund. Hingegen ist in der zweiten und dritten Phase (Analyse- und Problemlösungsphase sowie Übereinstimmungsphase) auf der Sachebene der Schwerpunkt zu legen. Daher ist es sinnvoll, das Gespräch in mehrere Phasen aufzuteilen, die aus Abbildung 4.10 ersichtlich sind.

Abbildung 4.10 Phasen des Kundengesprächs im Überblick

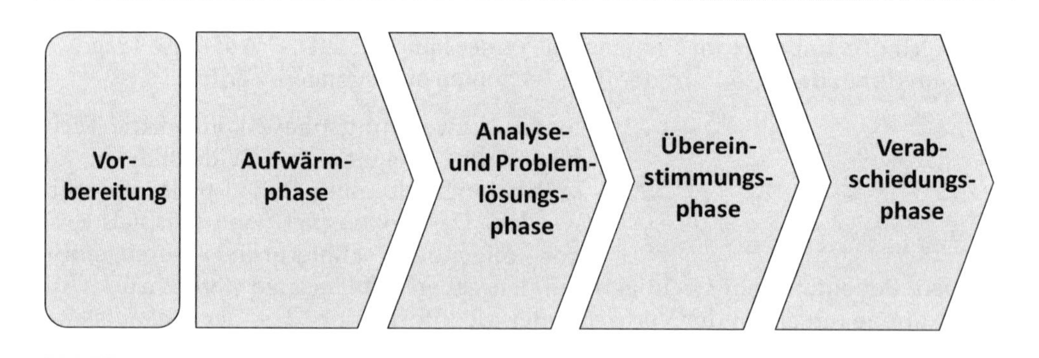

Gespräche mit Kunden können aus verschiedenen Anlässen geführt werden. Je nachdem, ob es sich um ein allgemeines atmosphärisches Gespräch, ein Grundsatzgespräch, ein Beratungs- oder ein Problemlösungsgespräch handelt, stehen andere Aspekte im Vordergrund. Unabhängig vom Hintergrund des Gesprächs sind zwei Dinge für dessen Erfolg entscheidend: die Vorbereitung und die Durchführung. In beiden Bereichen gibt es grundlegende Aspekte zu beachten, auf die wir im Folgenden eingehen werden.

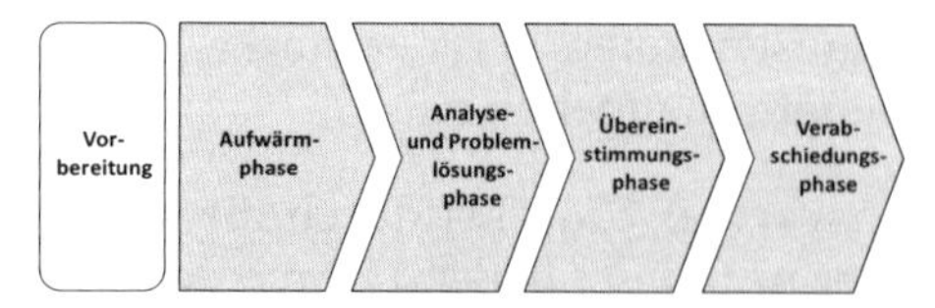

Die **Vorbereitung** des Kundengesprächs dient insbesondere dem Zweck, sich bereits im Vorfeld auf die Inhalte und die Ziele des Gespräches einzustellen. Hierbei stehen insbesondere die eigene Perspektive sowie einige kundenbezogene Aspekte im Mittelpunkt. In beiden Bereichen gibt es eine Reihe von Dingen, über die man sich im Vorfeld des Kundengesprächs klar werden sollte

Zunächst sind einige Fragen in Bezug auf die eigene Perspektive zu klären. Dabei geht es insbesondere darum, sich über den eigenen Standpunkt und die Ziele, die mit diesem Gespräch verfolgt werden sollen, klar zu werden. Es sind insbesondere folgende Fragen zu beantworten:

- Welche Ziele (Beratung, Problemlösung usw.) habe ich für dieses Gespräch?
- Durch welche Vorgehensweise möchte ich diese Ziele erreichen?
- Welchen Nutzen (Beratung, Problemlösung usw.) kann mein Unternehmen diesen Kunden bieten?
- Welche Einwände erwarte ich und wie werde ich damit umgehen?

In Bezug auf die Kunden sind insbesondere folgende Fragen im Vorfeld zu beantworten:

- Welche Zielsetzungen verfolgen die Kunden mit diesem Gespräch?
- Was erwarten die Kunden von mir in diesem Gespräch?
- Was weiß ich über das Unternehmen der (potenziellen) Kunden (bei Firmenkunden)?
- Welche Leistungen bieten die Kunden an (bei Firmenkunden)?
- Wie sind die Prozesse der Kunden organisiert (bei Firmenkunden)?

Nachdem diese Fragen weitgehend beantwortet sind, kann das Gespräch mit den Kunden geführt werden. Das eigentliche Kundengespräch unterteilt sich in vier Phasen, die sich zum einen inhaltlich und zum anderen in Bezug auf die Gewichtung der Sach- und Beziehungsebene unterscheiden. Wir werden im Folgenden auf jede dieser Gesprächsphasen eingehen.

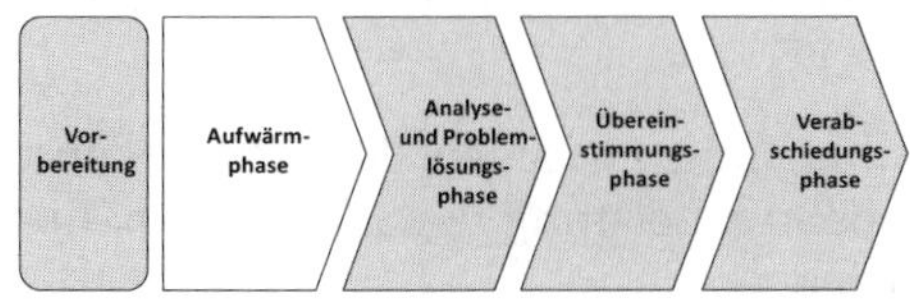

In der **Aufwärmphase** geht es insbesondere darum, eine angenehme Gesprächsatmosphäre zu schaffen und das Interesse des Kunden zu wecken. Diese Phase kann durch ein schrittweises Vorgehen gestaltet werden, das den Gesprächserfolg positiv beeinflusst:

1. Korrektes Begrüßen der Kunden und Erkundigen nach deren persönlichem Befinden.
2. Vorstellen der eigenen Person.
3. Ausräumen eventueller Vorurteile oder Widerstände der Kunden allgemeiner Art (z. B. gegen das Unternehmen allgemein).
4. Eingehen auf den Grund des Gespräches.

Erst dann, wenn die Mitarbeiter das Gefühl haben, dass eine relativ gelöste Gesprächsatmosphäre geschaffen ist, kann mit der nächsten Phase des Kundengespräches begonnen werden.

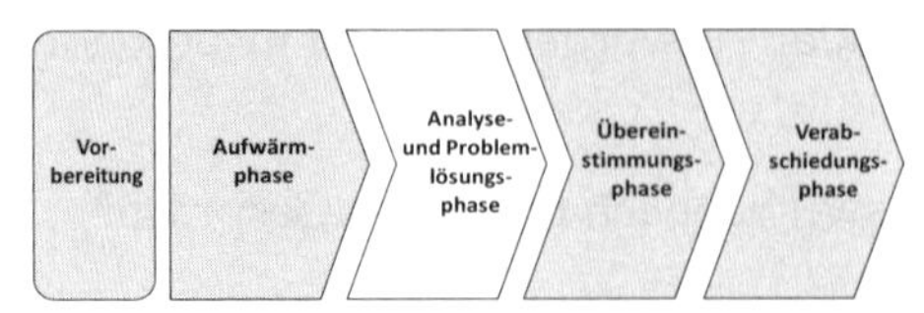

In der **Analyse- und Problemlösungsphase** geht es darum, die Bedürfnisse oder das Problem der Kunden zu analysieren und eine entsprechende Lösung anzubieten. In der Praxis hat sich gezeigt, dass die folgende Vorgehensweise für die erfolgreiche Gestaltung dieser Phase förderlich ist:

1. Ansprechen der Bedürfnisse bzw. des Problems der Kunden.
2. Herausarbeiten einer spezifischen Lösung für die Kunden. Diese kann in einer allgemeinen Beratung, dem Angebot von bestimmten Produkten oder spezifischen, individualisierten Problemlösungen bestehen.
3. Eingehen auf Rückfragen oder Widerstände des Kunden.

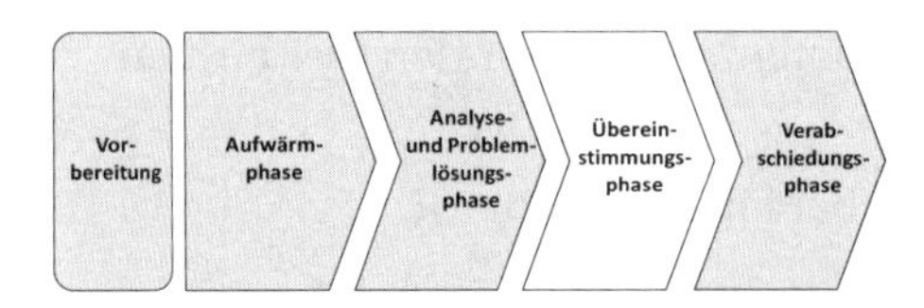

Die **Übereinstimmungsphase** zielt im Wesentlichen darauf ab, einen Konsens mit den Kunden zu erzielen. Diese Phase läuft in vier Schritten ab:

1. Zusammenfassen der bisher besprochenen Dinge.
2. Nochmaliges Rückversichern, dass bei den Kunden keine offenen Fragen oder Widerstände mehr vorliegen.
3. Einholen der Zustimmung der Kunden.
4. Besprechen der weiteren Vorgehensweise (vertiefendes Gespräch, Prozessgespräch, Form der Leistungserbringung usw.).

Am Ende dieser Phase sollte eine Übereinstimmung zwischen den Mitarbeitern und den Kunden (in Bezug auf eine Problemlösung, Leistung usw.) vorliegen. Erst dann kann das Kundengespräch beendet werden.

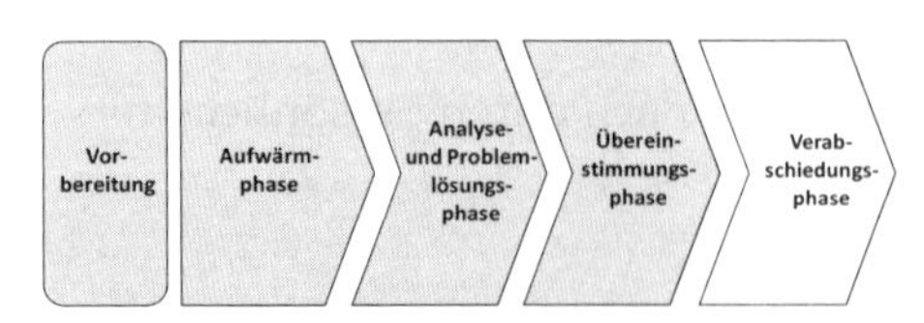

Nach dem Motto „Der erste Eindruck ist der wichtigste und der letzte Eindruck ist der bleibende“ geht es in der **Verabschiedungsphase** darum, einen nachhaltig positiven Eindruck bei den Kunden zu hinterlassen. In dieser Phase geht es also weniger um sachliche Inhalte als vielmehr um das Pflegen der Beziehungsebene. Dafür sind folgende Aspekte förderlich:

- Ausdrücken der Freude über dieses Gespräch durch die Mitarbeiter (Ansprechen der Gefühle der Kunden),

- Signalisieren von persönlicher permanenter Erreichbarkeit bzw. Nennen eines permanenten Ansprechpartners sowie
- Verabschieden der Kunden.

Wie kann nun die Gestaltung des Kundengesprächs den einzelnen Mitarbeitern vermittelt werden? In der Praxis ist dieser Bereich der Sozialkompetenz häufig in einen Verhaltens-Workshop eingebunden (vgl. Abbildung 3.6). Das Vermitteln der Grundlagen sowie das praktische Einüben der Gestaltung des Gesprächsverlaufes finden in der Lernphase sowie der Anwendungsphase statt. Auf diese Phasen gehen wir im Folgenden näher ein.

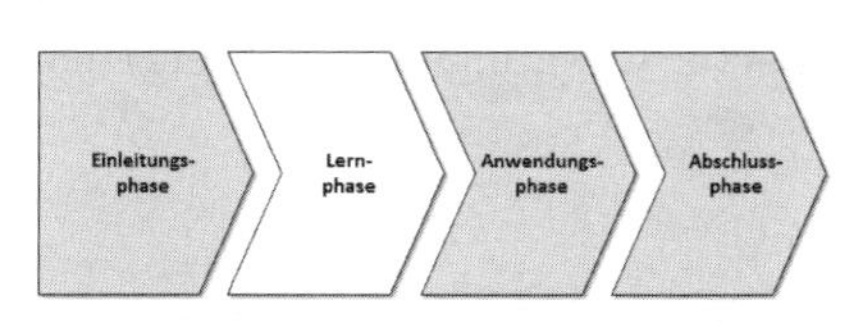

In der **Lernphase** wird den Teilnehmern ein Überblick über die verschiedenen Phasen des Kundengesprächs (vgl. Abbildung 4.10) gegeben. Ein weiteres Ziel ist es, die Teilnehmer von der Bedeutung der Gesprächsgestaltung für den Erfolg im Kundenkontakt zu überzeugen. In dieser Phase ist insbesondere auf die folgenden Aspekte einzugehen:

- Warum ist die Gestaltung des Gesprächsverlaufs wichtig? Zur Beantwortung dieser Frage sind zum einen das gezielte Steuern des Gesprächsverlaufs durch intensive Vorbereitung und zum anderen das bessere Eingehen auf die Kunden durch Berücksichtigung der zwischenmenschlichen und sachlichen Aspekte während des Gesprächs zu nennen.
- Wie kann das Kundengespräch erfolgreich gestaltet werden? An dieser Stelle sollte auf die Phasen des Kundengesprächs (vgl. Abbildung 4.10) eingegangen werden.

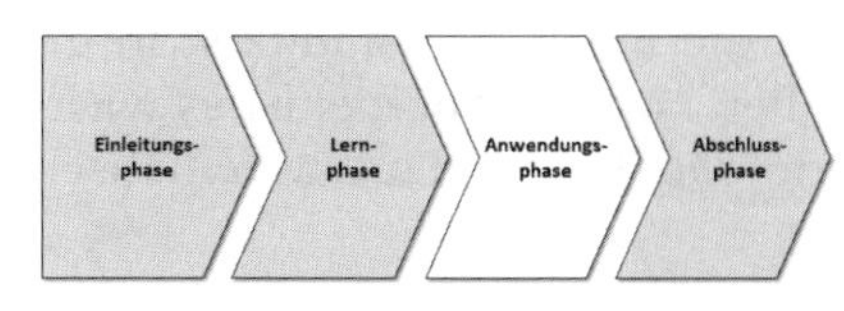

Die Gestaltung des Gesprächsverlaufs kann im Rahmen der **Anwendungsphase** am besten in einem Rollenspiel eingeübt werden. Hierbei werden zwei Teilnehmer gebeten, ein Gespräch zu simulieren. Das Gespräch kann beispielsweise vor dem Hintergrund stattfinden, dass eine spezifische Problemlösung für wichtige Kunden erarbeitet werden soll. Im Vorfeld des Gesprächs erhalten die Mitarbeiter zehn Minuten Zeit, um das Gespräch (mit seinen Phasen) vorzubereiten. Darüber hinaus ist es im Vorfeld des Rollenspiels wichtig, dass gewisse Rahmenbedingungen (Produkt, Branche des Kunden usw.) festgelegt werden.

Am Ende des Rollenspiels wird der Gesprächsverlauf zunächst durch die beiden Beteiligten, danach durch die übrigen Teilnehmer und abschließend durch den Moderator kommentiert.

4.4 Selbstorganisation: Das Chaos besiegen

Die Fachkompetenz beinhaltet nach unserem Verständnis in erster Linie zwei Dinge: fachliche Kenntnisse der Mitarbeiter und systematische Selbstorganisation.

Die fachlichen Kenntnisse sind sehr stark von der spezifischen Situation des Unternehmens abhängig. Der systematische Auf- und Ausbau dieser Kenntnisse kann am effektivsten mit Hilfe von unternehmensspezifischen Weiterbildungsprogrammen erreicht werden [151], [186].

Den Schwerpunkt dieses Abschnittes bildet der zweite Aspekt: die Fähigkeit zur Selbstorganisation der Mitarbeiter. Die systematische Organisation der eigenen Arbeitstätigkeit bietet insbesondere folgenden Nutzen:

- Erhöhen der eigenen Leistungsfähigkeit,
- reibungslose Zusammenarbeit mit Kollegen, Führungskräften und anderen Unternehmensbereichen (interne Kunden-Lieferanten-Beziehungen) sowie
- reibungslose Gestaltung der kundenbezogenen Prozesse.

Wer seine eigene Organisation nicht im Griff hat, kann letztlich auch im Kundenkontakt nicht effektiv und effizient sein.

Auf der Basis von arbeitspsychologischen Erkenntnissen [172] und Beobachtungen in der Unternehmenspraxis haben wir fünf Kernbereiche unterschieden, welche die Fähigkeit zur Selbstorganisation der Mitarbeiter ausmachen (vgl. Abbildung 4.11).

Der erste Kernbereich, der **konzeptionelle Arbeitsstil**, ist insbesondere für Führungskräfte und Mitarbeiter ein wichtiges Thema, die ihre Arbeitstätigkeit in inhaltlicher und zeitlicher Hinsicht relativ frei gestalten können. Hierbei ist es wichtig, sich selbst Ziele und Prioritäten zu setzen und den Tagesablauf systematisch zu planen.

Abbildung 4.11 Die fünf Kernbereiche der Selbstorganisation

Der erste Ansatzpunkt zur Verbesserung des konzeptionellen Arbeitsstils ist das **Festlegen von Zielen und Prioritäten** sowie deren systematisches Angehen. Während realistisch gesteckte Ziele eine Richtung vorgeben und einen motivierenden Rahmen für das Handeln der Mitarbeiter darstellen, können unrealistisch gesteckte Ziele zu erhöhtem Zeitdruckerleben und zu Demotivation führen. Deshalb sind beim Festlegen der Ziele folgende Dinge zu beachten:

- Setzen Sie sich motivierende, aber realistische Ziele.
- Setzen Sie Prioritäten innerhalb der einzelnen Ziele nach ihrer Bedeutung.
- Verfolgen Sie Ihre Ziele nach Möglichkeit in der Reihenfolge der Prioritäten.
- Überprüfen Sie regelmäßig (halbjährlich bzw. jährlich) die Aktualität Ihrer Ziele und verwerfen Sie ggf. einzelne Ziele.
- Schaffen Sie weitgehende Harmonie zwischen Ihren persönlichen Zielen bzw. Werten und Ihren beruflichen Zielen.

Der zweite Ansatzpunkt konzentriert sich auf die **Systematik des eigenen Arbeitshandelns**. Mangelnde Systematik drückt sich in blindem Aktionismus aus. Dieser ist dadurch gekennzeichnet, dass die Fülle der Aufgaben nahezu ohne Systematik, fast in panischer Weise, angegangen wird. Die Ursache hierfür ist ein hohes Maß an erlebtem Zeitdruck. Auch hier gibt es einige zentrale Verbesserungsmaßnahmen, die zu einer Steigerung der Systematik des Arbeitshandelns führen (in Anlehnung an [110]):

1. Minimieren Sie Termine. Diesem Grundsatz kann insbesondere durch folgende Maßnahmen Rechnung getragen werden:
   - Geben Sie nicht allen Terminwünschen nach.
   - Merken Sie sich Eigentermine im Kalender vor und nehmen Sie diese konsequent wahr (z. B. für konzeptionelles Arbeiten).
   - Schaffen Sie sich Zeitblöcke für Termine und persönliche Gespräche mit Kollegen, Mitarbeitern und Kunden.
2. Bearbeiten Sie Aufgaben nach Möglichkeit nur einmal. Dieser Grundsatz kann durch folgende Maßnahmen umgesetzt werden:
   - Erledigen Sie unerfreuliche Aufgaben (die das Gefühl der Arbeitsüberlastung fördern) sofort.
   - Schließen Sie Aufgaben nach Möglichkeit vollständig ab, anstatt sie mehrmals anzugehen.
3. Halten Sie sich den Kopf frei. Folgende Maßnahmen sind hierfür hilfreich:
   - Konzentrieren Sie Ihre Gedanken auf eine einzige Sache.
   - Lenken Sie Ihre Gedanken von den vielen unerledigten Aufgaben ab.
   - Schieben Sie kleinere Dinge, die Ihnen das Gefühl geben, überlastet zu sein, nicht auf, sondern schaffen Sie sich Puffer für operative Angelegenheiten.
   - Reagieren Sie unverzüglich auf kleine Anzeichen größer werdender Probleme.
4. Arbeiten Sie Rückstände auf. Folgende Maßnahmen tragen dazu bei:
   - Listen Sie die Dinge auf, mit denen Sie im Rückstand sind.
   - Stellen Sie die Ursachen für den Rückstand fest.
   - Setzen Sie Prioritäten, welche Rückstände zuerst abzuarbeiten sind.
   - Planen Sie Pufferzeiten ein, um Rückstände aufzuarbeiten.
   - Beheben Sie die Ursachen, die zu Rückständen geführt haben.

5. Unterbinden Sie Störungen. Folgende Maßnahmen können Ihnen dabei helfen [40]:
   - Schließen Sie Ihre Bürotür, wenn Sie ungestört arbeiten wollen, und öffnen Sie sie, wenn Sie für Nachfragen zur Verfügung stehen.
   - Planen Sie in Ihrem Tagesablauf die Dinge ein, die Sie sonst als Unterbrechung empfinden würden: Sprechzeiten, Austausch mit Kollegen oder Projektarbeit.
   - Schalten Sie Ihr Mobiltelefon aus, wenn Sie an wichtigen Aufgaben arbeiten, oder geben Sie es Ihrem Assistenten mit der Bitte, nur dann zu stören, wenn es äußerst wichtig ist.
   - Nutzen Sie Wartezeiten beispielsweise an Bahnhöfen oder Flüge zur konzentrierten Arbeit.
   - Arbeiten Sie zu den Randzeiten, wenn Sie niemand stören kann.

Gerade für Führungskräfte sollten der erste und der letzte Punkt der Systematik des Arbeitsstils – die Verkürzung von Terminen und die Unterbindung von Unterbrechungen – nicht nur für den eigenen Arbeitsstil, sondern auch für den Arbeitsstil der Mitarbeiter zum Ziel werden [204]. Bewahren Sie Ihre Mitarbeiter vor störenden Einflüssen und werden Sie nicht selbst zu einem. William Coyne, Leiter der Entwicklungsabteilung von 3M, äußerte sich zu diesem Zusammenhang wie folgt: „Wenn Sie einen Samen in die Erde gepflanzt haben, graben Sie ihn ja auch nicht jede Woche wieder aus, um zu sehen, wie er sich entwickelt."

Der dritte Ansatzpunkt zur Verbesserung des konzeptionellen Arbeitsstils ist das **Planen des Tagesablaufs**. Hier sind insbesondere folgende Maßnahmen hilfreich (in Anlehnung an [110]):

- Reflektieren Sie Ihre Aufgaben und Termine nach ihrer Wichtigkeit und Dringlichkeit.
- Schätzen Sie den zeitlichen Umfang der Aufgaben ab.
- Planen Sie ausreichende Pufferzeiten ein. Hierbei ist Folgendes zu beachten:
  - Verplanen Sie nach Möglichkeit maximal die Hälfte des Tages mit festen Terminen.
  - Planen Sie Pufferzeiten zwischen Terminen ein.
  - Planen Sie regelmäßige Pausen ein.
  - Legen Sie sich zeitlich begrenzte Vorgänge für nicht genutzte Pufferzeiten bereit.
  - Schaffen Sie sich ungestörte Zeitblöcke für zusammenhängende konzeptionelle Arbeiten.

- Bilanzieren Sie den Arbeitstag in den letzten 15 Minuten der Arbeitszeit und freuen Sie sich über erledigte Aufgaben.
- Übertragen Sie unerledigte Dinge auf den Tag, an dem sie mit hoher Wahrscheinlichkeit erledigt werden können.

Viele Menschen verbringen in einem Jahr zusammengerechnet mehrere Wochen damit, Dinge in ihrem Büro zu suchen. Eine erhebliche Zeitersparnis kann hier durch den zweiten Kernbereich der Selbstorganisation, die **systematische Schreibtischorganisation**, bewirkt werden. Systematische Schreibtischorganisation zeichnet sich insbesondere durch schnellen Zugriff auf benötigte Unterlagen sowie eine funktionierende Ablage aus. Bei den Verbesserungsmaßnahmen stützen wir uns auf ein praxiserprobtes Konzept (in Anlehnung an [110]). Wir konzentrieren uns im Folgenden auf die Organisation der Ablage und laufender Vorgänge sowie die Handhabung eingehender E-Mails.

Die **Organisation der Ablage** ist eine wichtige Hilfe, um die tägliche Informationsflut, sei es in Form von Papier oder Daten, zu bewältigen. Hierbei kann an drei Bereichen angesetzt werden:

- Organisation des Ablagesystems,
- Organisation der Aktenarten sowie
- systematischem Bearbeiten von Arbeitsakten.

Für das zügige Bearbeiten der laufenden Vorgänge ist es hilfreich, ein Ablagesystem mit drei Kategorien einzurichten. Diese werden in Tabelle 4.21 erläutert.

Tabelle 4.21 Kategorien des Ablagesystems

Eingehende Schriftstücke	Hierzu zählen eingehende Post und Mitteilungen, die man noch nie zuvor in der Hand hatte. Wenn hier etwas herausgenommen wird, sollte es nach Möglichkeit vollständig bearbeitet werden.
Laufendes	Dinge mit einer kurzen Verweildauer von ein bis zwei Tagen, die begonnen wurden, aber nicht völlig erledigt werden konnten (weil beispielsweise noch Informationen fehlen).
Ausgehende Schriftstücke	Diese Ablage ist vorgesehen für abgearbeitete Dinge, die weggelegt werden können. Sie sollte mehrmals am Tag geleert werden, wenn man aus dem Büro geht.

Für den Fall, dass man viel zu lesen hat, kann eine weitere Ablage „Zu Lesendes" eingerichtet werden. Hier ist unbedingt darauf zu achten, dass sich nicht zu viel ansammelt, indem kurze Artikel beispielsweise sofort gelesen werden.

Eine weitere Maßnahme, um der Papier- bzw. Informationsflut gerecht zu werden, ist das Einführen von drei Aktenarten. Diese werden in Tabelle 4.22 vorgestellt.

Tabelle 4.22 Arten von Akten

Arbeitsakten	Diese Akten sind für laufende Projekte und Routinearbeiten angelegt und werden am besten im Schreibtisch in einer Hängeregistratur aufbewahrt oder einer gesonderten Datei abgelegt. Arbeitsakten umfassen laufende Projekte und werden nach dem Beendigen des Projektes archiviert oder vernichtet bzw. gelöscht.
Nachschlage-akten	Sie machen einen Großteil der Akten in einem Büro aus. Zumeist in Ordnern (bzw. Dateien) gelagert (gespeichert), werden sie häufig herangezogen und müssen sich daher in der Nähe, nicht aber in direkter Reichweite befinden.
Archivakten	Diese Akten dokumentieren Arbeiten vergangener Jahre und werden gegebenenfalls aus rechtlichen Gründen noch gebraucht. Bei elektronischer Verwaltung dieser Akten sind in jedem Fall Sicherheitskopien zu erstellen.

Für die täglichen Prozesse haben die Arbeitsakten die größte Bedeutung. Diese können sowohl in Form von Registern als auch in elektronischer Form angelegt werden. Zum systematischen Arbeiten mit diesen Akten sind folgende Regeln zu beachten (in Anlehnung an [110]):

1. Legen Sie ein bestimmtes Fach (bzw. eine bestimmte Datei) für die Arbeitsakten an. Beachten Sie dabei, dass die Informationen immer griffbereit sein müssen und dass das Fach (bzw. die Datei) eindeutig und klar beschriftet ist.
2. Legen Sie einen eigenen Ordner für jedes Projekt und für jeden Vorgang an. Die Beschriftung jedes Ordners muss klar und eindeutig sein.
3. Entfernen Sie alle Ordner (bzw. Dateien), mit denen Sie nicht mehr arbeiten. Diese Akten werden entweder den Nachschlageakten (bzw. -dateien) oder den Archivakten (bzw. -dateien) zugeordnet.
4. Führen Sie ein Wiedervorlagesystem ein. Ein Teil darin ist entsprechend der Monate des Jahres von 1 bis 12, der andere entsprechend den Monatstagen von 1 bis 31 durchzunummerieren. Für elektronische Wiedervorlagesysteme existieren inzwischen eine Reihe von Programmen.

Der zweite Erfolgsfaktor der systematischen Schreibtischorganisation ist das **Handhaben von E-Mails**. Eine Befragung[2] von E-Mail Nutzern ergab, dass 26 % der Befragten am liebsten all ihre E-Mails löschen und wieder bei null anfangen würden. 60 % aller Befragten checken ihre E-Mails selbst im Badezimmer, sogar 15 % in der Kirche. Die Bearbeitung und Verwaltung elektronischer Dokumente sollte also erleichtert werden. Dies kann dadurch erreicht werden, dass die Festplatte in Verzeichnisse, Unterverzeichnisse und Dateien organisiert ist. Über manche Menschen rollt täglich eine Lawine von mehreren Dutzend E-Mails hinweg. Eine Hilfestellung, um dieser Informationsflut gerecht zu werden, geben die Maßnahmen in Tabelle 4.23.

Tabelle 4.23 Strategien zur Bewältigung der E-Mail Flut [87]

Empfänger Strategien	▪ Ordnen Sie Ihre elektronische Ablage in der gleichen Struktur, wie Sie Ihre Papierablage angelegt haben. ▪ Schalten Sie die automatische Eingangsbenachrichtigung ab und planen Sie Zeitfenster ein, in denen Sie E-Mails bearbeiten. ▪ Bearbeiten Sie eine E-Mail nach Möglichkeit nur einmal. ▪ Kennzeichnen Sie E-Mails nicht als ungelesen, wenn Sie sie bereits gelesen haben, sondern verschieben Sie sie in den entsprechenden Ordner in Ihrer Struktur. ▪ Benachrichtigen Sie den Absender, wann Sie seine E-Mail bearbeiten werden, wenn Sie sie nicht zeitnah bearbeiten können.
Sender Strategien	▪ Schreiben Sie leicht erfassbare E-Mails, indem Sie einen prägnanten Betreff wählen und im Text mit Aufzählungen und fetter Schrift arbeiten. ▪ Schreiben Sie den Inhalt kurzer E-Mails direkt in den Betreff und enden Sie mit „eom" für „end of message". ▪ Fügen Sie keine Anhänge an, deren Inhalt Sie in die Mail schreiben können. ▪ Machen Sie Vorschläge statt offene Fragen zu stellen: „Sollen wir uns um 10 Uhr treffen?", statt „Wann sollten wir uns treffen?". ▪ Nutzen Sie die „Cc"- und „Allen antworten"-Funktion mit Bedacht.

[2] Die Befragung wurde von AOL im Jahr 2008 unter 4000 US-amerikanischen E-Mail Nutzern durchgeführt.

Ein weiterer Kernbereich der Selbstorganisation wird in dem **Managen der persönlichen Leistungsfähigkeit** gesehen. In Untersuchungen konnte festgestellt werden, dass die menschliche Leistungsfähigkeit zu verschiedenen Tages- und Nachtzeiten unterschiedlich hoch ist (vgl. Abbildung 4.12).

Aus der Abbildung wird erkennbar, dass Menschen am Morgen (ca. 8.00 bis 12.00 Uhr) und am Abend (ca. 18.00 bis 21.00 Uhr) relativ leistungsfähig sind. Vergleichsweise gering ist die Leistungsfähigkeit hingegen vor 6.00 Uhr morgens, zwischen ca. 14.00 und 16.00 Uhr sowie nach 21.00 Uhr. Die leistungsschwachen Phasen kommen zum Ausdruck durch Anlaufprobleme (am Morgen), generelles Gefühl der Schlappheit und Müdigkeit, Leistungsloch (nach dem Mittagessen) und Konzentrationsstörungen.

Durch das Managen der persönlichen Leistungsfähigkeit zu unterschiedlichen Tageszeiten können Leistungstiefs vermieden und die Arbeitsleistung gesteigert werden.

Abbildung 4.12 Leistungsfähigkeit in Abhängigkeit von der Tageszeit [172]

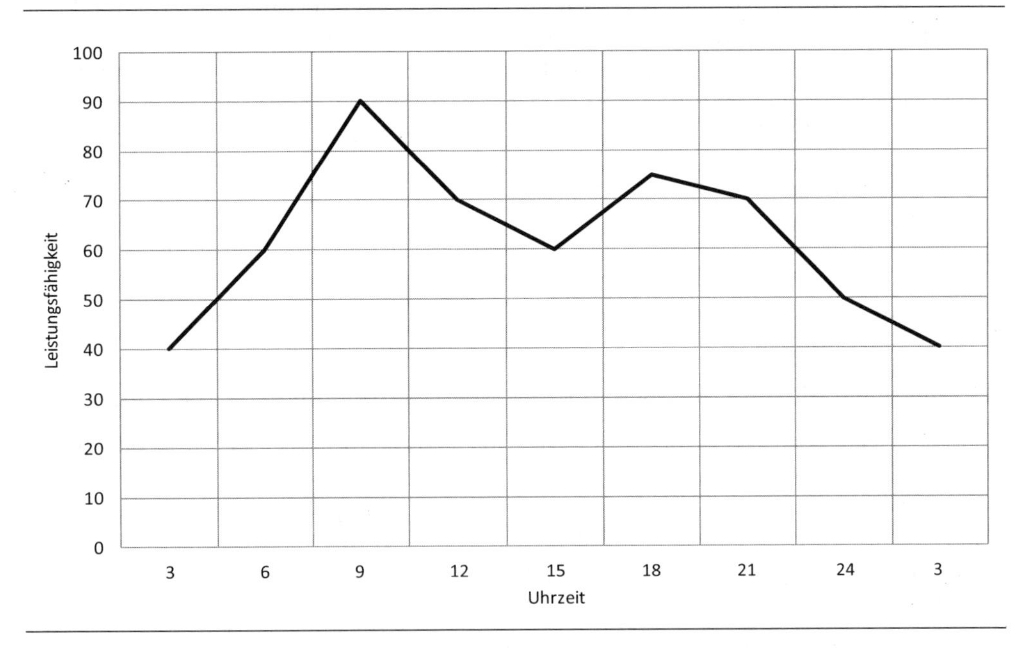

Die verschiedenen Aufgaben und Termine sind nach Möglichkeit entsprechend ihrer Schwierigkeit und Wichtigkeit über den Tag zu verteilen. Dabei ist die persönliche Leistungsfähigkeit in Abhängigkeit von der Tageszeit zu berücksichtigen.

Innerhalb des Managements der persönlichen Leistungsfähigkeit sollten folgende Aspekte beachtet werden:

- Verlegen Sie schwierige bzw. wichtige Aufgaben und Gespräche auf leistungsstarke Zeiten.
- Verlagern Sie weniger wichtiger Aktivitäten (Routine, Rückrufe, offene Tür, Betriebsrundgang usw.) auf leistungsschwache Zeiten.
- Legen Sie Pausen nach Möglichkeit auf leistungsschwache Zeiten.
- Vermeiden Sie Überstunden in Form von Nachtschichten. Dies ist erstens in Bezug auf die Leistungsfähigkeit gesehen relativ ineffizient und zweitens wird die leistungsstarke Arbeitszeit durch überhöhte Müdigkeit negativ beeinträchtigt.

Der vierte Kernbereich der Selbstorganisation ist das gekonnte **Delegieren** von Aufgaben und/oder Terminen an die Mitarbeiter. Der Versuch, alle Aufgaben selbst zu erledigen, kann viel Zeit kosten und im schlimmsten Fall zum Erlahmen der eigenen Prozesse führen. Daher gehört das richtige Delegieren von Aufgaben zu den wichtigsten organisatorischen Fähigkeiten von Führungskräften. Eine Führungskraft, die richtig delegiert, hat erkannt, nicht alles selbst machen zu müssen. Sie gibt klar umrissene Aufgabenstellungen weiter und unterbindet konsequent Rückdelegationsversuche von Seiten der Mitarbeiter. Richtiges Delegieren kann durch folgende Maßnahmen umgesetzt werden [110], [172]:

- Delegieren Sie Aufgaben rechtzeitig.
- Bestimmen Sie die richtigen Mitarbeiter für das Erledigen der delegierten Aufgabe.
- Formulieren Sie die Aufgabenstellung sowie das erwartete Ergebnis eindeutig und verständlich.
- Liefern Sie alle erforderlichen Informationen für das Erledigen der Aufgabe.
- Stellen Sie sicher, dass die delegierte Aufgabe von den Mitarbeitern vollständig und richtig verstanden wurde.
- Setzen Sie realistische Termine für das Fertigstellen der Aufgabe.
- Stehen Sie Ihren Mitarbeitern in ausreichendem Maße für Rückfragen zur Verfügung.

Der letzte Kernbereich der Selbstorganisation ist das **konsequente Verhalten**. Dies drückt sich dadurch aus, dass man Besprechungen (mit Kunden, aber auch Kollegen) zum einen vorbereitet und zielorientiert führt. Zum anderen subsumieren wir hierunter auch ein gewisses Maß an Selbstdisziplin im Umgang mit Kollegen und Führungskräften. Hierbei geht es insbesondere um das Unterbinden von Dingen, die mit der eigentlichen Arbeitsaufgabe wenig oder nichts zu tun haben (grundsätzliches Lamentieren über Fehlentwicklungen im Unternehmen, Privatgespräche mit Kollegen während der Arbeitszeit, Konflikte zwischen Kollegen usw.). Inkonsequentes Verhalten kann durch folgende Maßnahmen vermieden werden:

- Vereinbaren Sie nach Möglichkeit feste Termine für Besprechungen mit Kunden, Führungskräften und Kollegen.
- Bereiten Sie die Inhalte und den Ablauf von Besprechungen angemessen vor.
- Lehnen Sie konsequent weniger wichtige Anfragen ab. Haben Sie den Mut, auch einmal „Nein" zu sagen.
- Konzentrieren Sie Ihr Arbeitshandeln in erster Linie auf den eigenen Aufgaben- und Tätigkeitsbereich.
- Vermeiden Sie Grundsatzdiskussionen und längere Privatgespräche während der Arbeit.

Neben der persönlichen Leistungsfähigkeit aufgrund der sozialen und fachlichen Kompetenz hängt das kundenorientierte Verhalten der Mitarbeiter auch von deren Wahrnehmung des Arbeitsumfelds – der Mitarbeiterzufriedenheit – ab. Auf die Zufriedenheit der Mitarbeiter und deren Steigerung gehen wir im folgenden Abschnitt ein.

4.5 Durch zufriedene Mitarbeiter die Kunden begeistern

Im Folgenden geht es um einen Bereich des kundenorientierten Verhaltens, dessen Bedeutung für die Kundenorientierung zunehmend in der Unternehmenspraxis erkannt wird: die Zufriedenheit der Mitarbeiter. Dieser Faktor ist in zweierlei Hinsicht für die Kundenorientierung der Mitarbeiter bedeutend. Zum einen führt eine Steigerung der Mitarbeiterzufriedenheit beispielsweise über den Prozess der emotionalen Ansteckung direkt zu einer Steigerung der Kundenzufriedenheit. Zum anderen sorgen zufriedene Mitarbeiter indirekt für zufriedenere Kunden – nämlich durch ihre Verhaltensweisen und Leistungen [197], [200]. In zahlreichen Untersuchungen konnte festgestellt werden, dass nur wirklich zufriedene Mitarbeiter sich nachhaltig durch kundenorientiertes Verhalten für Kunden engagieren. Dies konnte in verschiedenen Dienstleistungsbranchen wie z. B. Banken und Versicherungen, gleichermaßen wie in Industriegüterunternehmen festgestellt werden [18][93][100][123][124], [200]. Zahlreiche Unternehmen haben heute umfassende Programme zur Steigerung der Mitarbeiterzufriedenheit durchgeführt, die jedoch nicht in allen Fällen erfolgreich waren. Eine wesentliche Ursache dafür ist die fehlende Systematik in der Planung und Durchführung der Maßnahmen [32].

Zur Steigerung der Mitarbeiterzufriedenheit kann an zwei Ebenen angesetzt werden:

1. *Ebene der einzelnen Mitarbeiter*: Die Maßnahmen werden für einzelne oder eine überschaubare Anzahl von Mitarbeitern (z. B. für ein Team) durchgeführt. Der Grad der Zufriedenheit sowie die Maßnahmen für einzelne Mitarbeiter sind der Führungskraft bekannt.

2. *Abteilungs- bzw. unternehmensübergreifende Ebene*: Auf die Steigerung der Mitarbeiterzufriedenheit wird innerhalb eines abteilungs- oder unternehmensweiten Veränderungsprozesses hingewirkt. Die Zufriedenheit wird auf dieser Ebene gemessen und kann nicht auf einzelne Mitarbeiter bezogen werden.

Auf der Ebene der einzelnen Mitarbeiter kann die Führungskraft relativ gezielt auf die Mitarbeiterzufriedenheit eingehen. Einen Eindruck von der Zufriedenheit einzelner Mitarbeiter erhält die Führungskraft auf der Basis von Aussagen, die auf Defizite in der Mitarbeiterzufriedenheit hindeuten (vgl. Tabelle 4.3). Dieser Eindruck kann durch eine systematische Messung (vgl. Tabelle 4.24) ergänzt werden. Stellt die Führungskraft Defizite in der Mitarbeiterzufriedenheit fest, so kann sie im Rahmen von Gesprächen mit den Mitarbeitern Maßnahmen vereinbaren, auf die wir später noch eingehen werden.

Weitaus umfassender gestaltet sich die Steigerung der Mitarbeiterzufriedenheit auf abteilungs- bzw. unternehmensweiter Ebene innerhalb eines breit angelegten Veränderungsprozesses. Auf die Vorbereitung und Durchführung dieses Veränderungsprozesses gehen wir im Folgenden näher ein. Im Mittelpunkt dieses Prozesses steht eine Mitarbeiterbefragung. Dieses Vorgehen hat in den letzten Jahren zunehmend eine Schlüsselrolle in mitarbeiter- und kundenorientierten Unternehmen übernommen. Dabei ist festzustellen, dass Mitarbeiterbefragungen im Dienstleistungsbereich gleichermaßen bedeutend sind wie im Industriegüterbereich [31][160][168][189], [202].

Mit dem Einsatz der Mitarbeiterbefragung sind sowohl Chancen als auch Gefahren verbunden. Einerseits kann diese richtig eingesetzt *der* Schlüssel zur Steigerung der Mitarbeiterzufriedenheit sein. Falsch verwendet hinterlässt sie jedoch vielfach Misstrauen, Zynismus sowie Verhärtungen unternehmensinterner Fronten. Bevor wir den Prozess zur Steigerung der Mitarbeiterzufriedenheit ausführlicher darstellen, wollen wir daher auf die Erfolgsfaktoren der Mitarbeiterbefragung eingehen.

Auf der Basis von Unternehmensuntersuchungen [32] sowie unseren Erfahrungen in Unternehmen konnten wir sieben Erfolgsfaktoren der Mitarbeiterbefragung unterscheiden (vgl. Abbildung 4.13).

Abbildung 4.13 Die sieben Erfolgsfaktoren der Mitarbeiterbefragung im Überblick

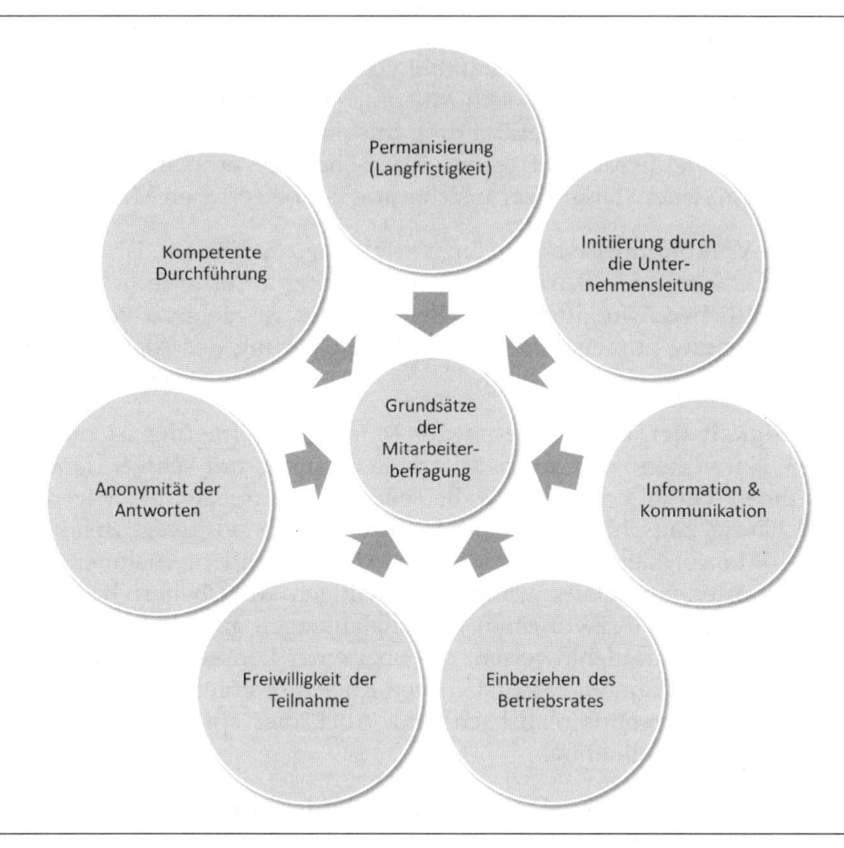

Die wichtigste Voraussetzung für den Erfolg der Mitarbeiterbefragung ist deren **Initiierung durch die Unternehmensleitung**. Dadurch werden die Bedeutung der Veränderungen sowie deren Tragweite von Anfang an zum Ausdruck gebracht. Ist die Unternehmensleitung hingegen nicht einbezogen, so besteht die Gefahr, dass die Befragung von den Mitarbeitern nicht ernst genommen wird.

Ein zweiter entscheidender Erfolgsfaktor ist die angemessene **Information und die Kommunikation** mit den Beteiligten im Rahmen des Veränderungsprozesses. Mit der Situation, dass Veränderungsprozesse im Unternehmen vor sich gehen, über deren Inhalte sie jedoch nicht informiert werden, können Führungskräfte und Mitarbeiter nur schwer umgehen. Die Folge davon sind vielfach Verunsicherung und der Aufbau einer Abwehrhaltung. Derartige Reaktionen können durch regelmäßige Information der betroffenen Führungskräfte und Mitarbeiter über den Stand des Prozesses sowie die Nennung eines permanenten Ansprechpartners vermieden werden.

Darüber hinaus ist das **Einbeziehen des Betriebsrates** von Bedeutung. Von vielen Unternehmen hören wir, dass die speziellen Interessen des Betriebsrates die Veränderungen einschränken oder zeitlich verzögern. Um Diskussionen zu vermeiden, wird in vielen Fällen der Betriebsrat erst spät informiert und einbezogen. Erfährt er dann mehr oder weniger zufällig von der geplanten Befragung, muss er allein aus seiner Funktion heraus sein Mitspracherecht [16] einfordern. Bisweilen kommt es aufgrund massiver Verärgerung in solchen Situationen sogar zum Abbruch einer bereits laufenden Befragung. Abgesehen von erheblichen Kosten führt dies wiederum zu einer starken Verunsicherung der betroffenen Mitarbeiter.

Um derartige Vorkommnisse bereits im Vorfeld auszuschließen, ist das Informieren bzw. Einbeziehen des Betriebsrates von Anfang an erforderlich. Neben der Nutzung inhaltlicher Anregungen des Betriebsrates ist nicht zu vergessen, dass dessen Einbeziehung zumeist eine erhebliche Steigerung der Akzeptanz der Befragung bei den Mitarbeitern bewirkt.

Die **Freiwilligkeit der Teilnahme** an der Mitarbeiterbefragung ist unerlässlich, um ehrliche Antworten zu erzielen. Mitarbeiter können nur schwer damit umgehen, dass ihnen Verhaltensweisen (z. B. Teilnahme) aufgezwungen werden. Die Folge sind häufig pauschale oder überdurchschnittlich positive Urteile, die kein realistisches Bild von der tatsächlichen Zufriedenheit im Unternehmen zeichnen. Ehrliche Antworten von relativ wenigen (freiwilligen) Mitarbeitern haben weitaus mehr Aussagekraft als (erzwungene) Pauschalaussagen aller Mitarbeiter. Im Übrigen möchten wir darauf hinweisen, dass bei einer konsequenten Berücksichtigung der von uns genannten Erfolgsfaktoren Rücklaufquoten von 70 % bei Mitarbeiterbefragungen durchaus realistisch sind. Auch dies spricht für den Verzicht auf einen Zwang zur Teilnahme.

Der nächste wichtige Punkt ist die **Anonymität der Antworten**. Dadurch wird Angst vor späteren Sanktionen vermieden, was zu einer Erhöhung der Teilnahmebereitschaft führt. Ebenso wird die Ehrlichkeit der Antworten gefördert. Die Anonymität der Antworten muss unter allen Umständen gewährleistet bleiben. Eine Verletzung dieses Kriteriums macht eine weitere Befragung der Mitarbeiter zu einem späteren Zeitpunkt nahezu unmöglich.

Ein weiterer Aspekt ist die **Kompetenz in der Durchführung der Befragung**. Es ist vielfach zu beobachten, dass die erforderlichen Kenntnisse zur Durchführung einer Mitarbeiterbefragung erheblich unterschätzt werden. Dies bezieht sich in erster Linie auf organisatorische Aspekte sowie methodische Kenntnisse zur Auswertung der Ergebnisse. In organisatorischer Hinsicht sind insbesondere folgende Fähigkeiten erforderlich:

- Organisation und Leitung von Besprechungen,
- Moderieren von Gruppen (Projektgruppen usw.),

- Umgang mit Konflikten und Widerständen, die im Zusammenhang mit der Befragung auftreten können (vgl. hierzu die Erläuterungen in Kapitel 4.3.5) sowie
- Durchführen von Workshops zur Entwicklung und Umsetzung von Veränderungsmaßnahmen.

Neben den organisatorischen Fähigkeiten sind gewisse methodische Kenntnisse (Anwendung statistischer Verfahren) erforderlich, um die Ergebnisse auszuwerten. Liegen diese Fähigkeiten und Kenntnisse im Unternehmen nicht vor, so kann dem Aspekt der Kompetenz durch das Hinzuziehen eines externen Beraters Rechnung getragen werden. Mit Hilfe externer Erfahrungen wird darüber hinaus die Gefahr der einseitigen Problemsicht verringert. Auch werden die Antwortbereitschaft sowie die Ehrlichkeit der Antworten der Mitarbeiter dadurch erhöht, dass die Ergebnisse außerhalb des Unternehmens ausgewertet werden. Weiterhin wird von den Mitarbeitern tendenziell eher eine spätere Umsetzung der Ergebnisse in Maßnahmen erwartet, wenn eine externe Stelle einbezogen wird.

Bei dem letzten Erfolgsfaktor, der **Permanisierung (Langfristigkeit)**, geht es darum, dass die Mitarbeiterbefragung als langfristiges Instrument angesehen wird. Die lediglich einmalige Durchführung der Mitarbeiterbefragung führt zwar zunächst zu Veränderungen, jedoch nach einiger Zeit häufig wieder zurück in die Ausgangssituation. Der dauerhafte Erfolg der Mitarbeiterbefragung und die darauf aufbauenden Veränderungen hängen also von deren regelmäßigem Einsatz ab. Durch die regelmäßige Durchführung von Mitarbeiterbefragungen können darüber hinaus Erfolge gemessen und Fehlentwicklungen rechtzeitig erkannt werden.

Abbildung 4.14 Prozess zur Steigerung der Mitarbeiterzufriedenheit

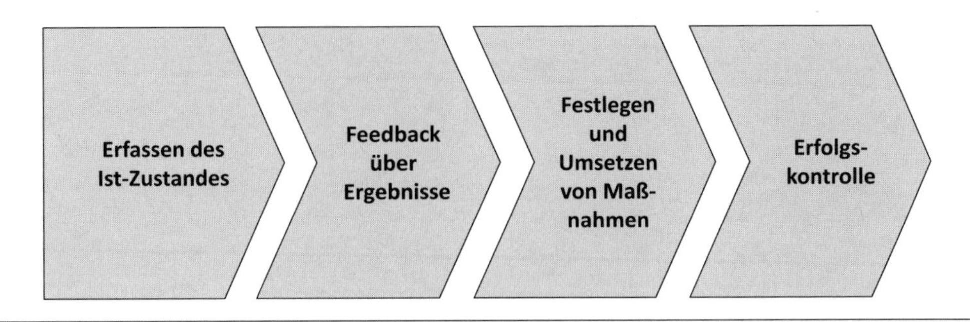

Insbesondere der letztgenannte Erfolgsfaktor der Mitarbeiterbefragung – die Permanisierung – ist auch ein zentrales Merkmal des Veränderungsprozesses zur Steigerung der Mitarbeiterzufriedenheit. Im Rahmen dieses Prozesses werden vier Stufen unterschieden (vgl. Abbildung 4.14).

Der Prozess zur Steigerung der Mitarbeiterzufriedenheit beginnt mit der Erfassung des Ist-Zustandes, d. h. der Erfassung der Mitarbeiterzufriedenheit. Die Ergebnisse sind Ausgangspunkt für die sich anschließenden drei Stufen: das Feedback, die Festlegung und Umsetzung von Maßnahmen sowie die Erfolgskontrolle. Auch bei diesem Prozess ist es wichtig, dass er als langfristiges Veränderungsinstrument im Unternehmen verstanden wird.

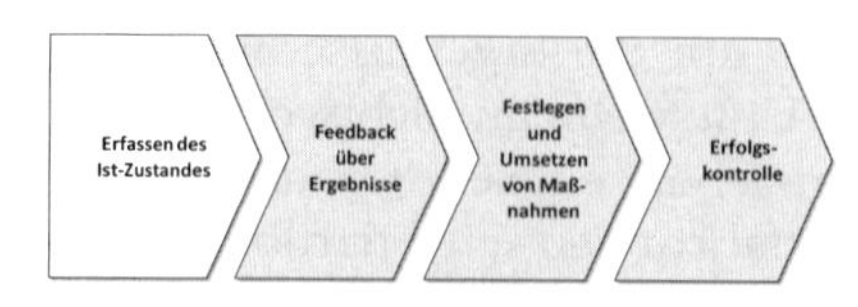

Die erste Phase beinhaltet das **Erfassen des Ist-Zustandes**. In dieser Phase geht es darum, die Mitarbeiterzufriedenheit systematisch zu erfassen. Hierbei konzentrieren wir uns in erster Linie auf zwei Bereiche:

- Feststellen der Mitarbeiterzufriedenheit mit Hilfe eines Basisfragenkatalogs sowie
- Auswertung und Interpretation der Ergebnisse.

In der Psychologie wurden zahlreiche standardisierte Fragebögen zur Erfassung der Mitarbeiterzufriedenheit entwickelt [149], die innerhalb der neueren Marketing- und Management-Literatur weiterentwickelt wurden und heute noch genutzt werden [10][17], [162]. Die praktische Erfahrung hat jedoch gezeigt, dass diese standardisierten Fragebogen vielfach nicht die gesamte Breite der relevanten Problemfelder abdecken. Sie können daher lediglich als Grundgerüst herangezogen werden, das an die spezielle Unternehmenssituation anzupassen ist. Die Kernbereiche der Mitarbeiterzufriedenheit sind in Abbildung 4.15 dargestellt.

Abbildung 4.15 Kernbereiche der Mitarbeiterzufriedenheit

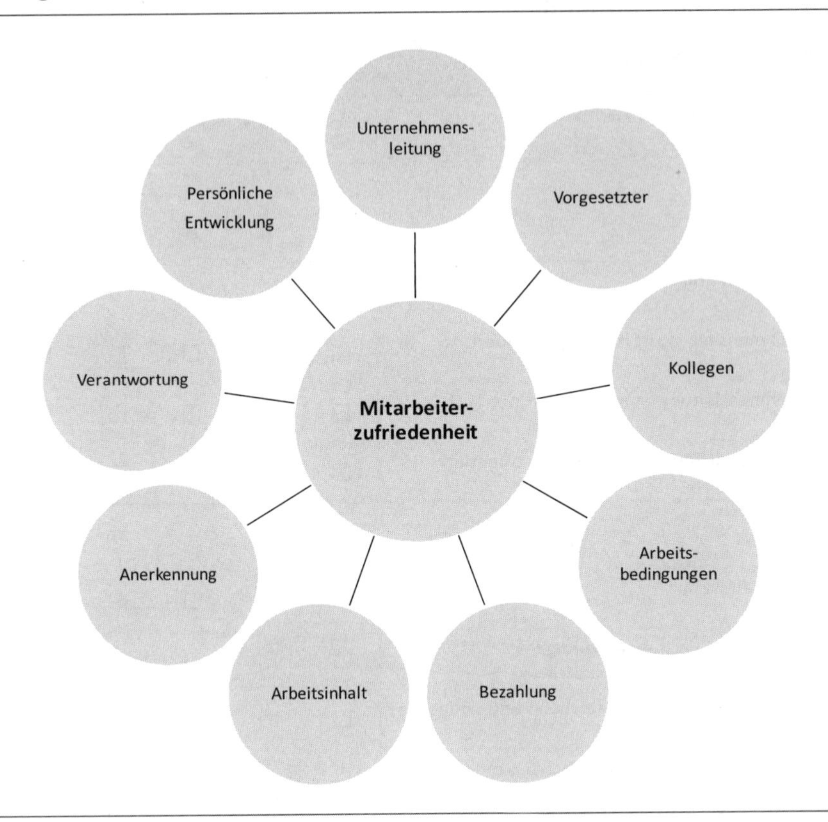

Eng verbunden mit dem Begriff Mitarbeiterzufriedenheit, der das Befinden der Mitarbeiter im Unternehmen charakterisiert, ist die Loyalität der Mitarbeiter zum Unternehmen. In Tabelle 4.24 ist ein Basisfragebogen zur Messung der Mitarbeiterzufriedenheit [149], [185] und -loyalität [3], [183] dargestellt. Die Auswahl der verwendeten Kriterien wurde auf der Basis von psychologischen Erkenntnissen und Praxiserfahrungen getroffen.

In dem Fragebogen werden sowohl die Mitarbeiterzufriedenheit als auch die Mitarbeiterloyalität erfasst. An dieser Stelle ist darauf hinzuweisen, dass es sich hier um einen Basisfragenkatalog handelt, der ggf. unternehmensspezifisch zu ergänzen oder kürzen ist.

Tabelle 4.24 Grundlegender Fragenkatalog zur Mitarbeiterzufriedenheit und -loyalität

Mitarbeiterzufriedenheit mit ...						
Inwieweit treffen folgende Aspekte zu?	trifft voll zu 100	trifft im Wesentlichen zu 80	trifft eher zu 60	trifft eher nicht zu 40	trifft im Wesentlichen nicht zu 20	trifft überhaupt nicht zu 0
Unternehmensleitung						
Die Unternehmensleitung ist leistungsorientiert.	☐	☐	☐	☐	☐	☐
Die Unternehmensleitung ist mitarbeiterorientiert.	☐	☐	☐	☐	☐	☐
Die Unternehmensleistung ist strategisch orientiert.	☐	☐	☐	☐	☐	☐
Führungskräfte						
Die Führungskraft ist fair.	☐	☐	☐	☐	☐	☐
Die Führungskraft ist vertrauenswürdig.	☐	☐	☐	☐	☐	☐
Die Führungskraft informiert ausreichend und umfassend.	☐	☐	☐	☐	☐	☐
Die Führungskraft unterstützt ihre Mitarbeiter angemessen.	☐	☐	☐	☐	☐	☐
Die Führungskraft erkennt gute Leistungen ihrer Mitarbeiter an.	☐	☐	☐	☐	☐	☐
Die Führungskraft fördert ihre Mitarbeiter.	☐	☐	☐	☐	☐	☐
Die Führungskraft fordert ihre Mitarbeiter.	☐	☐	☐	☐	☐	☐
Kollegen						
Die Kollegen sind sympathisch.	☐	☐	☐	☐	☐	☐
Die Kollegen sind teamorientiert.	☐	☐	☐	☐	☐	☐
Die Kollegen sprechen relativ offen miteinander.	☐	☐	☐	☐	☐	☐
Die Kollegen tauschen häufig Informationen aus.	☐	☐	☐	☐	☐	☐

Arbeitsbedingungen

Die Arbeitszeit ist angemessen.	☐	☐	☐	☐	☐	☐
Der Arbeitsplatz (Raum, Arbeitsmittel usw.) ist so gestaltet, dass man gut arbeiten kann.	☐	☐	☐	☐	☐	☐
Die Arbeitsumgebung ist angenehm.	☐	☐	☐	☐	☐	☐

Bezahlung

Das Vergütungssystem ist für die Mitarbeiter transparent.	☐	☐	☐	☐	☐	☐
Die Bezahlung ist gerecht.	☐	☐	☐	☐	☐	☐
Die Bezahlung ist leistungsorientiert.	☐	☐	☐	☐	☐	☐

Arbeitsinhalt

Die Tätigkeit ist abwechslungsreich.	☐	☐	☐	☐	☐	☐
Die Arbeit ist sinnvoll.	☐	☐	☐	☐	☐	☐
Die Arbeitsinhalte sind anspruchsvoll.	☐	☐	☐	☐	☐	☐

Anerkennung

Gute Leistungen werden durch Leistungsprämien anerkannt.	☐	☐	☐	☐	☐	☐
Als Anerkennung werden gute Mitarbeiter ausgezeichnet (z. B. Mitarbeiter des Monats).	☐	☐	☐	☐	☐	☐
Die Mitarbeiter erhalten ausreichend persönliche Anerkennung durch das Unternehmen.	☐	☐	☐	☐	☐	☐

Verantwortung

Ich habe ausreichenden Handlungsspielraum.	☐	☐	☐	☐	☐	☐
Ich habe die Möglichkeit, ein hohes Maß an Verantwortung zu übernehmen.	☐	☐	☐	☐	☐	☐
Ich habe ausreichende Entscheidungskompetenz zur Erfüllung meiner Aufgaben	☐	☐	☐	☐	☐	☐

Persönliche Entwicklung

Das Unternehmen sorgt für die persönliche Entwicklung seiner Mitarbeiter.	☐	☐	☐	☐	☐	☐
Das Unternehmen sorgt für ausreichende fachliche Weiterbildung.	☐	☐	☐	☐	☐	☐
In diesem Unternehmen gibt es gute Möglichkeiten für einen beruflichen Aufstieg.	☐	☐	☐	☐	☐	☐

Mitarbeiterloyalität

Ich spreche bei anderen Personen (Kunden, Bekannten usw.) positiv über dieses Unternehmen.	☐	☐	☐	☐	☐	☐
Ich ermutige andere Personen (Freunde, Bekannte usw.), von diesem Unternehmen Leistungen zu beziehen.	☐	☐	☐	☐	☐	☐
Ich wäre auch bereit, in anderen Bereichen dieses Unternehmens zu arbeiten.	☐	☐	☐	☐	☐	☐
Ich möchte in den nächsten Jahren in diesem Unternehmen bleiben.	☐	☐	☐	☐	☐	☐
Auch für etwas mehr Gehalt würde ich nicht ohne Weiteres zu einem anderen Unternehmen wechseln.	☐	☐	☐	☐	☐	☐

Zur Abstufung der Bewertungen nehmen wir wieder die bereits bekannte sechsstufige Einteilung vor, und zwar von 0 (trifft überhaupt nicht zu) bis 100 (trifft voll zu). Zur Interpretation der Ergebnisse greifen wir auf die Kategorisierung von Homburg und Werner [101] zurück, die in der Praxis inzwischen breite Anwendung gefunden hat. In dem Konzept werden die beiden Dimensionen Mitarbeiterzufriedenheit und Mitarbeiterloyalität als wesentliche Voraussetzungen für Kundenorientierung betrachtet.

Hohe **Zufriedenheit** der Mitarbeiter zeigt sich insbesondere darin, dass die Mitarbeiter insgesamt eine positive Einstellung zu ihrem Arbeitsumfeld haben [200]. Charakteristisch für zufriedene Mitarbeiter sind Freude an der Arbeit, überdurchschnittliches Engagement und hohe Bereitschaft zur Übernahme von Verantwortung.

Hohe **Loyalität** der Mitarbeiter [3], [41] ist dadurch gekennzeichnet, dass die Mitarbeiter sich an das Unternehmen gebunden fühlen. Sie spiegelt sich einerseits in der Art und Weise, wie die Mitarbeiter gegenüber anderen Personen (Bekannten, Kunden usw.) über das Unternehmen sprechen, wider. Ein zweiter wichtiger Aspekt ist die Absicht, mittel- bis langfristig in dem Unternehmen tätig zu sein.

Stellt man die beiden Größen – Mitarbeiterzufriedenheit und -loyalität – gegenüber, so erhält man vier Mitarbeitertypen (vgl. Abbildung 4.16). Mitarbeiter, die gleichzeitig hohe Zufriedenheit und hohe Loyalität aufweisen, bezeichnen wir als **Überzeugte**. Aufgrund ihrer hohen Zufriedenheit sind diese Mitarbeiter bereit, eigenverantwortlich zu handeln und überdurchschnittlichen Einsatz zu erbringen.

Abbildung 4.16 Die Zufriedenheits-Loyalitäts-Matrix [101]

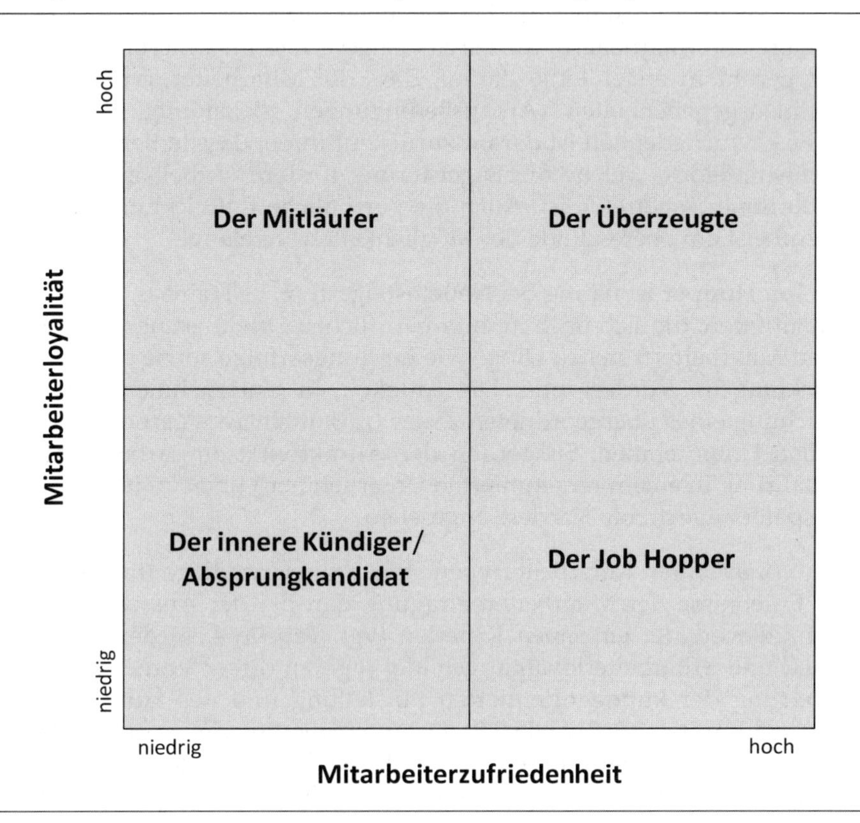

Der Gegensatz hierzu ist der **innere Kündiger/Absprungkandidat**. Diese Personen sind unterdurchschnittlich zufrieden und loyal. Inwieweit sie dem Unternehmen „erhalten bleiben", hängt insbesondere von ihrer persönlichen Einstellung sowie vom Alter ab. Ab einem gewissen Alter kann davon ausgegangen werden, dass diese Mitarbeiter aufgrund von Trägheit und Gewohnheit das Arbeitsverhältnis fortsetzen, obwohl sie die innere Kündigung bereits seit langem vollzogen haben. Häufig beobachtet man, dass solche Mitarbeiter den Aktivitäten des Unternehmens nur noch desinteressiert bzw. zynisch gegenüberstehen. Derartige Mitarbeiter sind eine große Gefahr für die Unternehmenskultur. Bei dynamischen (häufig jüngeren) Mitarbeitern beobachtet man in dieser Situation dagegen die aktive Suche nach Alternativen innerhalb oder außerhalb des Unternehmens. Die derzeitige Tätigkeit wird nur aufrechterhalten, bis eine deutlich bessere Alternative zur Verfügung steht.

Häufig sind in Unternehmen auch Mischformen anzutreffen. In diesen Fällen sind die Mitarbeiterzufriedenheit und die -loyalität unterschiedlich hoch ausgeprägt.

Der erste häufig anzutreffende Mischtyp ist der **Mitläufer**. Diese Konstellation, bei der die Loyalität hoch und die Zufriedenheit relativ gering ist, beobachten wir insbesondere bei Mitarbeitern, die bereits längere Zeit im Unternehmen sind. Die Loyalität beruht in erster Linie darauf, dass die Mitarbeiter sich an bestimmte Unternehmensgegebenheiten (Arbeitsbedingungen, Bezahlung usw.) gewöhnt haben. Die Unzufriedenheit ist darauf zurückzuführen, dass in Bezug auf Aspekte des Arbeitsumfeldes, welche die Begeisterung fördern (Arbeitsinhalt usw.) eine gewisse Routine eingetreten ist. Auch die persönliche Entwicklung im Unternehmen ist zumeist am oberen Ende der Möglichkeiten angelangt.

Der Typ **Job Hopper** ist häufig bei Neueinsteigern (z. B. Trainees, High-Potentials usw.) anzutreffen, die sich noch in ihrer beruflichen Orientierungsphase befinden. Bei diesen Mitarbeitern stehen Dinge wie Leistungserfolge sowie persönliche Weiterentwicklung im Vordergrund. Die Tätigkeit im Unternehmen wird lediglich zur Erreichung eines übergeordneten Zieles (z. B. intensives Lernen in einem professionellen Unternehmen, Steigerung der Attraktivität am Arbeitsmarkt durch Berufserfahrung in einem renommierten Unternehmen) und somit als Sprungbrett für eine später angestrebte Karriere angesehen.

Die eben vorgestellten Mitarbeitertypen stellen die Grundlage für die Interpretation der Ergebnisse der Mitarbeiterbefragung dar. Bei der Auswertung wird ein Durchschnittswert der einzelnen Kriterien (vgl. Tabelle 4.24) der Mitarbeiterzufriedenheit und Mitarbeiterloyalität gebildet (vgl. zu dieser Vorgehensweise auch die Bewertung der kundenorientierten Einstellung und des kundenorientierten Verhaltens in Kapitel. 2.3, Tabelle 2.3). Die Interpretation der so erhaltenen Ergebnisse orientiert sich wiederum an der aus Kapitel 2 bekannten Ampelskala (vgl. Abbildung 2.2). Auch hier unterscheiden wir zwischen dem grünen Bereich mit Werten von mindestens 80, dem gelben Bereich mit Werten zwischen 70 und 80 und einem roten Bereich mit Werten unterhalb von 70. Im grünen Bereich ist kaum Handlungsbedarf gegeben, im gelben Bereich gehen wir von punktuellem Handlungsbedarf aus und im roten Bereich ist massiver Handlungsbedarf gegeben. Auf der Basis der Mitarbeiterbefragung werden die Häufigkeiten für die vier Kategorien ermittelt [101]:

- *Überzeugter*: Mitarbeiter mit einer hohen Zufriedenheit und Loyalität (Durchschnittswert > 80).
- *Innerer Kündiger/Absprungkandidat*: Mitarbeiter mit einer geringen Zufriedenheit und Loyalität (< 70).

- *Job Hopper*: Mitarbeiter mit hoher Zufriedenheit (> 80) und geringer Loyalität (< 70).
- *Mitläufer*: Mitarbeiter mit geringer Zufriedenheit (< 70) und hoher Loyalität (> 80).

Durch diese Zuordnung wird ersichtlich, wie stark einzelne Mitarbeitertypen im Unternehmen repräsentiert sind. Eine beispielhafte Matrix ist aus Abbildung 4.17 ersichtlich.

Abbildung 4.17 Die Zufriedenheits-Loyalitäts-Matrix am Beispiel eines Finanzdienstleisters

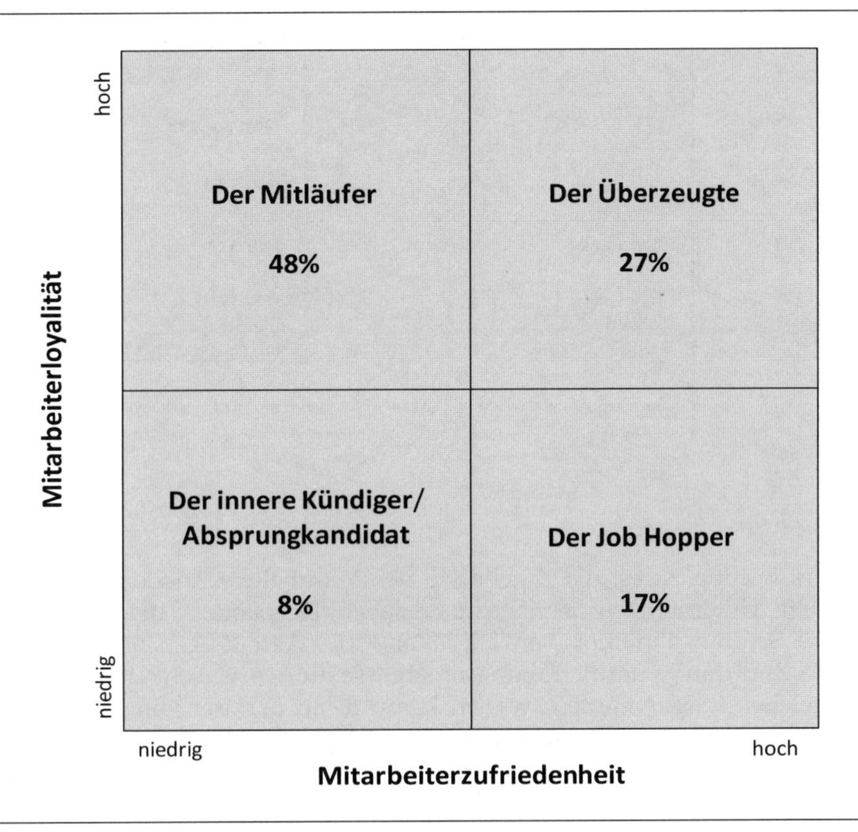

Es wird erkennbar, dass ein großer Anteil der Befragten dem Typ Mitläufer zuzuordnen ist, was sich insbesondere in einer gewissen Trägheit in den Prozessen widerspiegelt. Ein relativ geringer Anteil der Befragten ist den Überzeugten zuzuordnen. Auch der Anteil an Job Hoppern sollte beachtet werden, da hier ein beträchtliches, nicht gebundenes Potenzial an Mitarbeitern vorliegt. Es wird erkennbar, dass sowohl Maßnahmen zur Steigerung der Mitarbeiterzufriedenheit als auch der -loyalität erforderlich sind, auf die wir im Zusammenhang mit der übernächsten Prozessstufe (Festlegen und Umsetzen von Maßnahmen) noch eingehen werden.

Abbildung 4.18 Die Zufriedenheits-Loyalitäts-Matrix nach Unternehmensbereichen (am Beispiel eines Herstellers von pharmazeutischen Produkten)

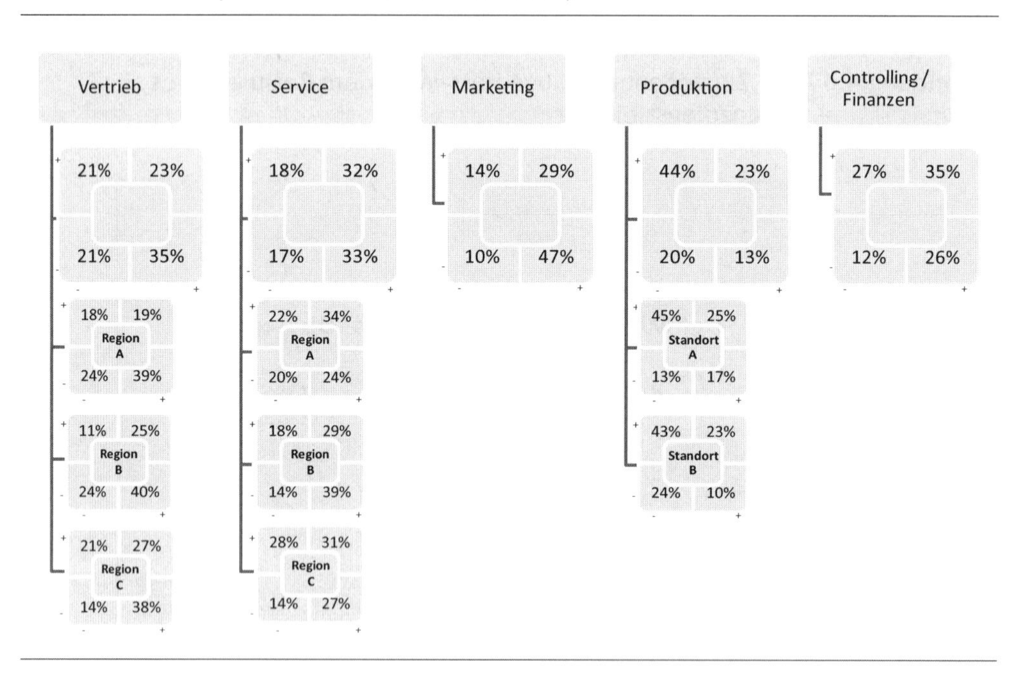

Besonders wichtig ist es, die Ergebnisse der Mitarbeiterzufriedenheitsbefragung auf einzelne Unternehmensbereiche zu beziehen. Dies können beispielsweise verschiedene Sparten, Funktionsbereiche, Standorte, Abteilungen usw. sein. Je genauer die Zuordnung der Befragungsergebnisse zu den verschiedenen Unternehmensbereichen vorgenommen werden kann, desto präziser kann die Behebung der Defizite erfolgen. Eine Grenze sollte allerdings dann gesetzt werden, wenn die betrachteten organisatorischen Einheiten so klein werden, dass die Anonymität gefährdet wird. Wir empfehlen Einheiten mit mindestens zehn Mitarbeitern zu betrachten. Abbildung 4.18 zeigt das Ergebnis einer solchen Analyse am Beispiel eines Herstellers von pharmazeutischen Produkten.

Um einen tieferen Einblick in die einzelnen Kriterien der Mitarbeiterzufriedenheit und -loyalität zu erhalten, ist es darüber hinaus erforderlich, die einzelnen Aspekte der Zufriedenheit und Loyalität detaillierter auszuwerten. Dafür werden die Durchschnittswerte für die einzelnen Kriterien gebildet. Die Ergebnisse der einzelnen Kriterien der Zufriedenheit sind beispielhaft in Abbildung 4.19 veranschaulicht.

Abbildung 4.19 Mitarbeiterzufriedenheit bei einzelnen Kriterien am Beispiel eines Finanzdienstleisters

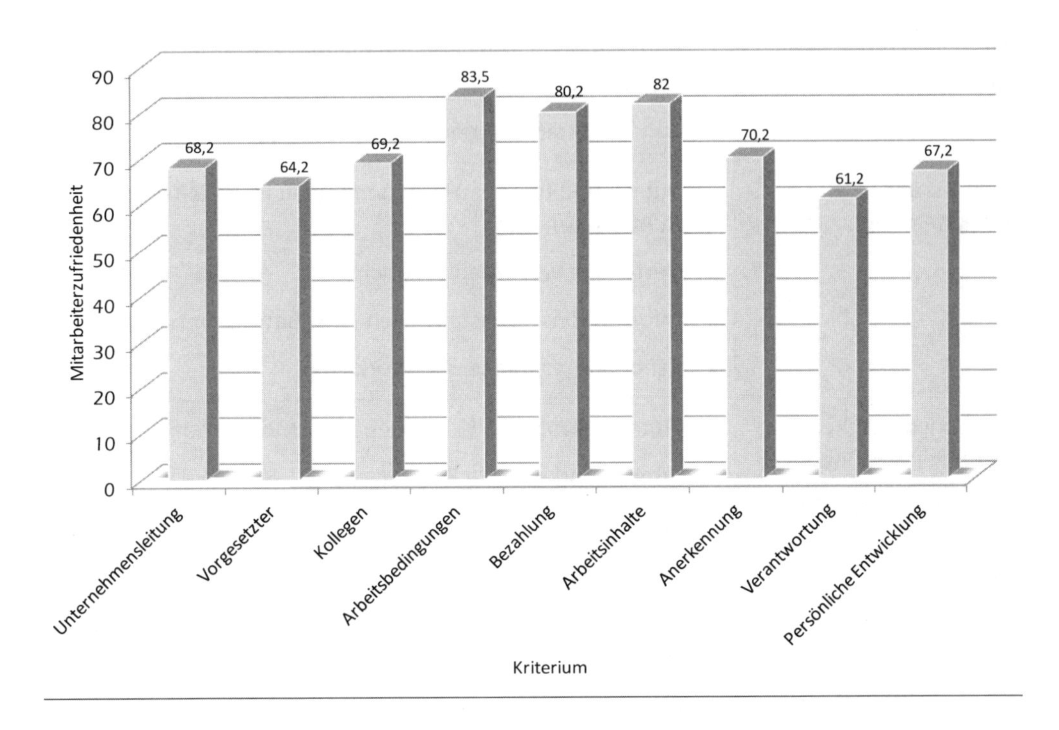

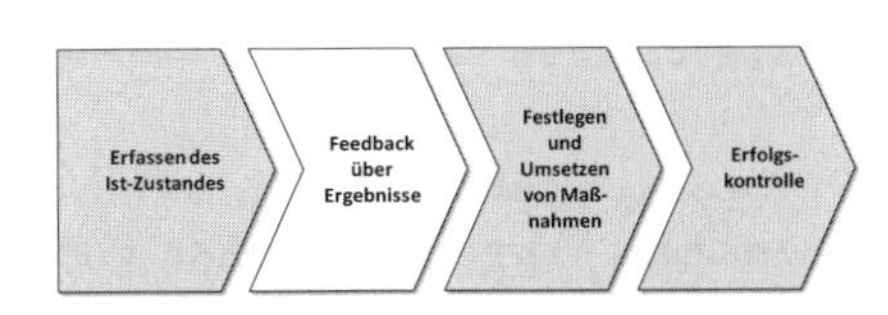

Die zweite Phase des Veränderungsprozesses beinhaltet das **Feedback der Befragungsergebnisse** an die Betroffenen. Hierbei ist insbesondere zu entscheiden, was an wen in welcher Form bekannt gegeben werden soll. In Tabelle 4.25 wird ein Überblick über die wichtigsten Aspekte des Feedbacks von Befragungsergebnissen gegeben.

Tabelle 4.25 Aspekte des Feedbacks von Befragungsergebnissen [116]

Ziele der Rückmeldung	▪ Information der Befragten über die Ergebnisse ▪ gemeinsame Interpretation und Diskussion der Ergebnisse ▪ Einleiten gemeinsamer Verbesserungsprozesse
Zielgruppen der Rückmeldung	▪ vom obersten Management bis zur unteren Mitarbeiterebene ▪ Führungskräfte, Abteilungen und Gruppen
Formen der Rückmeldung	▪ Publikation über betriebliche Medien (z. B. Zeitschriften, Rundbriefe) ▪ Verteilung von Ergebnisberichten ▪ Informationsveranstaltungen (z. B. Betriebsversammlung) ▪ Feedbackgespräche und Workshops
Verantwortlichkeiten der Rückmeldung	▪ Führungskräfte (u. U. mit neutraler Moderation) ▪ interne und externe Berater
Inhalte der Rückmeldung	▪ alle oder ausgewählte Ergebnisse ▪ Abteilungs-/Bereichsergebnisse oder Gesamtergebnisse ▪ vertikale Vergleiche zu über- und/oder nachgeordneten Einheiten ▪ horizontale Quervergleiche (internes Benchmarking) ▪ Vergleichszahlen für ein externes Benchmarking

Bei der Entscheidung darüber, wie der Feedbackprozess gestaltet werden soll, ist zu berücksichtigen, dass es sich hier um ein sehr sensibles Vorgehen handelt, von dem der Erfolg der weiteren Maßnahmen entscheidend abhängt.

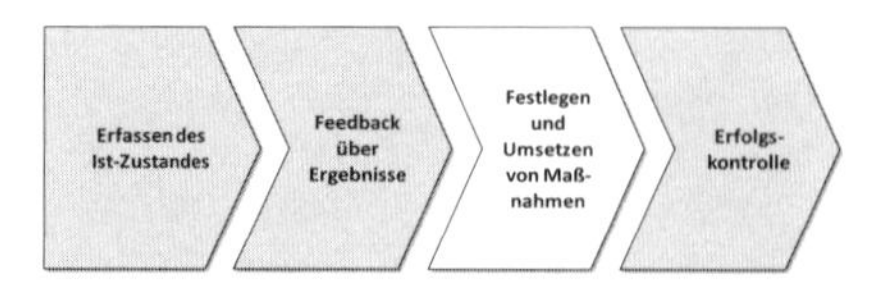

Wie sollte nun eine Führungskraft mit den gewonnenen Erkenntnissen aus der Mitarbeiterbefragung umgehen? Diese Frage stellt sich natürlich insbesondere dann, wenn innerhalb einer der beiden Dimensionen – Mitarbeiterzufriedenheit oder -loyalität – deutliche Defizite festgestellt wurden. Die Beantwortung dieser Frage steht im Mittelpunkt der folgenden Phase: dem **Festlegen und Umsetzen von Maßnahmen**.

Bei den Maßnahmen setzen wir an den beiden Zufriedenheits-Loyalitäts-Dimensionen (vgl. Abbildung 4.16), an. An dieser Stelle könnte der Eindruck entstehen, dass das einzige Ziel der Maßnahmen darin besteht, aus allen Mitarbeitern den Typ des „Überzeugten" zu machen. Diese Annahme kann nicht pauschal getroffen werden, sondern ist sehr stark von der Situation des Unternehmens sowie den Mitarbeitern selbst abhängig. Bevor wir nun konkrete Maßnahmen vorstellen, gehen wir daher auf grundlegende Empfehlungen zum Umgang mit den verschiedenen Mitarbeitertypen ein.

In Bezug auf den **inneren Kündiger/Absprungkandidat** werden wir häufig gefragt, ob sich die Investition in derartige Mitarbeiter noch lohnt. Hier haben wir im Prinzip einen ähnlichen Sachverhalt wie bei den Mitarbeitern, die in ihrer Kundenorientierung in Einstellung und Verhalten Defizite aufweisen. Folgende Aspekte sprechen dafür, in diesen Typ von Mitarbeiter zu investieren:

- relativ geringes Alter (bis etwa Mitte 40),
- vorübergehender Charakter der Unzufriedenheit aufgrund von umfangreichen Unternehmensveränderungen (Fusion, Personalfreisetzungen in größerem Umfang usw.),
- hohe Bedeutung der Mitarbeiter (Spezialausbildung usw.) sowie
- hohes Engagement und außerordentliche Leistungen im Laufe seiner Unternehmenszugehörigkeit.

Hat sich ein Unternehmen für die Investition in diese Mitarbeiter entschieden, so ist mit unterschiedlichen Maßnahmen auf die Steigerung der Zufriedenheit und der Loyalität dieser Mitarbeiter hinzuwirken.

Der **Mitläufer** ist relativ konstant in seinen Verhaltensweisen. Dies kann sich in starkem Beharrungsvermögen (z. B. auf „bewährten" Methoden und Verfahren aus Gewohnheit) ausdrücken. Ein geringes Maß an Eigeninitiative und Kreativität der Mitarbeiter begünstigen zudem eine gewisse Trägheit der Prozesse, in die die Mitarbeiter eingebunden sind. Andererseits haben diese Mitarbeiter in einem sehr dynamischen Umfeld eine stabilisierende Funktion. Generell können Unternehmen mit diesem Mitarbeitertyp in zweierlei Hinsicht umgehen:

- Stabilisieren der Mitarbeiter: Mitarbeiter dieses Typs sorgen für eine gewisse Kontinuität der Kernprozesse des Unternehmens. Sie sind gerade in schnell wachsenden Unternehmen als Gegenpol zu den überwiegend innovativen Mitarbeitern wichtig.
- Fördern der Mitarbeiter: Durchführen von Maßnahmen, um aus diesen Mitarbeitern einen Typ „Überzeugter" zu machen. Dieser Schritt ist nur bei Mitarbeitern mit deutlich erkennbarem Entwicklungspotenzial empfehlenswert.

Der **Job Hopper** stellt gewissermaßen einen Problemfall für das Unternehmen dar. Häufig handelt es sich hierbei um hoch qualifizierte Mitarbeiter. Diese Mitarbeiter sind zwar relativ zufrieden mit ihrer Tätigkeit und dem Unternehmen. Dennoch ist im Laufe ihrer persönlichen Karriereplanung ein gewisses Maß an Unternehmenswechseln vorgesehen. Das Unternehmen kann versuchen, diese Mitarbeiter insbesondere dadurch an sich zu binden, indem es ihnen konkrete Karrierepfade und Entwicklungsmöglichkeiten (Aufstiegschancen, Auslandseinsatz usw.) aufzeigt.

Nachdem wir die grundlegenden Stoßrichtungen kennen gelernt haben, die bei den einzelnen Mitarbeitertypen eingeschlagen werden können, gehen wir im Folgenden auf konkrete Maßnahmen ein, die an den einzelnen Kriterien der Mitarbeiterzufriedenheit und -loyalität ansetzen (vgl. Tabelle 4.24). Dabei beginnen wir mit der Steigerung der **Mitarbeiterzufriedenheit**.

Eine zentrale Rolle im Rahmen der Steigerung der Mitarbeiterzufriedenheit spielt die **Unternehmensleitung** [42][62], [171]. Das Vertrauen der Mitarbeiter in die Kompetenz sowie die Mitarbeiterorientierung der Unternehmensleitung ist eine wesentliche Voraussetzung dafür, dass sich die Mitarbeiter mit den Unternehmenszielen und den für sie daraus entstehenden Aufgaben identifizieren. Die Unternehmensleitung kann insbesondere durch folgende Maßnahmen ihre Vertrauenswürdigkeit bei den Mitarbeitern fördern:

- Ausrichten der Ziele des Unternehmens auf die Bedürfnisse der Kunden bzw. der Mitarbeiter,
- klare Kommunikation der Unternehmenspolitik sowie der Unternehmensziele im Unternehmen,
- Verankerung der Mitarbeiterzufriedenheit in den Zielen der Führungskräfte und
- Fördern einer offenen Kommunikationskultur.

Wesentlichen Einfluss auf die Zufriedenheit der Mitarbeiter hat das zwischenmenschliche Verhältnis der Mitarbeiter zu ihrer direkten **Führungskraft** [24][36][51], [113]. Ein gutes zwischenmenschliches Verhältnis zur Führungskraft ist die Voraussetzung dafür, dass Mitarbeiter sich wirklich für ihre Aufgaben begeistern. Ein offenes Verhältnis wird insbesondere durch kundenorientiertes Führungsverhalten gefördert (vgl. zu den drei Dimensionen des kundenorientierten Führungsverhaltens ausführlich in Kapitel 3.3, Abbildung 3.4 dieses Buches).

Zentrale Bedeutung für die Mitarbeiterzufriedenheit hat das Verhältnis der Mitarbeiter zu ihren **Kollegen** [51][219], [220]. Die Unterstützung der Kollegen und der enge Zusammenhalt sind eine Grundvoraussetzung dafür, dass Mitarbeiter ihre Arbeitsleistung kontinuierlich erbringen können. Ein positives soziales Klima unter den Mitarbeitern kann durch folgende Maßnahmen durch die Führungskraft gefördert werden:

- unmittelbar betroffene Mitarbeiter in die Rekrutierung neuer Kollegen einbeziehen,
- gemeinsame Veranstaltungen und Aktivitäten der Mitarbeiter fördern,
- Teamgeist unter den Mitarbeitern fördern sowie
- Teamprämien vergeben.

Ein weiterer Faktor ist die Gestaltung der **physischen Arbeitsbedingungen** für die Mitarbeiter [14][54], [207]. Hierbei geht es im Wesentlichen um drei Dinge: Arbeitszeit, Arbeitsmittel und Arbeitsumgebung der Mitarbeiter.

Die Grenzen der **täglichen Arbeitszeit** werden in Unternehmen heute zunehmend durch flexible Arbeitszeitmodelle erweitert. Anstelle von festen Arbeitszeiten werden den Mitarbeitern konkrete Leistungsziele gesetzt, die sie bis zu einem bestimmten Zeitpunkt zu erfüllen haben. Das Einteilen der benötigten Arbeitszeit erfolgt weitgehend eigenverantwortlich durch die Mitarbeiter.

Bei der Gestaltung der Arbeitszeit kann die Führungskraft durch folgende Maßnahmen unterstützend wirken und insbesondere zeitliche Überlastung der Mitarbeiter vermeiden helfen:

- realistische Leistungsziele setzen,
- Hilfestellung bei der zeitlichen Einteilung von Projekten anbieten,
- dauerhafte zeitlich intensive Beanspruchung der Mitarbeiter (Überstunden, Wochenendarbeit zusätzlich zur normalen Arbeitszeit usw.) vermeiden sowie
- die Mitarbeiter zu regelmäßigen Pausen auffordern.

Ein weiterer Bereich innerhalb der physischen Arbeitsbedingungen ist die angemessene **Gestaltung der Arbeitsmittel**. Hier handelt es sich um eine Mindestvoraussetzung dafür, dass die Mitarbeiter ihre Arbeitsleistung zügig und fehlerfrei erbringen können. Die Gestaltung der Arbeitsmittel ist unternehmensabhängig vorzunehmen. Insgesamt sollten hierbei drei Aspekte berücksichtigt werden:

- Fördern der Zeiteffizienz,
- Aufgabenangemessenheit sowie
- Beeinträchtigungsfreiheit.

Der dritte Bereich innerhalb der physischen Arbeitsbedingungen ist die **Arbeitsumgebung**. Hierbei geht es im Wesentlichen um Raum-, Luft-, Licht- und Lärmverhältnisse in den Arbeitsräumen. Eine immer häufiger diskutierte Frage ist die Entscheidung zwischen Großraum- oder Einzelbüros. Auch die Gestaltung der

Arbeitsumgebung ist unternehmensintern und in Abhängigkeit von den Aufgaben der Mitarbeiter vorzunehmen.

Ein weiterer Aspekt im Zusammenhang mit der Mitarbeiterzufriedenheit ist die **Bezahlung** [6][36][181], [222]. Einen wesentlichen Nutzen sehen wir hier in der Einführung von kundenorientierten Vergütungssystemen. Hierunter verstehen wir solche Vergütungssysteme, die erstens leistungsorientiert sind und zweitens kundenbezogene Faktoren wie z. B. die Kundenzufriedenheit bei der Leistungsbewertung berücksichtigen. Dieser Ansatz mag für viele Unternehmen noch etwas futuristisch wirken. Allerdings ist in der Praxis eine klare Entwicklung in diese Richtung erkennbar [95], [101].

Eine wesentliche Bedeutung für die Zufriedenheit der Mitarbeiter hat der **Arbeitsinhalt** [6][150], [185]. Eine interessante und abwechslungsreiche Tätigkeit ist eine wesentliche Voraussetzung dafür, dass die Mitarbeiter sich wirklich mit ihrer Arbeit identifizieren. Dabei ist ein gewisses Maß an Routine (unabhängig von der Tätigkeit) sicherlich nie völlig zu vermeiden. Dennoch können verschiedene Maßnahmen dazu beitragen, die Arbeitsinhalte generell abwechslungsreicher zu gestalten [216]:

- *Job Rotation*: Hierunter verstehen wir das Wechseln der Arbeitsaufgaben zwischen verschiedenen Mitarbeitern mit ähnlichen Aufgabeninhalten. Eine derartige Maßnahme ist jedoch nur sinnvoll, wenn die Tätigkeiten mit einem vertretbaren Maß an Einarbeitung zwischen den Mitarbeitern rotiert werden können. Als Beispiel wäre hier das Wechseln der Abteilungen der Mitarbeiter von Einzelhandelsunternehmen zu nennen.
- *Job Enlargement*: Diese Maßnahme beinhaltet das Erweitern des Aufgabenspektrums der Mitarbeiter um vor- oder nachgelagerte Tätigkeiten mit gleichen Qualifikationsanforderungen. Dadurch soll eine gewisse Breite in das Tätigkeitsfeld gebracht werden. Als Beispiel für diese Maßnahme ist das Übertragen der kompletten Kundenbetreuung auf einen Vertriebsmitarbeiter zu nennen.
- *Job Enrichment*: Hierunter wird das Übertragen zusätzlicher Aufgaben mit entsprechender Verantwortung verstanden. Ein Beispiel für diese Maßnahme ist das Ernennen eines Vertriebsmitarbeiters zum Qualitätsbeauftragten.

Ein weiterer Aspekt der Mitarbeiterzufriedenheit ist das Erzielen von **Leistungserfolgen und** der Erhalt **persönlicher Anerkennung** [62][161][215], [220]. Auch hier ist das Führungsverhalten der direkten Führungskraft von zentraler Bedeutung. Beispielhafte Gestaltungsregeln zum Umgang mit Anerkennung sind [195]

- die persönliche und nicht elektronische Übermittlung der Anerkennung,
- Vermeidung von Übertreibungen,

- ausdrückliches Äußern der Anerkennung (nicht: „Nicht geschimpft ist gelobt genug!“) sowie
- klare Zuordnung der Anerkennung zu konkretem Verhalten.

Auch die Möglichkeit, **Verantwortung** zu übernehmen, trägt entscheidend zur Zufriedenheit der Mitarbeiter bei [220][221], [224]. Dem Bedürfnis der Mitarbeiter nach eigenverantwortlichem Handeln kann durch folgende Maßnahmen Rechnung getragen werden:

- aktives Einbeziehen der Mitarbeiter in für sie relevante Entscheidungen,
- Gewähren eines angemessenen Handlungs- und Entscheidungsspielraumes (Empowerment) sowie
- gleichzeitiges Übertragen von Verantwortung und Entscheidungskompetenz.

Einen wesentlichen Einfluss auf die Mitarbeiterzufriedenheit hat darüber hinaus die **Möglichkeit zur persönlichen Entfaltung** im Rahmen der Tätigkeit sowie im Unternehmen [171]. Sie kann durch die Führungskraft insbesondere gefördert werden durch

- aktives Anregen der Mitarbeiter zu eigenen Ideen,
- Einführen eines (prämiengekoppelten) Verbesserungsvorschlagswesens,
- Aufzeigen der persönlichen Aufstiegschancen im Unternehmen,
- systematisches Gestalten unternehmensinterner Karrierewege für Mitarbeiter sowie
- systematische Weiterbildung und -entwicklung der Mitarbeiter.

Der zweite Bereich der Maßnahmen konzentriert sich auf die Steigerung der **Loyalität** der Mitarbeiter. Die Loyalität kann – neben der Steigerung der Mitarbeiterzufriedenheit – insbesondere durch folgende Maßnahmen gefördert werden:

- Aufzeigen einer langfristigen Perspektive für die Mitarbeiter im Unternehmen (Karriereplan usw.),
- Durchführen systematischer Weiterbildungsprogramme für die Mitarbeiter in Verbindung mit der Vereinbarung einer gewissen Unternehmenszugehörigkeit,
- Gestaltung des Arbeitsumfeldes (Arbeitsbedingungen, Arbeitszeit usw.) in der Form, dass es eine Basis für eine langfristige Tätigkeit des Mitarbeiters im Unternehmen bietet,
- regelmäßiges Benchmarking mit anderen Unternehmen, d. h. Wettbewerbsvergleich als Arbeitgeber,
- Schaffen einer starken Unternehmenskultur [97],

- Durchführen eines Tages der offenen Tür für Familie und Bekannte der Mitarbeiter sowie
- Durchführen von regelmäßigen Veranstaltungen, an denen die Familien der Mitarbeiter teilnehmen können (z. B. jährlicher Ausflug, Weihnachtsfeier).

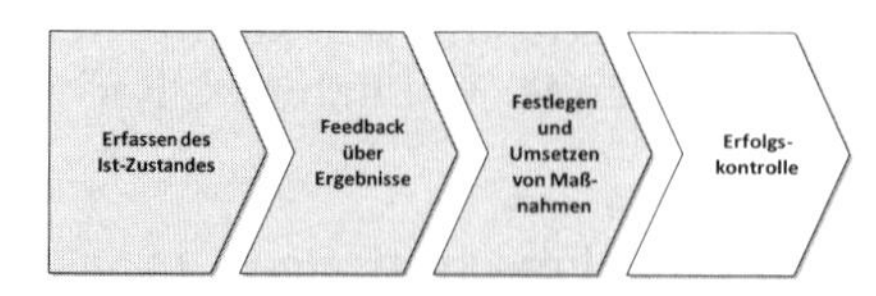

Die vierte und letzte Phase innerhalb des Veränderungsprozesses beinhaltet die **Erfolgskontrolle**. In dieser Phase geht es darum, die Wirksamkeit der durchgeführten Maßnahmen zu überprüfen. Dies kann insbesondere erfolgen durch

- wiederholte Befragungen zur Mitarbeiterzufriedenheit (nach etwa einem Jahr),
- persönliche Gespräche mit Mitarbeitern oder
- Befragung von Kunden zum Verhalten der Mitarbeiter.

5 Praktische Zusammenfassung

Auf den vorangehenden knapp 190 Seiten haben wir detailliert einen Ansatz zur Steigerung der Kundenorientierung von Mitarbeitern unterschiedlichster Bereiche im Unternehmen vorgestellt. Ziel war es dabei, wissenschaftlich fundierte Methoden und Instrumente anwendbar und praxisnah zu beschreiben. Diesen Gedanken wollen wir auch mit diesem letzten Kapitel verfolgen. Es soll dem Leser ermöglichen, dieses Buch als Nachschlagewerk zu nutzen und es immer wieder in Sachen Kundenorientierung zur Hand nehmen zu können.

Im Folgenden werden kurz die grundlegende Annahme zur und Messung der Kundenorientierung der Mitarbeiter sowie die allgemeine Vorgehensweise und die Ansatzpunkte zur Steigerung der Kundenorientierung von Mitarbeitern vorgestellt. Jeder dieser Teilbereiche schließt mit einer zusammenfassenden Abbildung.

Grundlegende Annahme zur Kundenorientierung der Mitarbeiter

Der hier vorgestellte Ansatz zur Steigerung der Kundenorientierung der Mitarbeiter beruht auf dem zweidimensionalen Verständnis der Kundenorientierung. Sie besteht zum einen aus der **kundenorientierten Einstellung**, also der Denkhaltung der Mitarbeiter über Kunden und Kundenorientierung, und dem nach außen sichtbaren **kundenorientierten Verhalten**. Da Einstellungen im Allgemeinen Verhaltensweisen beeinflussen, ist davon auszugehen, dass eine hohe Kundenorientierung in der Einstellung zu ausgeprägtem kundenorientierten Verhalten führt. Beide Größen beeinflussen also direkt und auch indirekt wichtige kundenbezogene Erfolgsgrößen wie Kundenzufriedenheit und Loyalität (siehe Kapitel 1.3).

Abbildung 5.1 Grundlegende Annahme zur Kundenorientierung der Mitarbeiter

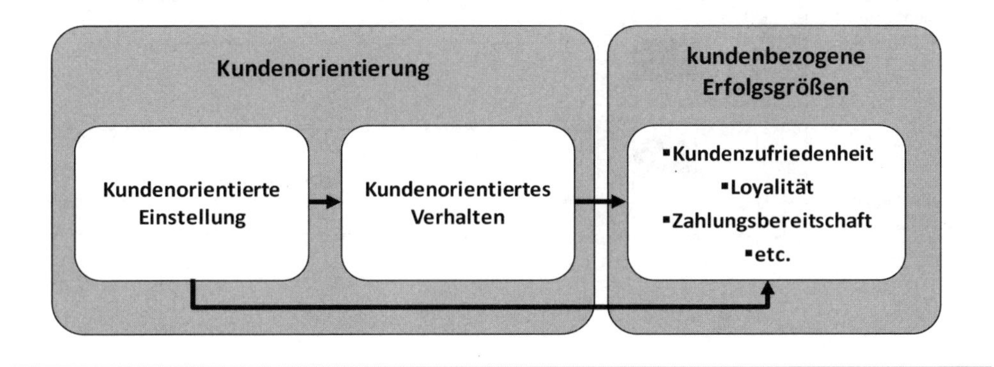

Allgemeine Vorgehensweise zur Steigerung der Kundenorientierung der Mitarbeiter

Im Allgemeinen resultiert die Notwendigkeit zur Veränderung aus einem Abgleich von Soll- und Ist-Zustand. Auch Kundenorientierung sollte dann gesteigert werden, wenn die aktuellen Ausprägungen der Dimensionen Einstellung und Verhalten nicht den gewünschten Werten entsprechen. Maßnahmen zur Steigerung von kundenorientierter Einstellung und kundenorientiertem Verhalten setzen also eine strukturierte und systematische Messung der Ausprägungen beider Dimensionen sowie eine Interpretation der Ergebnisse voraus (siehe Kapitel 2).

Abbildung 5.2 Allgemeine Vorgehensweise zur Steigerung der Kundenorientierung der Mitarbeiter

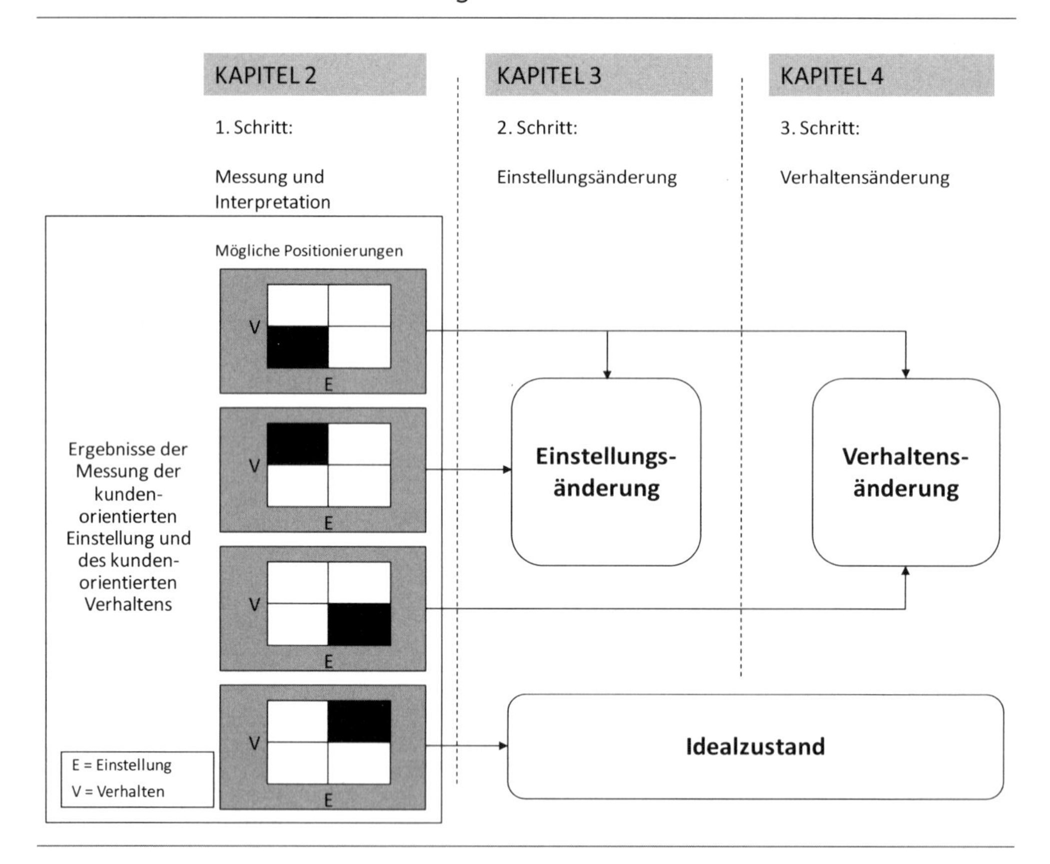

Messung und Interpretation der Kundenorientierung der Mitarbeiter

Zur systematischen Messung der kundenorientierten Einstellung und des kundenorientierten Verhaltens wurde jeweils ein Fragebogen vorgestellt, der sowohl zur Fremd- als auch zur Selbsteinschätzung der Dimensionen der Kundenorientierung der Mitarbeiter genutzt werden kann (siehe Tabelle 2.1 und Tabelle 2.2). Die durch Durchschnittsbildung gewonnen Ergebnisse werden mit der in Kapitel 2.3 vorgestellten Ampelskala interpretiert. So können großer, punktueller oder wenig Handlungsbedarf bezüglich der beiden Dimensionen abgeleitet werden.

Abbildung 5.3 Messung und Interpretation der Kundenorientierung der Mitarbeiter

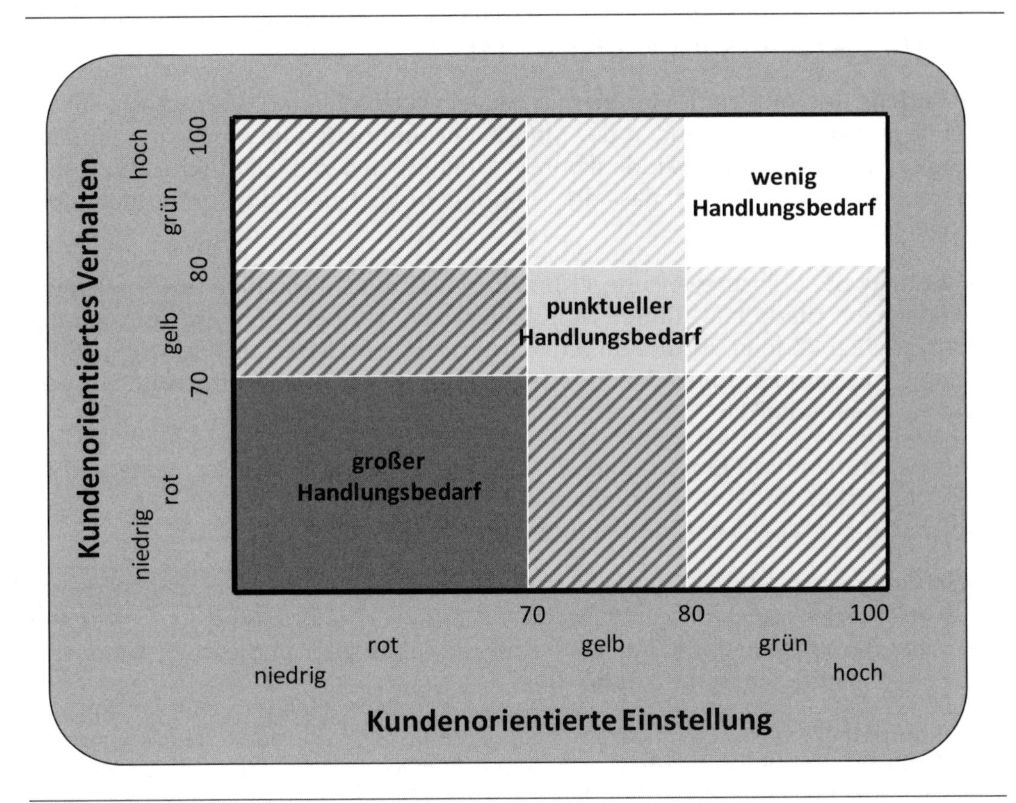

Ansatzpunkte zur Steigerung der Kundenorientierung der Mitarbeiter

Die Maßnahmen zur Steigerung der Kundenorientierung der Mitarbeiter leiten sich aus den Einflussgrößen auf kundenorientierte Einstellung und kundenorientiertes Verhalten ab. Für jede der beiden Dimensionen werden in diesem Buch vier Einflussgrößen vorgestellt.

Die kundenorientierte Einstellung wird vor allem von den folgenden Größen beeinflusst:

Führungsverhalten: Kundenorientiertes Führungsverhalten beinhaltet nicht nur die Ausrichtung der Ziele an kundenbezogenen Erfolgsgrößen, sondern vor allem, dass die Führungsperson eigene Kundenorientierung vorlebt (siehe Kapitel 3.3).

Motivation: Mitarbeiter sind insbesondere dann motiviert, kundenorientiert zu sein, wenn ihnen die Bedeutung der Kundenorientierung für die Erreichung ihrer eigenen persönlichen Ziele bewusst ist. Motivation hat also durchaus eine egoistische Komponente. Die Motive von Mitarbeitern können sowohl intrinsischer als auch extrinsischer Art sein (siehe Kapitel 3.4).

Persönliche Ressourcen: Viele externe soziale, psychische und physische Faktoren beeinflussen das Wohlbefinden der Mitarbeiter und helfen ihnen darüber hinaus, negative Erfahrungen im Kundenkontakt zu kompensieren. Dadurch kann insbesondere vermieden werden, dass die Mitarbeiter ein „Feindbild Kunde" aufbauen (siehe Kapitel 3.5).

Persönlichkeit: Selbstbewertung, Kontaktfreude und Empathie sind wichtige Persönlichkeitsmerkmale, damit Mitarbeiter eine kundenorientierte Einstellung verinnerlichen können. In diesem Sinne „starke Persönlichkeiten" haben Spaß im Umgang mit Kunden und können sich gut in die Lage ihrer Kunden hinein versetzen (siehe Kapitel 3.6).

Die kundenorientierte Einstellung selbst bildet, wie bereits dargelegt, eine wichtige Einflussgröße des kundenorientierten Verhaltens. Folgende drei Größen beeinflussen darüber hinaus das kundenorientierte Verhalten:

Sozialkompetenz: Kundenkontakt hat vor allem eine zwischenmenschliche Komponente. Kenntnisse der Körpersprache, der Persönlichkeitstypen von Kunden oder aber der Sprache der Kunden sind für die Mitarbeiter in diesem Zusammenhang äußerst hilfreich (siehe Kapitel 4.3).

Fachkompetenz: Neben konkretem Fachwissen, das Mitarbeiter benötigen, um den Bedürfnissen ihrer Kunden nachzukommen, verstehen sich fachlich kompetente Mitarbeiter darin, ihre grundlegenden Prozesse reibungslos zu organisieren. Selbstmanagement-Techniken ermöglichen es den Mitarbeitern, sich voll auf die Kunden zu konzentrieren (siehe Kapitel 4.4).

Zufriedenheit: Zufriedenheit färbt ab. Nur zufriedene Mitarbeiter können über ihre (kundenorientierten) Verhaltensweisen für Zufriedenheit bei den Kunden sorgen. Es gibt zahlreiche Ansatzpunkte, die Zufriedenheit der Mitarbeiter zu steigern bzw. konstant (hoch) zu halten (siehe Kapitel 4.5).

Abbildung 5.4 Ansatzpunkte zur Steigerung der Kundenorientierung der Mitarbeiter

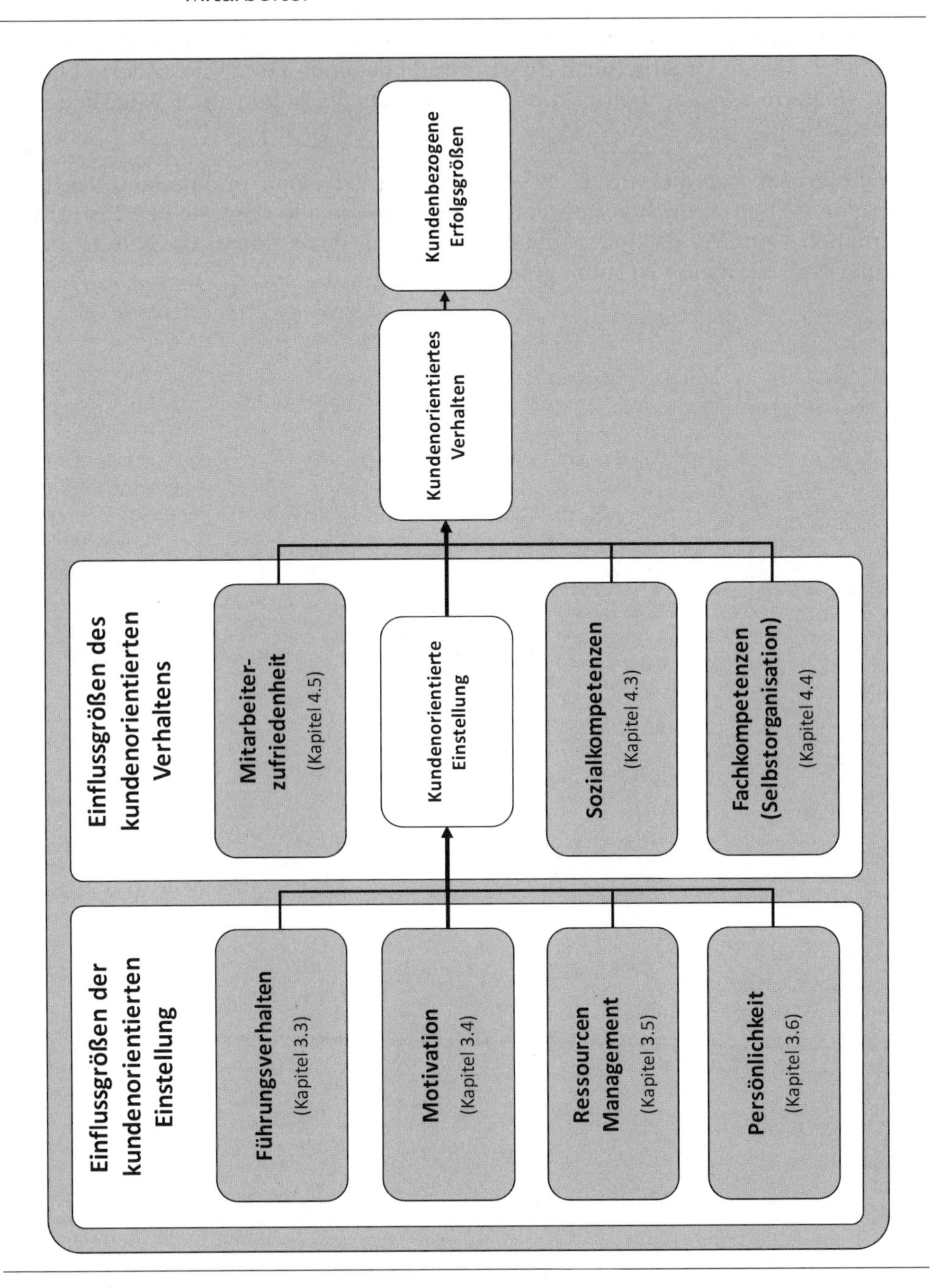

Abbildung 5.4 stellt die in diesem Buch behandelten Einflussgrößen der Kundenorientierung im Überblick dar. Es wird deutlich, dass es nicht ausreicht, mit Kommunikations- und Verhaltensregeln zu versuchen, die Kundenorientierung der Mitarbeiter zu steigern, wie wir es häufig in der Praxis beobachtet haben. Vielmehr müssen Unternehmen die zugrunde liegende kundenorientierte Einstellung steigern, um nachhaltig kundenorientiertes Verhalten ihrer Mitarbeiter sicherzustellen.

Der Leser hat mit diesem abschließenden Kapitel einen praktischen Überblick über den in diesem Buch vorgestellten Ansatz sowie alle vorgestellten Instrumente erhalten. Der Grundstein einer Steigerung sowie eines Erhalts der Kundenorientierung der Mitarbeiter ist somit gelegt.

Literatur

[1] Adler, A. (1973), Menschenkenntnis, Zürich.

[2] Aggarwal, P., Castleberry, S., Shepherd, C., Ridnour, R. (2005), Salesperson Empathy and Listening: Impact on Relationship Outcomes, Journal of Marketing Theory & Practice, 13, 3, 16-31.

[3] Angle, H., Perry, J. (1981), An Empirical Assessment of Organizational Commitment and Organizational Effectiveness, Administrative Science Quarterly, 26 (March), 1-14.

[4] Antonucci, T., Jackson, J. (1990), The Role of Reciprocity in Social Support, in: Sarason, B., Sarason, I., Pierce, G. (Hrsg.), Social Support: An Interactional View, New York, 173-198.

[5] Argyle, M. (1975), Bodily Communication, London.

[6] Ash, P. (1954), The SRA Employee Inventory – A Statistical Analysis, Personnel Psychology, 7, 3, 337-364.

[7] Atwater, L., Waldman, D., Brett, J. (2002), Understanding and Optimizing Multiscore Feedback, Human Resources Management, 41, 2, 193-208.

[8] Auh, S., Menguc, B. (2007), Performance Implications of the Direct and Moderating Effects of Centralization and Formalization on Customer Orientation, Industrial Marketing Management 36, 8, 1022-1034.

[9] Babakus, E., Cravens, D., Johnston, M., Moncrief, W. (1999), The Role of Emotional Exhaustion in Sales Force Attitude and Behavior Relationships, Journal of the Academy of Marketing Science, 27, 1, 58-70.

[10] Bagozzi, R. (1978), Salesforce Performance and Satisfaction as a Function of Industrial Difference, Interpersonal, and Situational Factors, Journal of Marketing Research, 15 (November), 517-531.

[11] Bakker, A., Demerouti, E., Euwema, M. (2005), Job Resources Buffer the Impact of Job Demands on Burnout, Journal of Occupational Health Psychology, 10, 2, 170-180.

[12] Barber, C., Tietje, B. (2006), A New Look at Industrial Sales and its Requisite Competencies, Journal of Selling and Major Account Management, 6, 4, 27-40.

[13] Bänsch, A. (2006), Verkaufspsychologie und Verkaufstechnik, 8. Auflage, München.

[14] Becherer, R., Morgan, F., Richard, M. (1982), The Job Characteristics of Industrial Salespersons: Relationship to Motivation and Satisfaction, Journal of Marketing, 46 (Fall), 125-135.

[15] Becker, M. (2011), Systematische Personalentwicklung – Planung, Steuerung und Kontrolle im Funktionszyklus, 2. Auflage, Stuttgart.

[16] Beck-Gesetztestexte (2011), Arbeitsgesetze, 79. Auflage, Nördlingen.

[17] Behrman, D., Perreault, W. (1984), A Role Stress Model of the Performance and Satisfaction of Industrial Salespersons, Journal of Marketing, 48 (Fall), 9-21.

[18] Bettencourt, L., Brown, S. (2003), Role Stressors and Customer-Oriented Boundary-Spanning Behaviors in Service Organizations, Journal of the Academy of Marketing Science, 31, 4, 394-408.

[19] Bettencourt, L., Brown, S. (1997), Contact Employees: Relationships among Workplace Fairness, Job Satisfaction and Prosocial Service Behaviors, Journal of Retailing, 73, 1, 39-61.

[20] Birbaumer, N., Schmidt, R. (2002), Biologische Psychologie, 5. Auflage, Berlin.

[21] Bisani, F. (1997), Personalwesen und Personalführung: State of the Art der betrieblichen Personalarbeit, Wiesbaden.

[22] Bitner, M. (1990), Evaluating Service Encounters: The Effects of Physical Surroundings and Employee Response, Journal of Marketing, 54 (April), 69-82.

[23] Blocker, C., Flint, D., Myers, M., Slater, S. (2011), Proactive Customer Orientation and Its Role for Creating Customer Value in Global Markets, Journal of the Academy of Marketing Science, 39, 2, 216-233.

[24] Bono, J., Foldes, H., Vinson, G., Muros, J. (2007), Workplace Emotions: The Role of Supervision and Leadership, Journal of Applied Psychology, 92, 5, 1357-1367.

[25] Bougie, R., Pieters, R., Zeelenberg, M. (2003), Angry Customers Don't Come Back, They Get Back: The Experience and Behavioral Implications of Anger and Dissatisfaction in Services, Journal of the Academy of Marketing Science, 31, 4, 377-393.

[26] Briefs, W., Lomott, M. (1998), Grundlagen kundenorientierter Kommunikation, Essen.

[27] Brown, M. (1992), Paying for Quality, Journal of Quality and Participation, 15, 5, 38-43.
[28] Brown, T., Mowen, J., Donavan, T., Licata, J. (2002), The Customer Orientation of Service Workers: Personality Trait Effects on Self-and Supervisor Performance Ratings, Journal of Marketing Research, 39, 1, 110-119.
[29] Brown, S., Swartz, T. (1989), A Gap Analysis of Professional Service Quality, Journal of Marketing, 53 (April), 92-98.
[30] Brownell, J. (1990), Perceptions of Effective Listeners: A Management Study, Journal of Business Communication, 27, 4, 401-415.
[31] Bungard, W. (1997), Porsche AG im Umbruch – Durchführung einer begleitenden Mitarbeiterbefragung, in: Bungard, W., Jöns, I. (Hrsg.), Mitarbeiterbefragung: Ein Instrument des Innovations- und Qualitätsmanagements, Mannheim, 308-316.
[32] Bungard, W., Jöns, I., Schultz-Gambard, J. (1997), Sünden bei Mitarbeiterbefragungen – Zusammenfassung der wichtigsten Fehler und Fallgruben, in: Bungard, W., Jöns, I. (Hrsg.), Mitarbeiterbefragung: Ein Instrument des Innovations- und Qualitätsmanagements, Mannheim, 441-455.
[33] Chagalla, G., Servani, T. (1996), Dimensions and Types of Supervisory Control: Effects on Salesperson Performance and Satisfaction, Journal of Marketing, 60, 1, 89-105.
[34] Chan, K., Yim, C., Lam, S. (2010), Is Customer Participation in Value Creation a Double-Edged Sword? Evidence from Professional Financial Services across Cultures, Journal of Marketing, 74, 3, 48-64.
[35] Chlopan, B., McCain, M., Carbonell, J., Hagen, R. (1985), Empathy: Review of Available Measures, Journal of Personality and Social Psychology, 48, 3, 635-653.
[36] Churchill, G., Ford, N., Walker, O. (1976), Organizational Climate and Job Satisfaction in the Salesforce, Journal of Marketing Research, 13 (November), 323-332.
[37] Cohen, S. (1988), Psychosocial Models of the Role of Social Support in the Ethiology of Physical Disease, Health Psychology, 7, 3, 269-297.
[38] Coyne, J., Ellard, J., Smith, D. (1990), Social Support, Interdependence, and the Dilemmas of Helping, in: Sarason, B., Sarason, I., Pierce, G. (Hrsg.), Social Support: An Interactional View, New York, 129-149.
[39] Crisand, E., Pitzek, A. (1993), Das Sachgespräch als Führungsinstrument, Arbeitshefte Führungspsychologie, Band 20, Heidelberg.
[40] Criswell, C. (2008), „Do You Have a Minute“ Seven Strategies for Limiting Office Interruptions, The Journal for Quality & Participation, 31, 1, 29-30.
[41] Curry, J., Wakefield, D., Price, J., Mueller, Ch. (1986), On the Causal Ordering of Job Satisfaction and Organizational Commitment, Academy of Management Journal, 29, 4, 847-858.
[42] Dalal, R., Bashshur, M., Credé, M. (2011), The Forgotten Facet: Employee Satisfaction with Management above the Level of Immediate Supervision, Applied Psychology, 60, 22, 183-209.
[43] Davis, F. (1973), Inside Intuition: What We Know About Nonverbal Communication, New York.
[44] Davis, F., Bagozzi, R., Warshaw, P. (1992), Extrinsic and Intrinsic Motivation to Use Computers in the Workplace, Journal of Applied Social Psychology, 22, 14, 1111-1132.
[45] Deci, E., Ryan, R. (1985), Intrinsic Motivation and Self-determination in Human Behavior, New York.
[46] Deci, E., Vallerand, R., Pelletier, L., Ryan, R. (1991), Motivation and Education: The Self-Determination Perspective, Educational Psychologist, 26, 3-4, 325-346.
[47] De Jonge, J., Dormann, C. (2006), Stressors, Resources, and Strain at Work: A Longitudinal Test of the Triple-Match Principle, Journal of Applied Psychology, 91, 6, 1359-1374.
[48] Deshpandé, R., Farley, J., Webster F. (1993), Corporate Culture Customer Orientation, and Innovativeness in Japanese Firms: A Quadrad Analysis, Journal of Marketing, 57, 1, 23-37.
[49] Dierendonck, D., Schaufeli, W., Buunk, B. (1998), The Evaluation of an Individual Burnout Intervention Program: The Role of Inequity and Social Support, Journal Applied Psychology, 83, 3, 392-407.
[50] Donavan, D., Brown, T., Mowen, J. (2004), Internal Benefits of Service-Worker Customer Orientation: Job Satisfaction, Commitment, and Organizational Citizenship Behaviors, Journal of Marketing, 68, 1, 128-146.

[51] Donovan, M., Drasgow, F., Munson, L. (1998), The Perceptions of Fair Interpersonal Treatment Scale: Development and Validation of a Measure of Interpersonal Treatment in the Workplace, Journal of Applied Psychology, 83, 5, 683-692.

[52] Donavan, T., Xiang, F., Neeli, B., Surendra, N. (2004), Applying Interactional Psychology to Salesforce Management: A Socialization Illustration, Qualitative Market Research: An International Journal, 7, 2, 139-152.

[53] Dormann, C., Zapf, D. (2004), Customer-Related Social Stressors and Burnout, Journal of Occupational Health Psychology, 9, 1, 61-82.

[54] Dubinsky, A., Hartley, S. (1984), Impact of Job Characteristics on Retail Salespeople's Reactions to their Jobs, Journal of Retailing, 60 (Summer), 35-62.

[55] Duncan, S., Niederehe, G. (1974), On Signaling That It's Your Turn to Speak, Journal of Experimental Social Psychology, 10, 3, 234-247.

[56] Duncan, W. (1975), Essentials of Management, Hinsdale.

[57] Ekman, P. (1993), Facial Expression and Emotion, American Psychologist, 48, 4, 384-392.

[58] Ekman, P., Friesen, W. (1972), Hand Movements, Journal of Communication, 22, 4, 353-374.

[59] Ellsworth, P., Ludwig, L. (1972), Visual Behavior in Social Interaction, Journal of Communication, 22, 4, 375-403.

[60] Enzman, D., Schaufeli, W., Janssen, P., Rozeman, A. (1998), Dimensionality and Validity of the Burnout Measure, Journal of Occupational and Organizational Psychology, 71, 4, 331-351.

[61] Evans, K., Landry, T. Po-Chien, L., Shaoming, Z. (2007), How Sales Controls Affect Job-related Outcomes: The Role of Organizational Sales-related Psychological Climate Perceptions, Journal of the Academy of Marketing Science, 35, 3, 445-459.

[62] Ewen, R. (1964), Some Determinants of Job Satisfaction: A Study of the Generality of Herzberg's Theory, Journal of Applied Psychology, 48, 3, 161-163.

[63] Exline, R. (1963), Explorations in the Process of Person Perception: Visual Interaction in Relation to Competition, Sex, and Need for Affiliation, Journal of Personality, 31, 1, 1-20.

[64] Eysenck, H., Wilson, G. (1975), Teste Dich Selbst: Die Aspekte der Persönlichkeit, München.

[65] Eysenck, S., Eysenck, H. (1963), On the Dual Nature of Extraversion, British Journal of Social and Clinical Psychology, 2, 1, 46-55.

[66] Fatzer, G. (1993, Hrsg.), Organisationsentwicklung für die Zukunft: Ein Handbuch, Köln.

[67] Filley, A., House, R., Kerr, S. (1976), Managerial Process and Organizational Behavior, 2. Auflage, Glenview.

[68] Flint, D. (2006), Innovation, Symbolic Interaction and Customer Valuing: Thoughts Stemming from a Service-Dominant Logic of Marketing, Marketing Theory, 6, 3, 349-362.

[69] Franke, G., Park, J.-E. (2006), Salesperson Adaptive Selling Behavior and Customer Orientation: A Meta-Analysis, Journal of Marketing Research, 43, 4, 693-702.

[70] Fridlund, A., Ekman, P., Oster, H. (1987), Facial Expressions of Emotion: Review of Literature, in: Siegman, A., Feldstein, S. (Hrsg.), Multichannel Integration of Nonverbal Behavior, London, 143-224.

[71] Fulmer, R. (1974), The New Management, New York.

[72] Gebert, D. (1981), Belastung und Beanspruchung in Organisationen, Stuttgart.

[73] Gettman, H., Gelfand, M. (2007), When the Customer Shouldn't Be King: Antecedents and Consequences of Sexual Harassment by Clients and Customers, Journal of Applied Psychology, 92, 3, 757-770.

[74] Grandey, A., Dickter, D. Hock-Peng, S. (2004), The Customer is not Always Right: Customer Aggression and Emotion Regulation of Service Employees, Journal of Organizational Behavior, 25, 3, 397-418.

[75] Grandey, A., Fisk, G., Steiner, D. (2005), Must „Service With a Smile" Be Stressful? The Moderating Role of Personal Control for American and French Employees, Journal of Applied Psychology, 90, 5, 893-904.

[76] Greenhaus, J., Powell, G. (2006), When Work and Family Are Allies: A Theory of Work-Family Enrichment, Academy of Management Review, 31, 1, 72-92.

[77] Grégoire, Y., Laufer, D., Tripp, T. (2010), A Comprehensive Model of Customer Direct and Indirect Revenge: Understanding the Effects of Perceived Greed and Customer Power, Journal of the Academy of Marketing Science, 38, 6, 738-758.
[78] Gross, C., Peterson, R. (1980), A Study of the Appropriateness of Various Means of Meeting Objections by Sales Representatives, Journal of the Academy of Marketing Science, 8, 2, 92-99.
[79] Guilford, J. (1964), Persönlichkeit, Weinheim.
[80] Häcker, H., Stapf, K. (2009), Dorsch Psychologisches Wörterbuch, 15. Auflage, Bern.
[81] Halpin, A., Winer, B. (1957), A Factorial Study of the Leader Behavior Descriptions, in: Stogdill, R., Coons, A. (Hrsg.), Leader Behavior: Its Description and Management, Columbus/Ohio, 39-51.
[82] Handlbauer, G., Renzl, B. (2008), Kundenorientiertes Wissensmanagement, in: Hinterhuber, H., Matzler, K. (Hrsg.), Kundenorientierte Unternehmensführung: Kundenorientierung, Kundenzufriedenheit und Kundenbindung, Wiesbaden, 6. Auflage, 147-176.
[83] Haring, M., Mattsson, J. (1999), A Linguistic Approach to Studying Quality of Face-to-Face Communication, Service Industries Journal, 19, 2, 28-48.
[84] Harris, E., Mowen, J., Brown, T. (2005), Re-Examining Salesperson Goal Orientations: Personal Influencers, Customer Orientation, and Work Satisfaction, Journal of the Academy of Marketing Science, 33, 1, 19-35.
[85] Heidemeier, H., Moser, K. (2009), Self-Other Agreement in Job Performance Ratings: A Meta-Analytic Test of a Process Model, Journal of Applied Psychology, 94, 2, 353-370.
[86] Hellriegel, D., Slocum, J. (1976), Organizational Behavior – Contingency Views, St. Paul.
[87] Hemp, P. (2009), Death by Information Overload, Harvard Business Review, 87, 9, 82-89.
[88] Henkel KGaA (2008), Geschäftsbericht 2007 – Eine Welt der Kunden, URL: http://www.henkel.de/de/content_data/2008.02.27_FY_2007_annualreport_de.pdf [03.01.2012].
[89] Herrmann, Th. (1969), Lehrbuch der empirischen Persönlichkeitsforschung, Göttingen.
[90] Herzberg, F. (1966), Work and the Nature of Man, Cleveland/Ohio.
[91] Heskett, J., Jones, T., Loveman, G., Sasser, J., Schlesinger, L. (2008), Putting the Service-Profit Chain to Work, Harvard Business Review, 86, 7/8, 118-129.
[92] Hobfoll, S. (1989), Conservation of Resources: A New Attempt at Conceptualizing Stress, American Psychologist, 44, 3, 513-524.
[93] Hoffman, K., Ingram, T. (1992), Service Provider Job Satisfaction and Customer-Oriented Performance, Journal of Services Marketing, 6, 2, 68-78.
[94] Hogan, R. (1969), Development of an Empathy Scale, Journal of Consulting and Clinical Psychology, 33, 3, 307-316.
[95] Homburg, Ch., Jensen, O. (2000), Kundenorientierte Vergütungssysteme: Voraussetzungen, Verbreitung, Determinanten, Zeitschrift für Betriebswirtschaft, 70, 1, 55-74.
[96] Homburg, Ch., Müller, M., Klarmann, M. (2011), When Should the Customer Really Be King? On the Optimum Level of Salesperson Customer Orientation in Sales Encounters, Journal of Marketing, 75, 2, 55-74.
[97] Homburg, Ch., Pflesser, Ch. (1999), „Symbolisches Management" als Schlüssel zur Marktorientierung: Neue Erkenntnisse zur Unternehmenskultur, Mannheim.
[98] Homburg, Ch., Pflesser, Ch. (2000), Market-Oriented Organizational Culture: A Multiple Layer Model, Journal of Marketing Research, 37, 4, 449-462.
[99] Homburg, Ch., Stock, R. (2002), Führungsverhalten als Einflussgröße der Kundenorientierung von Mitarbeitern : Ein dreidimensionales Konzept, Marketing-Zeitschrift für Forschung und Praxis, 24, 2, 123-137.
[100] Homburg, Ch., Stock, R. (2004), The Link Between Salespeople's Job Satisfaction and Customer Satisfaction in a Business-to-Business Context: A Dyadic Analysis, Journal of the Academy of Marketing Science, 32, 2, 144-158.
[101] Homburg, Ch., Werner, H. (1998), Kundenorientierung mit System, Frankfurt/Main.
[102] Homburg, Ch., Wieseke, J., Bornemann, T. (2009). Implementing the Marketing Concept at the Employee-Customer Interface: The Role of Customer Need Knowledge, Journal of Marketing, 73, 4, 64-81.

[103] Homburg, Ch., Wieseke, J., Hoyer, W. (2009), Social Identity and the Service-Profit Chain, Journal of Marketing, 73, 2, 38-54.
[104] House, R., Dessler, G. (1974), The Path-Goal Theory of Leadership: Some Post Hoc and A Priori Tests, in: Hunt, J., Larson, L. (Hrsg.), Contingency Approaches to Leadership, Southern Illinois, 29-55.
[105] House, R., Filley, A., Kerr, S. (1971), Relation of Leader Consideration and Initiating Structure to R and D Subordinates' Satisfaction, Administrative Sciences Quarterly, 16 (March), 19-30.
[106] Hungenberg, H., Wulf, T. (2011), Grundlagen der Unternehmensführung, 4. Auflage, Berlin.
[107] Hunt, G., Cussela, L. (1983), A Field Study of Listening Needs in Organizations, Communication Education, 32 (October), 393-401.
[108] Ilgen, D., Fisher, C., Taylor, M. (1979), Consequences of Individual Feedback on Behavior in Organizations, Journal of Applied Psychology, 64, 4, 343-371.
[109] Ingram, T., Schwepker, C., Hutson, D. (1992), Why Salespeople Fail, Industrial Marketing Management, 2, 3, 225-230.
[110] Institut für Beratung und Training (2002), Mit PEP an die Arbeit: So organisiere ich mich und meinen Job, 6. Auflage, Frankfurt/Main.
[111] Izard (1994), Die Emotionen des Menschen: Eine Einführung in die Grundlagen der Emotionspsychologie, 2. Auflage, Weinheim.
[112] Jade Hochschule Wilhelmshaven/Oldenburg/Elsfleth (2010), Mangelhafte Kundenorientierung und Verkaufskompetenz, URL: http://www.jade-hs.de/aktuelles/pressemeldungen/einzelansicht-pressemitteilungen/article/mangelhafte-kundenorientierung-und-verkaufskompetenz [20.12.2011].
[113] Jaworski, B., Kohli, A. (1991), Supervisory Feedback: Alternative Types and their Impact on Salespeople's Performance and Satisfaction, Journal of Marketing Research, 28 (May), 190-201.
[114] Jensen, O. (2012), Kundenorientierte Vergütungssysteme als Schlüssel zur Kundenzufriedenheit, in: Homburg, Ch. (Hrsg.), Kundenzufriedenheit – Konzepte – Methoden – Erfahrungen, 8. Auflage, Wiesbaden, 349-368.
[115] Jones, E., Busch, P., Dacin, P. (2003), Firm Market Orientation and Salesperson Customer Orientation: Interpersonal and Intrapersonal Influences on Customer Service and Retention in Business-to-Business Buyer-Seller Relationships, Journal of Business Research, 56, 4, 323-340.
[116] Jöns, I. (1997), Rückmeldung der Ergebnisse an Führungskräfte und Mitarbeiter, in: Bungard, W., Jöns, I. (Hrsg.), Mitarbeiterbefragung: Ein Instrument des Innovations- und Qualitätsmanagements, Mannheim, 167-194.
[117] Judge, T. (2009), Core Self-Evaluations and Work Success, Current Directions in Psychological Science, 18, 1, 58-62.
[118] Judge, T., Erez, A., Bono, J. (1998), The Power of Being Positive: The Relation between Positive Self-Concept and Job Performance, Human Performance, 11, 2/3, 167-187.
[119] Judge, T., Piccolo, R., Ilies, R. (2004), The Forgotten Ones? The Validity of Consideration and Initiating Structure in Leadership Research, Journal of Applied Psychology, 89, 1, 36-51.
[120] Kälin, K. (1983), Erwachsenenbildung am Beispiel der Führungskräfteschulung, in: Stoll, F. (Hrsg.), Arbeit und Beruf, Band 2, Weinheim, 65-81.
[121] Kallus, W. (1995), Erholungs-Belastungs-Fragebogen: Handanweisung, Frankfurt/Main.
[122] Kano, N., Seraku, N., Takahashi, F., Tsujik S. (1984), Attractive Quality and Must Be Quality, Quality-Journal of the Japanese Society for Quality Control, 14, 2, 39-48.
[123] Kelley, S. (1990), Customer Orientation of Bank Employees and Culture, International Journal of Bank Marketing, 8, 6, 25-29.
[124] Kelley, S. (1992), Developing Customer Orientation among Service Employees, Journal of the Academy of Marketing Science, 20, 1, 27-36.
[125] Kenkel, W. (1963), Observational Studies of Husband-Wife Interaction in Family Decision Making, in: Sussmann, M. (Hrsg), Sourcebook in Marriage and the Family, Boston, 144-156.
[126] Kennedy, K., Goolsby, J., Arnould, E. (2003), Implementing a Customer Orientation: Extension of Theory and Application, Journal of Marketing, 67, 4, 67-81.

[127] Knapp, M. (2009, Hrsg.), Nonverbal Communication in Human Interaction, 7. Auflage, New York.
[128] Kohli, A. (1989), Effects of Supervisory Behavior: The Role of Individual Differences Among Salespeople, Journal of Marketing, 53 (October), 40-50.
[129] Korte, B. (1993), Körpersprache in der Literatur: Theorie und Geschichte am Beispiel englischer Erzählprosa, Tübingen.
[130] Kostka, C. (2002), Coaching-Techniken: Sieben Techniken zur Entwicklung von Führungsqualität, 2. Auflage, München.
[131] Kreiner, G., Hollensbe, E., Sheep, M. (2009), Balancing Borders and Bridges: Negotiating the Work-home Interface via Boundary Work Tactics, Academy of Management Journal, 52, 4, 704-730.
[132] Kroeber-Riel, W., Weinberg, P., Gröppel-Klein, A. (2008), Konsumentenverhalten, 9. Auflage, München.
[133] Krohne, H. (1990), Stress und Stressbewältigung, in: Schwarzer, R. (Hrsg.), Gesundheitspsychologie, Göttingen, 263-277.
[134] Lazarus, R. (1990), Theory-Based Stress Measurement, Psychological Inquiry, 1, 1, 3-13.
[135] Lazarus, R. (1991), Emotion and Adaption, London.
[136] Lehman, G. (1962), Praktische Arbeitsphysiologie, 2. Auflage, Stuttgart.
[137] Liao, H., Subramony, M. (2008), Employee Customer Orientation in Manufacturing Organizations: Joint Influences of Customer Proximity and the Senior Leadership Team, Journal of Applied Psychology, 93, 2, 317-328.
[138] Luthans, F. (2010), Organizational Behavior, 12. Auflage, Tokio.
[139] Maslach, C. (1982), Burnout, the Cost of Caring, Englewood/Cliffs.
[140] Maslach, C., Jackson, S. (1986), Maslach Burnout Inventory, Palo Alto.
[141] Maslow, A. (1954, 1970), Motivation and Personality, New York.
[142] Matsumoto, D., Consolacion, T., Yamada, H., Suzuki, R., Franklin, B., Paul, S., Ray, R., Uchida, H. (2002), American-Japanese Cultural Differences in Judgements of Emotional Expressions of Different Intensities, Cognition & Emotion, 16, 6, 721-747.
[143] Matyssek, K. (2010), Mensch, mach' mal Pause!, 2. Auflage, Berlin.
[144] McClelland, D. (1985), How Motives, Skills, and Values Determine what People do, American Psychologist, 40, 7, 812-825.
[145] Mehrabian, A. (1970), The Development and Validation of Measures of Affiliative Tendency and Sensitivity to Rejection, Educational and Psychological Measurement, 30, 2, 417-428.
[146] Mehrabian, A. (1972), Nonverbal Communication, Chicago.
[147] Mehrabian, A., Ksionzky, S. (1974), A Theory of Affiliation, Lexington/Mass.
[148] Molcho, S. (1994), Körpersprache, München.
[149] Neuberger, O. (1974), Messung der Arbeitszufriedenheit, Sozioökonomie 8, Stuttgart.
[150] Neuberger, O. (1976), Der Arbeitsbeschreibungs-Bogen. Ein Verfahren zur Messung der Arbeitszufriedenheit, Problem und Entscheidung, 15, 1-129.
[151] Neuberger, O. (1994), Personalentwicklung, 2. Auflage, Stuttgart.
[152] Noels, K., Clément, R., Pelletier, L. (1999), Perceptions of Teachers' Communicative Style and Students' Intrinsic and Extrinsic Motivation, The Modern Language Journal, 83, 1, 23-34.
[153] Ndubisi, N. (2004), Understanding the Salience of Cultural Dimensions on Relationship Marketing, It's Underpinnings and Aftermaths, Cross Cultural Management, 11, 3, 70-89.
[154] O'Reilly, Ch., Roberts, K. (1978), Supervisor Influence and Subordinate Mobility Aspirations as Moderators of Consideration and Initiation of Structure, Journal of Applied Psychology, 63 (February), 96-102.
[155] Oliver, R., Rust, R. (1997), Customer Delight: Foundations, Findings, and Managerial Insight, Journal of Retailing, 73, 3, 311-336.
[156] Payne, S., Webber, S. (2006), Effects of Service Provider Attitudes and Employment Status on Citizenship Behaviors and Customers' Attitudes and Loyalty Behavior, Journal of Applied Psychology, 91, 2, 365-378.

[157] Peccei, R., Rosenthal, P. (2001), Delivering Customer-Oriented Behavior through Empowerment: An Empirical Test of HRM Assumptions, Journal of Management Studies, 38, 6, 831-857.

[158] Peeters, M., Le Blanc, P. (2001), Towards a Match Between Job Demands and Sources of Social Support: A Study Among Oncology Care Providers, European Journal of Work and Organizational Psychology, 10, 1, 53-72.

[159] Piller, F. (2012), Kundenintegration im Innovationsprozess als Schlüssel zur Kundenzufriedenheit, Kundenzufriedenheit: Konzepte – Methoden – Erfahrungen, Homburg, Ch., 8. Auflage, Wiesbaden, 395-424.

[160] Pittner, P. (1997), Mitarbeiterbefragungen – Vertane Chancen? Eine Synopse von Befragungen im Lufthansa-Konzern, in: Bungard, W., Jöns, I. (Hrsg.), Mitarbeiterbefragung: Ein Instrument des Innovations- und Qualitätsmanagements, Mannheim, 284-293.

[161] Porter, L. (1962), Job Attitudes in Management: I. Perceived Deficiencies in Need Fulfillment as a Function of Job Level, Journal of Applied Psychology, 46, 6, 375-384.

[162] Porter, L., Steers, R., Mowday, R., Boulian, P. (1974), Organizational Commitment, Job Satisfaction, and Turnover Among Psychiatric Technicians, Journal of Applied Psychology, 59, 5, 603-609.

[163] Powell, R., Copping, A. (2010), Sleep Deprivation and Its Consequences in Construction Workers, Journal of Construction Engineering & Management, 136, 10, 1086-1092.

[164] Puccinelli, N. (2006), Putting Your Best Face Forward: The Impact of Customer Mood on Salesperson Evaluation, Journal of Consumer Psychology, 16, 2, 156-162.

[165] Puccinelli, N., Motyka, S., Grewal, D. (2010), Can You Trust a Customer's Expression? Insights into Nonverbal Communication in the Retail Context, Psychology & Marketing, 27, 10, 964-988.

[166] Ramsey, R., Sohi, R. (1997), Listening to Your Customers: The Impact of Perceived Salesperson Listening Behavior on Relationship Outcomes, Journal of the Academy of Marketing Science, 25, 2, 127-137.

[167] Regnet, E. (1999), Stress und Möglichkeiten zur Stresshandhabung, in: Rosenstiel, L., Regnet, E., Domsch, M. (Hrsg.), Führung von Mitarbeitern: Handbuch für erfolgreiches Personalmanagement, 4. Auflage, Stuttgart, 99-110.

[168] Reimers, E., Böttcher, K., (1997), Von der Meinungsumfrage zur Mitarbeiterbefragung – Der Wandel eines strategischen Führungsinstrumentes bei IBM, in: Bungard, W., Jöns, I. (Hrsg.), Mitarbeiterbefragung: Ein Instrument des Innovations- und Qualitätsmanagements, Mannheim, 294-307.

[169] Reynolds, K., Harris, L. (2006), Deviant Customer Behavior: An Exploration of Frontline Employee Tactics, Journal of Marketing Theory & Practice, 14, 2, 95-17.

[170] Richter, P., Hacker, W. (2008), Belastung und Beanspruchung, 2. Auflage, Hagen.

[171] Roach, D. (1958), Dimensions of Employee Morale, Personnel Psychology, 11, 3, 419-431.

[172] Rühle, H. (2009), Zeitmanagement, in: Rosenstiel, L., Regnet, E., Domsch, M. (Hrsg.), Führung von Mitarbeitern: Handbuch für erfolgreiches Personalmanagement, 6. Auflage, Stuttgart, 97-110.

[173] Salvaggio, A., Schneider, B., Nishii, L., Mayer, D., Ramesh, A., Lyon, J. (2007), Manager Personality, Manager Service Quality Orientation, and Service Climate: Test of a Model, Journal of Applied Psychology, 92, 6, 7141-7150.

[174] Sauerwein, E. (2000), Das Kano-Modell der Kundenzufriedenheit: Reliabilität und Validität einer Methode zur Klassifizierung von Produkteigenschaften, Wiesbaden.

[175] Saxe, R., Weitz, B. (1982), The SOCO Scale: A Measure of the Customer Orientation of Salespeople, Journal of Marketing Research, 19, 3, 343-351.

[176] Schauder, P., Ollenschläger, G. (2006), Ernährungsmedizin: Prävention und Therapie, 3. Auflage, München.

[177] Scheflen, A. (1964), Die Bedeutung der Körperhaltung in Kommunikationssystemen, in: Auwärter, M. (Hrsg.), Seminar: Kommunikation, Interaktion, Identität, Frankfurt/Main, 221-253.

[178] Scheflen, A. (1972), Körpersprache und soziale Ordnung: Kommunikation als Verhaltenskontrolle, Konzepte der Humanwissenschaften, Stuttgart.

[179] Scherer, K. (1982, Hrsg.), Vokale Kommunikation. Nonverbale Aspekte des Sprachverhaltens, Weinheim.

[180] Schwarzer, R., Leppin, A. (1990), Sozialer Rückhalt, Krankheit und Gesundheitsverhalten, in: Schwarzer, R. (Hrsg.), Gesundheitspsychologie, Göttingen, 395-414.

[181] Scott, W. (1966), Activation Theory and Task Design, Organizational Behavior and Human Performance, 1, 1, 3-30.

[182] Silvester, J., Patterson, F., Koczwara, A., Ferguson, E. (2007), „Trust Me...": Psychological and Behavioral Predictors of Perceived Physician Empathy, Journal of Applied Psychology, 92, 2, 519-527.

[183] Singh, J., Verbeke, W., Rhoads, G. (1996), Do Organizations Practices Matter in Role Stress Processes? A Study of Direct and Moderating Effects of Marketing-Oriented Boundary Spanners, Journal of Marketing, 60 (July), 69-86.

[184] Sliter, M., Jex, S., Wolford, K., Melnnerney, J. (2010), How Rude! Emotional Labor as a Mediator Between Customer Incivility and Employee Outcomes, Journal of Occupational Health Psychology, 15, 4, 468-481.

[185] Smith, P., Kendall, L., Hulin, C. (1969), The Measurement of Satisfaction in Work and Retirement: A Strategy for the Study of Attitudes, Chicago.

[186] Staehle, W., Conrad, P., Sydow, J. (2012), Management: Eine verhaltenswissenschaftliche Perspektive, 9. Auflage, München.

[187] Stephens, M., Hobfoll, S. (1990), Ecological Perspectives on Stress and Coping in Later-life Families, in: Stephens, M., Crowther, J., Hobfoll, S., Tannenbaum, D. (Hrsg.), Stress and Coping in Later-Life Families, New York, 287-304.

[188] Stiel, L., Barker, L., Watson, K. (1983), Effective Listening: Key to Success, Reading/MA.

[189] Still, P., Bochen, H. (1997), Die Mitarbeiterbefragung als Instrument des Kulturwandels im Bereich Energieerzeugung der Siemens AG, in: Bungard, W., Jöns, I. (Hrsg.), Mitarbeiterbefragung: Ein Instrument des Innovations- und Qualitätsmanagements, Mannheim, 317-330.

[190] Stock, R. (2002), Coaching von Führungskräften: Mit System zum Erfolg, Personal – Zeitschrift für Human Resource Management, 54, 8, 30-36.

[191] Stock, R., Bauer, E.-M. (2011), Typology and Performance Outcomes of Executives' Relationship with Work: Evidence From Executive and Life Partner Data, Schmalenbach Business Review, 63, 3, 252-286.

[192] Stock, R., Hoyer, W. (2002), Leadership Style as Driver of Salespeople's Customer Orientation, Journal of Market-Focused Management, 5, 4, 355-376.

[193] Stock, R., Hoyer, W. (2005), An Attitude-Behavior Model of Salespeople's Customer Orientation Journal of the Academy of Marketing Science, 33, 4, 536-552.

[194] Stock-Homburg, R. (2010), Kundenorientiertes Personalmanagement als Schlüssel zur Kundenbindung, in: Bruhn, M., Homburg, Ch. (Hrsg.), Handbuch Kundenbindungsmanagement: Strategien und Instrumente für ein erfolgreiches CRM, 7. Auflage, Wiesbaden, 667-702.

[195] Stock-Homburg, R. (2010), Personalmanagement: Grundlagen – Konzepte – Instrumente, 2. Auflage, Wiesbaden.

[196] Stock-Homburg, R. (2011), Work-Life Balance Coaching im Topmanagement, in: Stock-Homburg, R., Wolff, B. (Hrsg.), Handbuch Strategisches Personalmanagement, Wiesbaden, 540-564.

[197] Stock-Homburg, R. (2012), Kundenorientierte Mitarbeiter als Schlüssel zur Kundenzufriedenheit, in: Homburg, Ch. (Hrsg.), Kundenzufriedenheit – Konzepte – Methoden – Erfahrungen, 8. Auflage, Wiesbaden, 273-298.

[198] Stock-Homburg, R., Özbek-Potthoff, G. (2011), Verhaltenstheoretische Perspektive der Mitarbeiterführung, in: Stock-Homburg, R., Wolff, B. (Hrsg.), Handbuch Strategisches Personalmanagement, Wiesbaden, 294-315.

[199] Stock- Homburg, R., Tragelehn, C. (2011), Das Märchen vom Feierabend oder: Work-Life-Balance durch gezielte Schnittstellentaktiken erfolgreich managen, Mittelstand Wissen, Februar, 8-11.

[200] Stock-Homburg, R. (2012), Der Zusammenhang zwischen Mitarbeiter- und Kundenzufriedenheit: Eine Analyse von direkten, indirekten und moderierenden Effekten, 5. Auflage, Wiesbaden.

[201] Stumpp, T., Muck, P., Hülsheger, U., Judge, T., Maier, G. (2010), Core Self-Evaluations in Germany: Validation of a German Measure and Its Relationships with Career Success, Applied Psychology: An International Review, 59, 4, 674-700.
[202] Süssenguth, E. (1997), BASF Mitarbeiterbefragungen 1992: Ableitung von Maßnahmen, in: Bungard, W., Jöns, I. (Hrsg.), Mitarbeiterbefragung: Ein Instrument des Innovations- und Qualitätsmanagements, Mannheim, 264-273.
[203] Susskind, A., Kacmar, K., Borchgrevink, C. (2003), Customer Service Providers' Attitudes Relating to Customer Service and Customer Satisfaction in the Customer-Server Exchange, Journal of Applied Psychology, 88, 1, 179-187.
[204] Sutton, R. (2010), The Boss as Human Shield, Harvard Business Review, 88, 9, 106-109.
[205] Tausch, A., Tausch, R. (1990), Gesprächspsychotherapie: Hilfreiche Gruppen- und Einzelgespräche in Psychotherapie und alltäglichem Leben, 9. Auflage, Göttingen.
[206] Teas, R. (1980), Empirical Tests of Linkages Proposed in the Walker, Churchill, and Ford Model of Salesforce Motivation and Performance, Journal of the Academy of Marketing Science, 8 (Winter), 58-72.
[207] Teas, R. (1981), A Test of a Model of Department Store Salespeople's Job Satisfaction, Journal of Retailing, 57 (Spring), 3-25.
[208] Teas, R. (1983), Supervisory Behavior, Role Stress, and the Job Satisfaction of Industrial Salespeople, Journal of Marketing Research, 23 (February), 84-91.
[209] Thakor, M., Joshi, A. (2005), Motivating Salesperson Customer Orientation: Insights from the Job Characteristics Model, Journal of Business Research, 58, 5, 584-592.
[210] Thomas, R., Soutar, G., Ryan, M. (2001), The Selling Orientation-Customer Orientation (S.O.C.O.) Scale: A Proposed Short Form, Journal of Personal Selling & Sales Management, 21, 1, 63-69.
[211] Tyagi, P. (1985), Relative Importance of Key Job Dimensions and Leadership Behaviors in Motivating Salesperson Work Performance, Journal of Marketing, 49 (Summer), 76-86.
[212] Vallerand, R., Pelletier, L., Blais, M., Briere, N., Senecal, C., Vallieres, E. (1992), The Academic Motivation Scale: A Measure of Intrinsic, Extrinsic, and Amotivation in Education, Educational and Psychological Measurement, 52, 4, 1003-1017.
[213] Vallerand, R., Pelletier, L., Blais, M., Briere, N., Senecal, C., Vallieres, E. (1993), On the Assessment of Intrinsic, Extrinsic, and Amotivation in Education: Evidence on the Concurrent and Construct Validity of the Academic Motivation Scale, Educational and Psychological Measurement, 53, 1, 159-172.
[214] van Wart, M. (2003), Public-Sector Leadership Theory: An Assessment, Public Administration Review, 63, 2, 214-228.
[215] von Rosenstiel, L. (2009), Anerkennung und Kritik als Führungsmittel, in: Rosenstiel, L., Regnet, E., Domsch, M. (Hrsg.), Führung von Mitarbeitern: Handbuch für erfolgreiches Personalmanagement, 6. Auflage, Stuttgart, 227-236.
[216] Wachteler, G. (1979), Humanisierung der Arbeit und Industriesoziologie, Stuttgart.
[217] Wage, J. (1991), Psychologie und Technik des Verkaufsgespräches, 11. Auflage, München.
[218] Walker, O., Churchill, G., Ford, N. (1977), Motivation and Performance in Industrial Selling: Present Knowledge and Needed Research, Journal of Marketing Research, 14 (May), 156-168.
[219] Werbik, H. (1964), Betriebspsychologische Untersuchungen zur Lohnzufriedenheit, Psychologie und Praxis, 8, 97-108.
[220] Wernimont, P. (1966), Intrinsic and Extrinsic Factors in Job Satisfaction, Journal of Applied Psychology, 50, 1, 41-50.
[221] Wild, R. (1970), Job Needs, Job Satisfaction and Job Behavior of Women Manual Workers, Journal of Applied Psychology, 54, 2, 157-162.
[222] Williams, M., McDaniel, M., Nguyen, N. (2006), A Meta-Analysis of the Antecedents and Consequences of Pay Level Satisfaction, Journal of Applied Psychology, 91, 2, 392-413.
[223] Winterhoff-Spurk, P. (1993), Nonverbale Kommunikation von Führungskräften, Magazin Forschung der Universität des Saarlandes, 2, 2-7.
[224] Wood, D., LeBold, W. (1970), The Multivariate Nature of Professional Job Satisfaction, Personnel Psychology, 23, 2, 173-189.

[225] Zimmermann, B., Dormann, C., Dollard, M. (2011), On the Positive Aspects of Customers: Customer-initiated Support and Affective Crossover in Employee-customer Dyads, Journal of Occupational & Organizational Psychology, 84, 1, 31-57.

Index

Abbildungsverzeichnis

Tabellenverzeichnis

Die Autoren

Professor Dr. Dr. h.c. mult. Christian Homburg ist Inhaber des Lehrstuhls für Allgemeine Betriebswirtschaftslehre und Marketing I und Direktor des Instituts für Marktorientierte Unternehmensführung (IMU) an der Universität Mannheim sowie Vorsitzender des Wissenschaftlichen Beirats von Homburg & Partner, Mannheim/München/Zürich/Boston, einer international tätigen Unternehmensberatung. Für seine wissenschaftliche Arbeit wurde er mehrfach von der American Marketing Association, der weltweit führenden wissenschaftlichen Vereinigung im Marketingbereich, ausgezeichnet.

Professor Dr. Ruth Stock-Homburg ist Inhaberin des Lehrstuhls für Marketing & Personalmanagement und Leiterin des Arbeitskreises für marktorientierte Unternehmensführung an der Technischen Universität Darmstadt. Darüber hinaus ist sie Sprecherin der Forschungssäule Innovation & Wachstum sowie Prodekanin am Fachbereich Rechts- und Wirtschaftswissenschaften der Technischen Universität Darmstadt. Ihre wissenschaftlichen Arbeiten auf den Gebieten der marktorientierten Unternehmensführung und des Personalmanagements wurden national und international mehrfach ausgezeichnet.